Anneliese Augustin

Ergotherapie auf der Grundlage der Entwicklungspsychologie Jean Piagets
– Sensomotorische Phase –

Neue Reihe Ergotherapie

Herausgeber:
Deutscher Verband der Ergotherapeuten e.V.

Reihe 2: Fachbereich Pädiatrie
Band 8

Anneliese Augustin (Jahrgang 1947) absolvierte ihr Staatsexamen zur (damals noch) Beschäftigungstherapeutin 1968 an der Berufsfachschule für Ergotherapie in Lippoldsberg. Nachdem sie einige Zeit in der CP-Orthopädie in Schliebach gearbeitet hatte, wechselte sie 1970 in die Kinderklinik von Trier. Zwischen 1973 und 1988 baute die Autorin die Ergotherapieabteilung der pädiatrischen Abteilung der Uniklinik Heidelberg auf. In diesen Jahren nahm sie an zahlreichen Fort- und Weiterbildungen teil und erwarb zahlreiche weitere therapeutische Kompetenzen, z.B. in den Konzepten nach Frostig und Affolter, als Bobath-Therapeutin und als SI-Lehrtherapeutin.
Seit 1988 führt Anneliese Augustin in ihrer ergotherapeutischen Praxis in Hockenheim Kinderbehandlungen durch. Darüber hinaus ist sie seit fast 27 Jahren an der Schule für Ergotherapie Karlsbad-Langensteinbach als Dozentin tätig.
Mit der Entwicklungspsychologie von Piaget beschäftigt die Autorin sich schon seit Jahrzehnten. Seit 1980 gibt sie ihr umfangreiches Wissen in Weiterbildungskursen an andere Berufsangehörige weiter.

Anneliese Augustin

Ergotherapie auf der Grundlage der Entwicklungspsychologie Jean Piagets

– Sensomotorische Phase –

Idstein 2003

Bibliografische Information Der Deutschen Bibliothek
Die Deutsche Bibliothek verzeichnet diese Publikation in der Deutschen
Nationalbibliografie; detaillierte bibliografische Daten sind im Internet über
http://dnb.ddb.de abrufbar.

Besuchen Sie uns im Internet: www.forum-ergotherapie.de

1. Auflage 2003
ISBN 3-8248-0422-0
Alle Rechte vorbehalten
© Schulz-Kirchner Verlag GmbH, Idstein2003
Lektorat: Beate Kubny-Lüke
Layout: Susanne Koch
Druck und Bindung: Rosch-Buch, Scheßlitz
Printed in Germany

Inhalt

1	**Jean Piaget – Über sein Leben und sein Werk**	9
2	**Was ist Entwicklung?**	13
2.1	Entwicklungsmodelle	14
2.1.1	Stufenmodell	14
2.1.2	Modell der Wechselwirkung	15
3	**Entwicklungstheorie von Piaget**	17
3.1	Anpassungsprozesse	17
3.2	Zirkulärreaktionen und ihre Bedeutung	21
3.3	Wichtige Faktoren der Entwicklung	23
3.4	Bedeutung von Objekten und Begriffen im Verlauf der Entwicklung	23
3.4.1	Der Bedeutungsträger	24
3.4.2	Das Bezeichnete (Begriffsbildung)	24
3.5	Aussagen von Piaget zur Entwicklung des Kindes	25
4	**Die Entwicklungsphasen nach Piaget im Überblick**	29
4.1	0 - 2 Jahre: Sensomotorische Basisfunktionen und ihre Bedeutung	31
4.1.1	Stadien der Sensomotorik	32
4.1.2	Überblick über die sensomotorische Phase	33
4.2	2 - 7 Jahre: Präoperationale Phase	36
4.2.1	2 - 4 Jahre: Vorbegriffliches symbolisches Denken	36
4.2.2	4 - 7 Jahre: Anschauliches Denken	38
4.3	7 - 11 Jahre: Konkrete Operationen	39
4.4	Ab 11 Jahre: Formale Operationen	40
5	**Stadien der Sensomotorik im Detail**	42
5.1	I. Stadium: 0 - 1 Monat: „Betätigung und Üben der Reflexe"	42
5.1.1	Entwicklungsprozesse und Verhaltensweisen im I. Stadium	42
5.1.2	Einzelleistungen des Kindes im I. Stadium	50

5.1.3	Entwicklungsstörungen	52
5.1.4	Fallbeispiele	53
5.1.5	Richtlinien für die Therapie	56
5.1.6	I. Stadium: Typische Verhaltensweisen und Behandlungsschwerpunkte	59
5.2	II. Stadium: 1 - 4 Monate: „Zufallshandlungen und einfache Gewohnheiten"	61
5.2.1	Entwicklungsprozesse und Verhaltensweisen im II. Stadium	61
5.2.2	Einzelleistungen des Kindes im II. Stadium	76
5.2.3	Entwicklungsstörungen	80
5.2.4	Fallbeispiele	81
5.2.5	Richtlinien für die Therapie	85
5.2.6	II. Stadium: Typische Verhaltensweisen und Behandlungsschwerpunkte	89
5.3	III. Stadium: 4 - 8 Monate: „Aktive Wiederholung erfolgreicher Handlungen"	91
5.3.1	Entwicklungsprozesse und Verhaltensweisen im III. Stadium	91
5.3.2	Einzelleistungen des Kindes im III. Stadium	100
5.3.3	Entwicklungsstörungen	104
5.3.4	Fallbeispiele	107
5.3.5	Richtlinien für die Therapie	113
5.3.6	III. Stadium: Typische Verhaltensweisen und Behandlungsschwerpunkte	116
5.4	IV. Stadium: 8 - 12 Monate: „Anwendung bekannter Schemata auf neue Situationen"	118
5.4.1	Entwicklungsprozesse und Verhaltensweisen im IV. Stadium	118
5.4.2	Einzelleistungen des Kindes im IV. Stadium	134
5.4.3	Entwicklungsstörungen	138
5.4.4	Fallbeispiele	142
5.4.5	Richtlinien für die Therapie	150
5.4.6	IV. Stadium:Typische Verhaltensweisen und Behandlungsschwerpunkte	155
5.5	V. Stadium: 12 - 18 Monate: „Problemlösung durch aktives Ausprobieren"	156
5.5.1	Entwicklungsprozesse und Verhaltensweisen im V. Stadium	156
5.5.2	Einzelleistungen des Kindes im V. Stadium	174
5.5.3	Entwicklungsstörungen	176
5.5.4	Fallbeispiele	179
5.5.5	Richtlinien für die Therapie	183

5.5.6 V. Stadium: Typische Verhaltensweisen und Behandlungs-
       schwerpunkte   187

5.6   VI. Stadium: 18 - 24 Monate: „Verinnerlichung der
       sensomotorischen Erfahrungen"   189
5.6.1 Entwicklungsprozesse und Verhaltensweisen im VI. Stadium   189
5.6.2 Einzelleistungen des Kindes im VI. Stadium   198
5.6.3 Entwicklungsstörungen   200
5.6.4 Fallbeispiele   202
5.6.5 Richtlinien für die Therapie   204
5.6.6 VI. Stadium: Typische Verhaltensweisen und Behandlungs-
       schwerpunkte   208

6   **Begriffsdefinitionen**   210

1   Jean Piaget – Über sein Leben und sein Werk

Jean Piaget wurde am 9. August 1896 in Neuchâtel in der Schweiz geboren. Er verstarb mit 84 Jahren in Genf. Sein Vater war Historiker und widmete sich vor allem der mittelalterlichen Literatur. Seine Mutter wird als dynamische, intelligente und religiöse Frau beschrieben.

Jean Piaget entwickelte früh ein Interesse für die Naturwissenschaften. Er beobachtete schon als Kind Vögel, Fische und andere Tiere in der natürlichen Umgebung. Seine erste Veröffentlichung mit 11 Jahren widmete sich den Albinospatzen. Sein naturwissenschaftliches Interesse führte dazu, dass er sich an der Klassifizierung der zoologischen Sammlung im naturgeschichtlichen Museum Neuchâtel beteiligte. Zwischen seinem 15. und 18. Lebensjahr folgten Artikel über Schalentiere. Er lehnte in diesen Jahren einen Posten als Konservator im Naturwissenschaftlichen Museum ab, um das Abitur zu machen.

Durch seinen Patenonkel wurde Piagets Interesse für die Philosophie und für die Erkenntnistheorie geweckt und er begann Antworten auf folgende Grundfragen zu suchen:

Was ist Wissen?
Wie wird es erworben?

Mit 19 Jahren bestand er 1916 sein Vordiplom in den Naturwissenschaften. Zwei Jahre später erlangte er mit 21 Jahren den Doktorgrad der Philosophie. Anschließend wandte er sich der Psychologie zu. Er beschäftigte sich mit der Psychoanalyse, den Lehren von Sigmund Freud, Jung u.a. 1920 veröffentlichte er einen Artikel über die Beziehung zwischen der Psychoanalyse und der Kinderpsychologie. Er ging nach Paris und widmete sich hier der Psychopathologie.

Bei der Standardisierung eines amerikanischen Intelligenztests für Frankreich faszinierten ihn die falschen Antworten der Kinder mehr als die richtigen und er stellte fest, dass sich die Antworten mit dem Alter qualitativ veränderten.

Piaget wandte sich gegen die Quantitative Intelligenzmessung, (d.h. die Intelligenzmessung, die sich an der Anzahl der richtigen Antworten orientiert), und versuchte die verschiedenen Wege der Erkenntnis zu differenzieren, deren sich die Kinder in den verschiedenen Alters- und Entwicklungsstufen bedienten. Er suchte nach anderen Vorgehensweisen, um die Intelligenz zu untersuchen, und vermied standardisierte Tests, die ihm zu unbeweglich erschienen und mit einem beträchtlichen Informationsverlust verbunden waren. Sein Ziel war es, den „roten Faden" im Denken des Kindes zu erforschen, ohne es zu dirigieren.

Statt Kinder nur zu befragen, bot er ihnen auch Materialien zum Hantieren an. Er begann, in der Psychologie seine biologischen und erkenntnistheoretischen Interessen zu vereinen und formulierte *die Theorie, dass die Intelligenz eine Anpassung des Organismus (Individuums) an die Umwelt darstellt.*

Seine Veröffentlichungen hierzu:

1921	Erste Artikel über Entwicklungspsychologie
1923	Le langage et la pensée chez l'enfant. Neuchâtel: Delachaux & Niestlé; dtsch: Sprechen und Denken des Kindes. Düsseldorf: Schwann 1972
1924	Le jugement et le raisonnement chez l'infant. Neuchâtel: Delachaux & Niestlé; dtsch: Urteil und Denkprozeß des Kindes. Düsseldorf: Schwann 1972
1926	La représentation du monde chez l'enfant. Paris: Librairie F. Alcan
1927	La causalité physique chez l'enfant. Paris: Librairie F. Alcan
1932	Le jugement moral chez l'enfant. Paris: Librairie F. Alcan; dtsch: Das moralische Urteil beim Kinde. Zürich: Rascher 1954

In den frühen Werken wird seine Auseinandersetzung mit der Psychoanalyse deutlich.
Durch seine Forschungen wurden Piaget die Unterschiede der gedanklichen Prozesse des Kindes und des Erwachsenen klar. Er stellte fest, dass *Kinder keine „Miniaturausgabe" des Erwachsenen sind, sondern dass das Kind seine Umwelt anders erlebt und daher auch anders denkt.* In dieser Zeit kamen auch seine drei Kinder zur Welt: zwei Töchter, Jaqueline 1925 und Lucienne 1927, und sein Sohn Laurent 1931. Gemeinsam mit seiner Frau beobachtete er ihr Verhalten und ihre Entwicklung genau.

Beim Studium der Säuglings- und Kleinkindzeit legte er nachdrücklich die Aufmerksamkeit auf die Handlungsweise der Kinder. In ihr sah er die Grundlage für das Denken und für die Intelligenz.

Weitere Veröffentlichungen:
1936   La naissance de l'intelligence chez l'enfant. Neuchâtel: Delachaux & Niestlé;
dtsch: Das Erwachen der Intelligenz beim Kinde. Stuttgart: Klett
1936   La construction du réel chez l'enfant. Neuchâtel: Delachaux & Niestlé;
dtsch: Der Aufbau der Wirklichkeit beim Kinde. Stuttgart: Klett

Piaget veränderte seine Denkweise aufgrund neuer Erfahrungen und Forschungen immer wieder. Auf diese Weise entwickelte er seine Theorien weiter. Stets betonte er die immer vorhandenen Wechselbeziehungen zwischen Umwelt und Entwicklung der Intelligenz. Mit seiner ganzheitlichen Sichtweise war er seiner Zeit voraus, obwohl er ebenso wie andere Entwicklungspsychologen dieser Zeit die Entwicklung des Kindes in fest umrissene Entwicklungsphasen unterteilte und auf deren Reihenfolge hinwies.
Nach dem Studium des frühkindlichen sensomotorischen Handelns wandte er sich der Wahrnehmung und Gestaltpsychologie zu. Der Mathematiker Albert Einstein inspirierte ihn, die Entwicklung des Zeitbegriffes, der Geschwindigkeit und Bewegung, des räumlichen Denkens und der Geometrie zu untersuchen. *Er widmete sich außerdem der Entwicklung des symbolischen Denkens und der Entwicklung der logischen und formalen Operationen.*

Weitere Veröffentlichungen:
1941   J. Piaget / B. Inhelder: Le développement des quantités physiques chez l'enfant. Neuchâtel: Delachaux & Niestlé;
dtsch: Die Entwicklung der physikalischen Mengenbegriffe beim Kinde. Stuttgart: Klett
1941   J. Piaget und A. Szeminska: La genèse du nombre chez l'enfant. Neuchâtel: Delachaux & Niestlé;
dtsch: Die Entwicklung des Zahlbegriffs beim Kinde. Stuttgart: Klett
1942   Classes, relations et nombres. Paris: Libraire Philosophique J.Vrin
1946   Le développement de la notion de temps chez l'enfant. Paris: Presses Univ. de France;
dtsch: Die Entwicklung des Zeitbegriffs beim Kinde. Zürich: Rascher 1955
1946   Les notions du mouvement et de vitesse chez l'enfant. Paris: Presses Univ. de France

1946	La formation du symbole chez l'enfant. Neuchâtel: Delachaux & Niestlé;
	dtsch: Nachahmung, Spiel und Traum. Stuttgart: Klett
1948	J. Piaget, B. Inhelder: La représentation de l'espace chez l'enfant. Paris: Presses Univ. de France;
	dtsch: Die Entwicklung des räumlichen Denkens beim Kinde. Stuttgart: Klett
1948	J. Piaget, B. Inhelder, A. Szeminska: La géométrie spontanée de l'enfant. Paris: Presses Univ. de France;
	dtsch: Die natürliche Geometrie des Kindes. Stuttgart: Klett

In den folgenden Jahren versuchte Piaget seine verschiedenen Forschungsinteressen zu verbinden: Biologie, Zoologie, Logik, Mathematik, Psychologie, Philosophie und Erkenntnistheorie. Er gründete ein Institut, in dem eine interdisziplinäre Kooperation in der Forschung betrieben wurde.
Um seine Theorien einem breiten Publikum allgemein verständlich zugänglich zu machen, erscheint:

| 1966 | J. Piaget und B. Inhelder: La psychologie de l'enfant. Paris: Presses Univ. de France; |
| | dtsch: Die Psychologie des Kindes. Olten und Freiburg im Breisgau: Alter 1972 |

Bis ins hohe Alter widmete sich Piaget der Erforschung der kindlichen Entwicklung in den verschiedensten Bereichen: *Vorstellungsfähigkeit, Gedächtnis, Intelligenz, Kausalitätsbegriff.*

Er versuchte die Entwicklung vom Säugling bis zum Jugendlichen bzw. Erwachsenen in einem sich immer weiterentwickelnden Stufenmodell zu erklären. Er entwickelte Modelle, die beschreiben, wie aus *motorischen Handlungen elementare gegenstandsbezogene Denkoperationen und schließlich formale Schlussfolgerungen* entstehen. Die sensomotorischen Handlungsweisen sah er als Fortsetzung der biologischen Organisation an, wobei er der Interaktion zwischen dem Organismus und der Umwelt große Bedeutung beimaß.

2 Was ist Entwicklung?

Entwicklung umfasst den gesamten Lebenslauf, d.h. der Prozess beginnt mit der Befruchtung und endet mit dem Tod. Entwicklung ist ein kontinuierlicher Reifungsprozess, der sich nach Piaget aus der Interaktion mit der Umwelt ergibt.

Unterscheiden lassen sich folgende Entwicklungsprozesse:

Phylogenetische Entwicklung	• Entwicklung der Organismen, vom Einzeller zum Menschen • Entwicklung des ZNS • Anpassung an die Umweltbedingungen = biologische Entwicklung • Ökologische Entwicklung von Lebensgemeinschaften / Spezialisten
Kulturelle Entwicklung	• Verschiedene Kulturstufen zur gleichen Zeit • Kulturelle Entwicklung eines Landes (Geschichte, Religion, Sitten) • Ausbildung, Wissenschaft
Individuelle Entwicklung	• Auf der Grundlage genetischer Programme • Wachstum, körperliche Reifungsprozesse • Wechselwirkung, Interaktion mit der Umwelt (Elternhaus, Kultur) • Abhängig von den eigenen Erfahrungen (Reizen, Angeboten, Interessen, Aktivitäten, Lernangeboten) • Verschiedene Entwicklungsphasen • Individuelle Einzelleistungen (Stärken, Schwächen, Tempo) • Balance, Koordination der verschiedenen Funktionsbereiche
Funktionelle Entwicklung	• Meilensteine der Entwicklung • Sensible Phasen

- Fähigkeiten unabhängig von anderen Funktionen
- In Abhängigkeit / Wechselbeziehung zu den anderen Funktionsbereichen (Koordinationsleistungen)

2.1 Entwicklungsmodelle

2.1.1 Stufenmodell

Bis weit in die 60er-Jahre des letzten Jahrhunderts wurde vorwiegend von einem Stufenmodell mit einem hierarchischen Aufbau der einzelnen Entwicklungsstufen und deren Einzelfunktionen ausgegangen.

Man ging dabei davon aus, dass immer erst eine Entwicklungsstufe abgeschlossen sein musste, ehe die nächste Stufe erklommen werden konnte. Diese Denkweise spiegelte sich auch in vielen Behandlungskonzepten (Affolter, Ayres, Bobath) wider. Diese starre Theorie lässt sich heute nicht mehr aufrecht erhalten. Wissenschaftliche Studien über die Entwicklung von gesunden und behinderten Kindern sowie Dokumentationen von Langzeitbehandlungen zeigten, dass manche Kinder durchaus einzelne Entwicklungsphasen (z.B. das Krabbeln) ohne weitere Auswirkungen überspringen konnten oder dass schwer körperbehinderte Kinder geistige Fähigkeiten entwickeln konnten, obwohl sie die direkten aktiven Handlungserfahrungen nicht machen konnten. Auch musste man erkennen, dass bereits der sehr junge Säugling seine Umwelt ganzheitlich erfassen kann (der kompetente Säugling). Der Entwicklungsprozess ist also viel komplexer, als lange Zeit angenommen wurde. Dennoch erfolgt er in einer gewissen Gesetzmäßigkeit. Die Reihenfolge und Einteilung der Entwicklungsphasen, welche die verschiedenen Autoren aufgrund ihrer Beobachtungen und Studien vorgenommen haben, sind eher didaktischen Ursprungs. Auch heute werden beim Entwicklungstest und bei der Überprüfung bestimmte Funktionen und Leistungen erst in einem bestimmten Alter oder einer bestimmten Entwicklungsstufe geprüft und erwartet. Die Zusammenhänge zwischen den verschiedenen Funktionsbereichen und ihre Wechselbeziehung zur Umwelt werden auch heute nur selten bei der Diagnostik und Interpretation der Testwerte berücksichtigt.

2.1.2 Modell der Wechselwirkung

Piaget hat bereits in den 30er-Jahren auf die Bedeutung der Wechselwirkung für den Entwicklungsprozess hingewiesen. Er versteht darunter eine gegenseitige Stimulation und Beeinflussung zwischen dem Individuum und seiner Umwelt. Er beschreibt Regelkreise (Zirkulärreaktionen), bei denen sich Reiz und Reaktion gegenseitig stimulieren und die damit verbundenen Erfahrungen einerseits festigen und andererseits stetig erweitern. Frühere Erfahrungen werden nach Angaben von Piaget auf einer höheren Entwicklungsebene wiederholt aufgegriffen, vertieft und aufgrund der neuen Perspektive verändert und erweitert. Die Entwicklungsstufen beschreibt Piaget (wie auch Gesell) als Spirale mit fließenden Übergängen, die sich stetig erweitert.

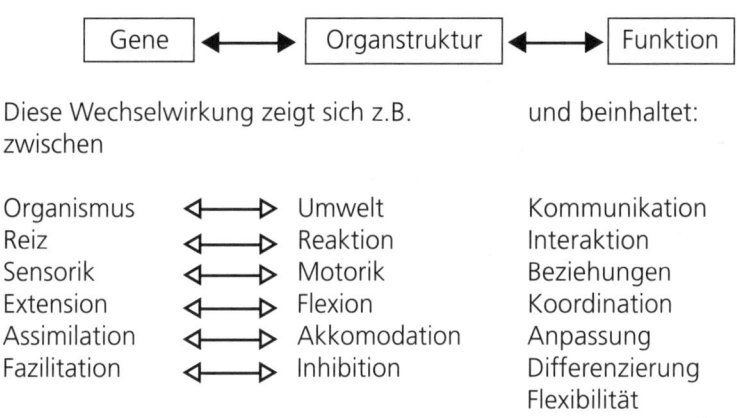

Gene ◄──────► Organstruktur ◄──────► Funktion

Diese Wechselwirkung zeigt sich z.B. zwischen

und beinhaltet:

Organismus	◄────►	Umwelt	Kommunikation
Reiz	◄────►	Reaktion	Interaktion
Sensorik	◄────►	Motorik	Beziehungen
Extension	◄────►	Flexion	Koordination
Assimilation	◄────►	Akkomodation	Anpassung
Fazilitation	◄────►	Inhibition	Differenzierung
			Flexibilität

Beispiele:

1. Zwischenmenschliche Beziehungen

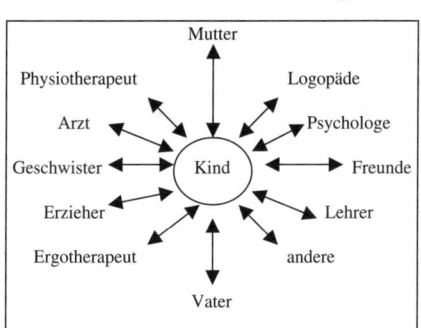

2. Funktionelle Wechselwirkung

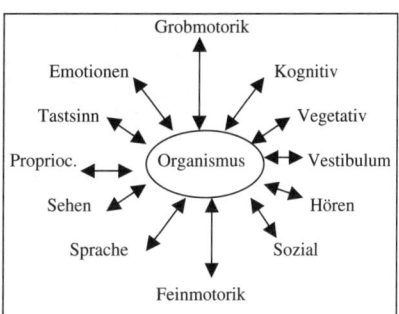

Auf das einzelne Individuum wirken ständig unzählige Reize der Umwelt ein. Der Kreis der Bezugspersonen wächst, und jeder hat das Wohl des Kindes aus seiner persönlichen Perspektive im Blickfeld. Je nach Interesse, Wunsch, Fernziel, Fachrichtung werden bestimmte Funktionen in den Vordergrund gerückt und betont. Eltern wollen, dass es ihr Kind besser hat als sie selbst. Sie wollen, dass ihr Kind das erreicht, was ihnen selbst nicht möglich war. Der Allgemeinmediziner konzentriert sich auf die körperliche Gesundheit, der Hals-Nasen-Ohren-Arzt auf das Gehör, der Augenarzt auf das Sehvermögen. Der Psychologe analysiert und deutet die Emotionen und Psyche des Kindes wie auch das Verhalten der Eltern und deren Interaktion. Im Kindergarten steht ein gutes soziales Miteinander und die Schulvorbereitung im Mittelpunkt. Die Schule erwartet gute Mitarbeit, Aufmerksamkeit, eifriges Lernen und unproblematisches gutes Sozialverhalten. Die Physiotherapeutin hat die motorischen Funktionen im Blickfeld, die Logopädin die Sprache, die Ergotherapeutin die Sensorik. Jeder gibt Eltern und Kind gute Ratschläge und ein Übungsprogramm mit nach Hause usw. Jeder manipuliert und beeinflusst das Kind auf seine gut gemeinte Weise. Es ist aber das Kind selbst, welches all diese Einflüsse mit seinen Bedürfnissen, Interessen, Fähigkeiten und Problemen in Einklang oder ins Gleichgewicht bringen muss.

3 Entwicklungstheorie von Piaget

Nach Aussagen von Piaget ist Entwicklung das *Ergebnis der Wechselwirkung zwischen Organismus und Umwelt.* Gegenläufige Anpassungsprozesse (Assimilation und Akkomodation) und Interaktionsprozesse führen im Laufe der Zeit zu einer Differenzierung der angeborenen Schemata. Entwicklung beinhaltet kein Aktivieren und Einüben von Funktionen, die genetisch vorprogrammiert wurden.

Stimulationen von außen führen zu einer Reaktion (Antwort) und aktivieren damit die Funktion. Das Kind verfügt über ein bestimmtes Repertoire an Schemata, die durch den Reiz aktiviert werden. Andere Reaktionen können nicht erwartet werden.

Reize sind sozusagen die *Nahrung für die Funktion.* Ohne äußere Reize kann das „genetische Programm" nicht aktiviert werden. Bei fehlender Stimulation können die Funktionen verkümmern und langfristig sogar verloren gehen (Verhungern, Unterstimulation, Unterforderung, Deprivationssyndrom, Verlust der Sehkraft mit Optikusatrophie beim „zentralen Abschalten eines Auges", wenn das Kind schielt und Doppelbilder erhält). Problematisch ist es aber auch, wenn zu viele Reize vermittelt werden (Überstimulation, Überforderung, Überfütterung), sodass die Reizflut nicht mehr verarbeitet werden kann. Es kommt zu Verarbeitungsstörungen, zu Integrationsstörungen und dadurch nicht selten auch zu allgemeinen emotionalen Entwicklungs- und Lernstörungen.

Der Körper benötigt Nährstoffe um zu wachsen und um Energie zu entwickeln. Bei einer Fehlernährung kommt es zu gravierenden Stoffwechselstörungen. Sie entstehen, wenn unverträgliche Nährstoffe aufgenommen werden, aber auch bei einer Unter- oder Überernährung. Es führt nicht zu schnellerem Wachstum und Reifung, wenn vorzeitig Erwachsenenkost verabreicht wird. Auch braucht das Kind nach einer Mahlzeit ausreichend Zeit zur Verdauung, pausenloses Essen ist ungesund. Ähnlich ist es bei der Vermittlung von Reizen und Lerninhalten.

3.1 Anpassungsprozesse

Für die Entwicklung spielen nach Piaget die Anpassungsprozesse eine große Rolle. Gemeint ist hier nicht das sich Fügen und Unterordnen, sondern die aktive Anpassung (Ayres: motorische Anpassung) an die aktuelle Situation, um diese zu bewältigen. Solche Anpassungsprozesse bestehen von Anfang an (mit der Befruchtung) und sind Ausdruck der Interaktionen und Wechselbeziehungen zwischen dem Individuum und seiner Umwelt.

Piaget unterscheidet:

1. Die biologische Anpassung:
- Wichtig für das Überleben des Individuums
- Anpassung an Klima, Nahrungsangebot, Lebensraum usw.
- Vielfalt der Arten, der Ökosysteme

2. Die intellektuelle Anpassung:
- Nutzbarmachung der vorhandenen Gegebenheiten
- Werkzeuggebrauch
- Gestaltung des Wohnraums
- Veränderung der Umwelt zum eigenen Nutzen
- „Not macht erfinderisch"

Bestandteile dieser Anpassungsprozesse sind nach Aussagen von Piaget **Assimilation** *und* **Akkomodation**.
Sie stellen gegenteilige Grundfunktionen (Pole) dar, vergleichbar mit den Enden einer Balkenwaage. Sie stehen in Wechselbeziehung zueinander und beeinflussen sich gegenseitig. Sowohl die Assimilation als auch die Akkomodation sind von Anfang an (mit der Befruchtung, der Geburt) vorhanden. Je nach Situation oder Blickwinkel kann einmal die Assimilation und ein anderes Mal die Akkomodation überwiegen, aber beide Seiten haben Anteil am aktuellen Geschehen. In der Praxis ist es allerdings oftmals schwierig, die Assimilation von der Akkomodation zu trennen, da auch hier ein fließender Übergang besteht. Die Trennung ist mehr theoretischer Natur. Kommt es zu einem Gleichgewicht zwischen beiden Funktionspolen, so kommt es zu einem (vorübergehenden) Entwicklungsstillstand *(Äquilibrium)*, da die aktuelle Anpassung vollendet wurde. Bei einem gesunden Kind wird dieses Innehalten in der Entwicklung meist von der Umwelt gar nicht wahrgenommen. Anders ist dies beim behinderten Kind.
Um die Entwicklung wieder in Gang zu bringen, ist ein neuer Stimulus erforderlich, um Assimilation und Akkomodation aus dem Gleichgewicht und in Bewegung zu bringen. Der Stimulus kann hier vom Individuum selbst ausgehen oder durch die Umwelt erfolgen.

ASSIMILATION	AKKOMODATION
• Implikationsfunktion, Input	• Explikationsfunktion, Output
• Auf das Individuum gerichtet	• Auf die Umwelt gerichtet
• Aufnahme und Umwandlung körperfremder Stoffe	• Biologische Anpassung
• Aufnahme von Reizen, Informationen	• Motorische Anpassung
• Eingliederung, Integration, Verschmelzung	• Anpassung, Angleichung, Übertragung, Modifikation
	• Erweiterung, Differenzierung, Variation
	• Nutzbarmachung, Anwendung
	• Organisation, Planung

Assimilation ist:	Akkomodation beinhaltet:
Integration von sensorischen Reizen, Informationen, Bewegungen, Gewohnheiten, Verhalten, Lerninhalten	**Anpassung** der vorhandenen Schemata (Funktion, Bewegung, Handlung, Wissensinhalte, Verhalten)
an die eigenen, bisher erworbenen Schemata, Bewegungen, Erfahrungen, Handlungsweisen, Denkstrukturen,	**an** neue Situationen, Gegebenheiten, Materialien, räumliche Bedingungen, Reaktionen, Problemstellung,
um die Inhalte zu einem Teil der eigenen Persönlichkeit zu machen (Verschmelzen mit dem Ich).	**um** die vorhandenen Schemata für die gezielte Problemlösung einzusetzen.

Piaget unterscheidet zusätzlich:

1 Physiologische Assimilation	1 Physiologische Akkomodation
• Stoffwechsel • Organfunktion • Input	• Anpassung des Neugeborenen • Akkomodation der Linse an Fixierungspunkt • Motorische Anpassung, Tonusregulation
2 Psychologische Assimilation	**2 Psychologische Akkomodation**
2.1 Funktionelle Assimilation • Bedürfnis nach Wiederholung • Festigung des Schemas • Funktionsschulung (Übung) **2.2 Wiedererkennende Assimilation** • Schon einmal erfahren, erlebt, „Aha-Erlebnis" • Identifikation, Einordnen, Integration	• Motorische Anpassung an die Gegebenheiten • Material, Objekt, räumliche Perspektive • Veränderung, Modifikation, Differenzierung • Erweiterung der bisher erworbenen Funktionen • Anwendung des Gelernten und der Erfahrungen • Organisation der Fähigkeiten zum Gebrauch • Zielgerichtete Handlung, Handlungsplanung • Problemlösungen
3 Generalisierende Assimilation • Übertragung auf alle geeigneten Objekte	**Eine Akkomodation wird dann erforderlich, wenn das bisherige Schema ungeeignet ist.**

3.2 Zirkulärreaktionen und ihre Bedeutung

Eine Zirkulärreaktion beinhaltet
- Einen Handlungszyklus oder Handlungskreislauf
- Einen sensomotorischen Regelkreis
- Ein ganzheitliches senso-motorisch-sensorisches Verhalten
- Eine Tätigkeit, Handlung oder Funktion, die um ihrer selbst willen wiederholt wird
- Einen Handlungsablauf, dessen Bewegungen oder Reaktionen untereinander verkettet und koordiniert werden
- Assimilation und Akkomodation gleichermaßen

Die ersten einfachen Zirkulärreaktionen begrenzen sich auf den eigenen Körper. Später beziehen sie die Außenwelt mit ein und werden mit der Entwicklung immer komplexer.

Primäre Zirkulärreaktionen
- Sind einfache Handlungszyklen
- Sensomotorische Funktionskreise
- Dienen der Funktionsschulung, die sich selbst genügt (Konditionierung)
- „Greifen, um zu greifen"
- Kein „äußerer" Zweck, kein Ziel

Beginn im II. Stadium der Sensomotorik

Reiz

Reaktion

Sekundäre Zirkulärreaktionen
Erweiterung der primären Zirkulärreaktionen
- Außenwelt wird einbezogen, Objektbezug
- Die Bewegungen richten sich nach dem äußeren Reiz aus
- Ganzheitliche Wiederholung der Handlungsweisen
- Koordination der Funktionen
- Jedes Glied der Kette kann den Zyklus aktivieren
- Wiederholung der Handlungsweisen, die zum Erfolg führen

Beginn im III. Stadium

Koordination der sekundären Zirkulärreaktionen

- Herauslösen der „Glieder" aus dem Zyklus
- Neuordnung der Elemente, neue Kombinationen
- Herauslösen einzelner Teile, um sie neu zu ordnen (Koordination, Kombination, Variation)
- Erst langsames probeweises (tastendes, erkundendes) Ordnen der Teilaspekte und deren Beziehungen
- Später sicherer, klarer, schneller und mit Voraussicht; d.h. planende Koordination

Beginn im IV. Stadium

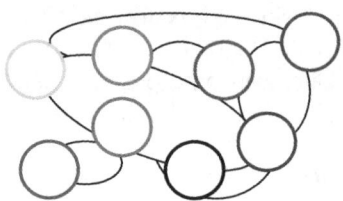

Tertiäre Zirkulärreaktionen

- Bewusste Variationen eines Handlungszyklus
- Veränderungen von Teilen, Beziehungen
- Systematische Prüfung der Wirkung

Ab dem V. Stadium

3.3 Wichtige Faktoren der Entwicklung

Was bringt Assimilation und Akkomodation immer wieder ins „Ungleichgewicht", d.h. in Bewegung?

1. Der **Reifungsprozess** des Organismus selbst
   Die genetischen Faktoren, das genetische „Programm" wirken.
   Das Kind wächst, die Körperproportionen verändern sich (feine neue Anpassungen werden nötig).

2. Die **soziale Übermittlung**
   Reize, Anregungen, Stimulationen durch die Umwelt wirken.
   Neue Situationen verlangen eine ständige Neuorientierung und Neuanpassung.
   Häusliches Milieu, Kulturkreis, Umweltbedingungen, Schulbildung usw. nehmen Einfluss.

3. Die **Erfahrungen** des Kindes
   Eigene Aktivitäten und persönliche, subjektive Erfahrungen (positive oder negative Auswirkung) wirken.
   Das Erfahrungslernen (Sensomotorik), es ist die Grundlage für die Verwertung des schulischen Lernens.
   Ohne eigene Erfahrungen bleibt das theoretisch angesammelte Wissen isoliert.

3.4 Bedeutung von Objekten und Begriffen im Verlauf der Entwicklung

Definition der Begriffe nach Piaget
Alle Dinge oder Ereignisse erhalten eine (individuelle) Bedeutung, die das Individuum den Dingen aufgrund seiner Erfahrung und emotionalen Beteiligung erteilt. Diese Bedeutung ist subjektiv, je nachdem wie sie und die jeweilige Situation erlebt und wahrgenommen werden.

Piaget unterscheidet in diesem Zusammenhang zwischen:
* dem Bedeutungsträger
* dem Bezeichneten

3.4.1 Der Bedeutungsträger

Der Bedeutungsträger ist das Objekt selbst oder Teil des Ganzen (Objekt, Situation, Handlung, Geräusch, Wort), je nachdem, was gerade wahrgenommen wird. Aufgrund früherer Erfahrungen werden ganz bestimmte Emotionen und Erfahrungen reaktiviert (Erinnerungen). Sie lösen bestimmte Verhaltensschemata aus (z.b. konditionierte Gewohnheiten), die nicht immer rational bewusst nachvollziehbar sind.

• Wohl gemeinte Berührungen können eine Panik auslösen (Abwehrreaktion), wenn frühe, schlechte Erfahrungen gemacht wurden, die an die Berührung gekoppelt sind.
• Ängste haben hier manchmal ihre Ursachen.

Piaget differenziert hier:

ANZEICHEN	• Ein elementarer sensomotorischer Eindruck löst die emotionale Reaktion aus.
	• Der Reiz hat einen unmittelbaren Bezug zum Erlebnis.
	• Reiz, Erlebnis, Situation bilden noch eine Einheit, die einzelnen Elemente können noch nicht differenziert werden.
SIGNAL	• Es ist ein Teil des Vertrauten (Haltung, Bewegung, Geräusch, Objekt usw.) und ein Teil des erlebten ganzheitlichen Geschehens.
	• Der Reiz wird bereits als Signal für ein im nächsten Augenblick eintreffendes Ereignis wahrgenommen.
	• Das Signal ermöglicht eine gewisse Voraussicht, ist aber noch Teil der ganzheitlichen Handlung (z.B. Trinkposition löst Erwartungshaltung aus).
SYMBOL	• Mentales Bild steht stellvertretend für die Realität (Bilder, Worte, andere Objekte).
	• Es erfordert Vorstellungsvermögen.
ZEICHEN	• Ein kollektives Symbol, das von der Gesellschaft bestimmt wird (Schriftzeichen).

3.4.2 Das Bezeichnete (Begriffsbildung)

Unter dem Bezeichneten versteht Piaget den Gegenstand mit allen Eigenschaften (sichtbare und unsichtbare). Er erwähnt in diesem Zusammenhang, dass niemand ein Objekt gleichzeitig von allen Seiten sehen kann und sich demzufolge immer einen Teil vorstellen muss.

Ein Gegenstand, ein Geschehen wird daher aufgrund seiner verschiedenen Eigenschaften und Funktionen definiert. Einbezogen werden dabei die sensorischen oder praktischen Erfahrungen, die im Umgang und bei der Manipulation des Objektes gewonnen wurden. Die Klassifikation des Objektes erfolgt aufgrund seiner Eigenschaften (Form, Farbe, Größe, Aussehen, Funktion, akustische Signale) und Zugehörigkeit (Eingruppierung nach Oberbegriffen).

3.5 Aussagen von Piaget zur Entwicklung des Kindes

Vergleiche: Jean Piaget: „Das Erwachen der Intelligenz beim Kinde". Klett Verlag Stuttgart, 2. Auflage, 1973

*   Entwicklung ist *keine Entfaltung vorgeformter Strukturen.*
*   Entwicklung beruht auf der *Wechselwirkung* zwischen dem Organismus und der Umwelt. Von Anfang an bestehen *Interaktionsprozesse*, die eine Differenzierung der angeborenen Verhaltensweisen oder Bewegungen ermöglichen.
*   Bestandteile der Wechselwirkung sind *Assimilation* (Aufnahme, Integration) und *Akkomodation* (motorische Anpassung), die nach einem Gleichgewicht (gerader Waagebalken, Ruhepause, Stillstand) streben = Äquilibration. Dies ist ein dynamischer Prozess.
*   Entwicklung ist ein *progressiver und dynamischer* Aufbau von Verhaltensweisen oder Bewegungsmustern (Gewohnheiten), die sich aus der notwendigen Anpassung an die neuen Gegebenheiten ergeben.
*   Ein Kind kann Gegenstände, Inhalte usw. nur erkennen und verstehen (begreifen), wenn es diese an bereits erworbene Schemata assimilieren kann. *Werden* motorische, sensorische oder geistige Schemata oder soziale *Verhaltensweisen aufgezwungen* oder widersprechen sie sogar den bisher erworbenen Schemata, *so ist eine Anpassung bzw. ein Lernen nicht möglich.*
*   Zur Akkomodation (Anpassung) braucht das Kind Zeit und Ruhe. *Unter Zeit- und Leistungsdruck kommt es zu Anspannungen (motorisch, psychisch), die die Handlungsfähigkeit blockieren können.*
*   Der Entwicklungsprozess ähnelt einer *Spirale*, die gleichmäßig wächst und sich erweitert. Jede Windung entwickelt sich aus der vorhergehenden und geht in die nächste über. Die verschiedenen Funktionen werden dadurch auf jeder neuen Entwicklungsstufe neu integriert, aufgegriffen, erweitert und differenziert. Trotz der nahtlosen Übergänge können die einzelnen Windungen (Phasen) einzeln betrachtet werden.
*   Die Entwicklung durchläuft die einzelnen Phasen in gleicher *Reihenfolge*. Die Einzelleistungen sind aber individuell verschieden und vom gene-

tischen Programm (Reifungsprozess des Organismus) und von den jeweiligen Umweltbedingungen (Milieu, Anregung) abhängig. Das Kind selbst gibt den Ereignissen aufgrund seiner individuellen Erfahrungen seine Bedeutung.

- Das *Entwicklungstempo ist unterschiedlich*, die Altersangaben sind nur Richtwerte. Manche Kinder erreichen eine Entwicklungsphase früh, andere später. Auch die Verweildauer ist unterschiedlich lang.

- Bemühungen, dem Kind *vorzeitig* (bevor der Organismus die erforderliche Reife vorweist) isolierte *Einzelleistungen zu vermitteln, sind nur begrenzt möglich.* Solch angelerntes (andressiertes, antrainiertes) Wissen führt zu „deformierten Reaktionen", zu auswendig gelernten Wissensinhalten, die einer Dressur ähnlich sind. Solche Leistungen können nur in spezifischen (gleichen) Situationen abgerufen werden und müssen außerdem ständig „unterhalten" werden, damit sie nicht vergessen werden. Solche Scheinleistungen sind nicht stabil genug gegenüber Störungen, Veränderungen oder Stresssituationen. Sie können nicht übertragen werden, finden daher keine wirkliche Anwendung. Eine Generalisierung ist nicht möglich. Das Vorziehen von Einzelleistungen ist *nutzlose Zeitverschwendung* und entspricht einer Tierdressur. Kein Hund wird das Laufen auf zwei Beinen erlernen oder benutzen, auch wenn es ihm für eine bestimmte Zirkusnummer andressiert worden ist.

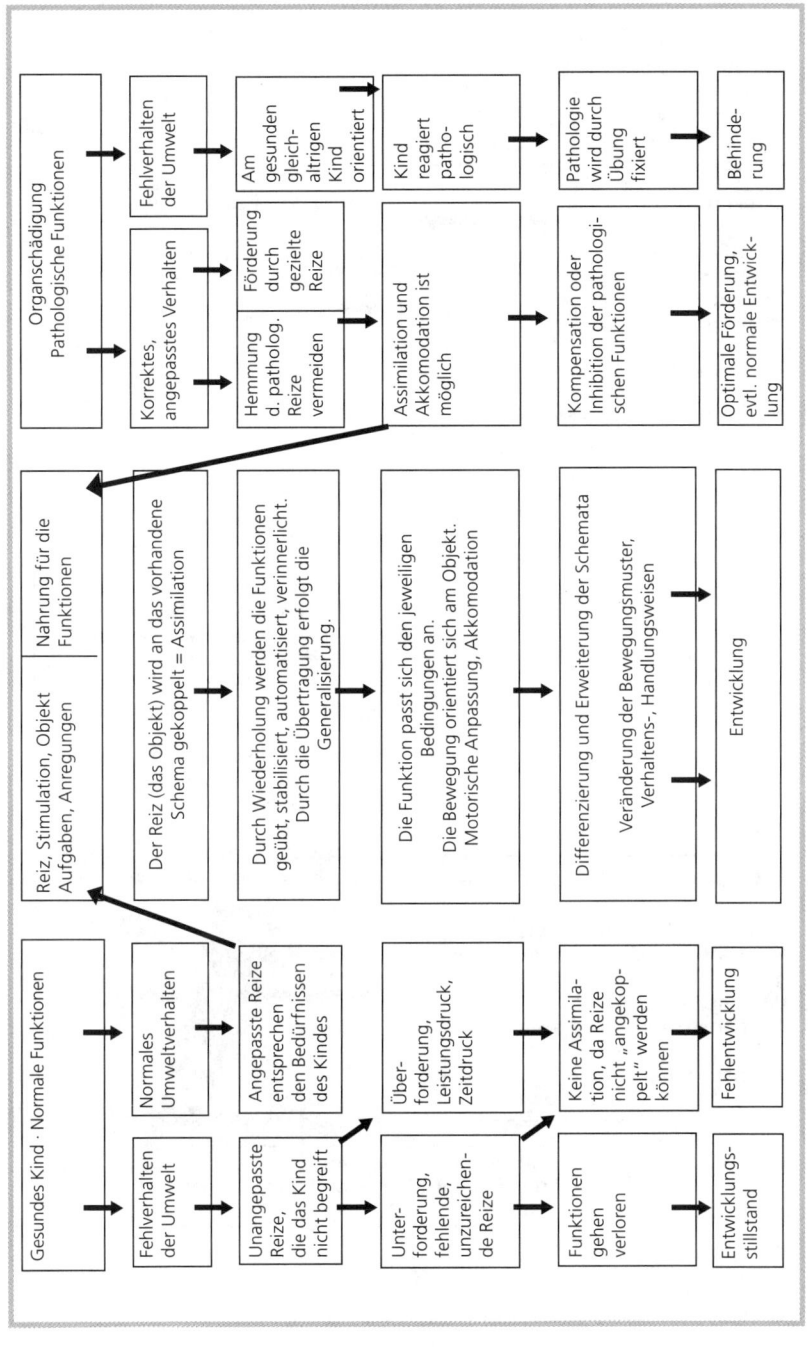

Abbildung 1: Möglicher Entwicklungsverlauf

27

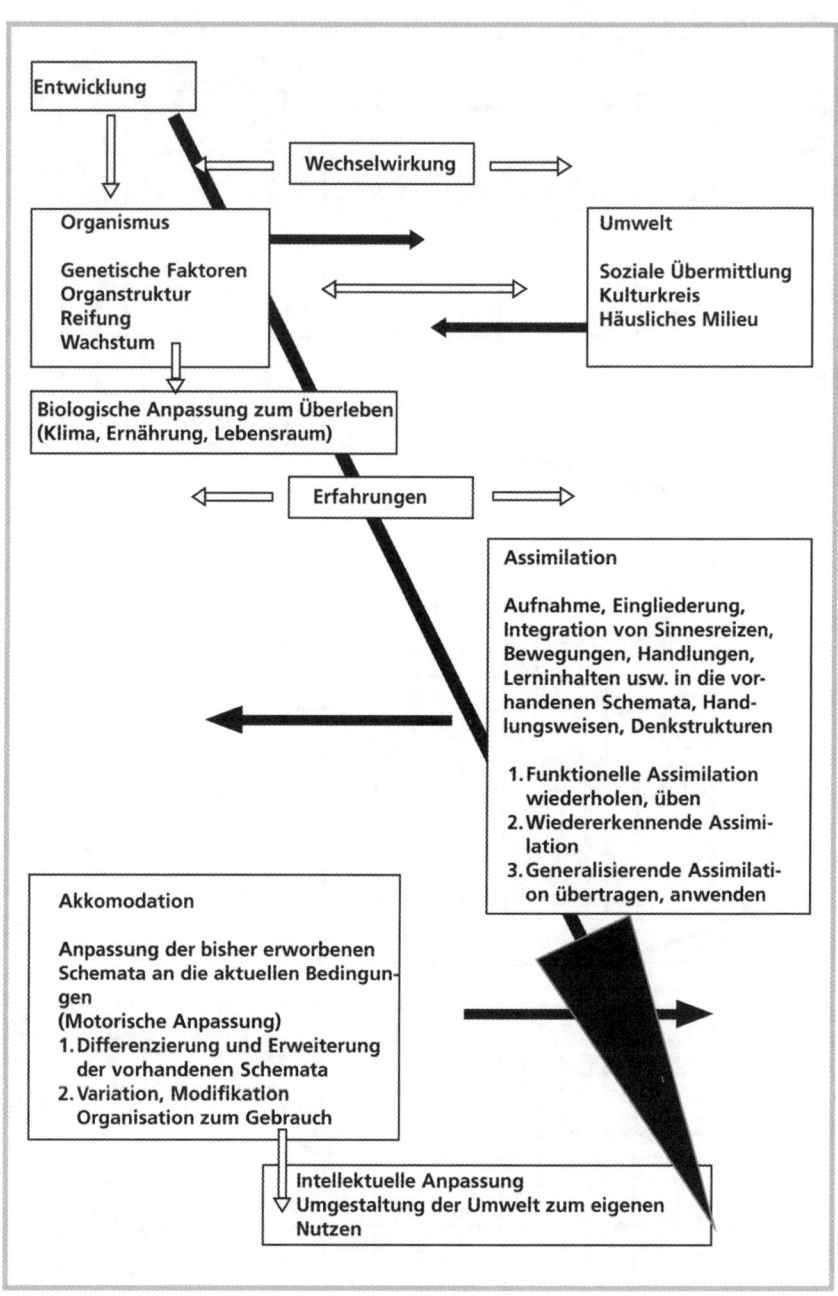

Abbildung 2: Die Entwicklungstheorie von Piaget im Überblick

4   Die Entwicklungsphasen nach Piaget im Überblick

0 - 2 Jahre	Sensomotorische Phase	Sensorische Reize stimulieren die Aktivitäten des Kindes, auf die es motorisch antwortet. Schemata werden erfahren, durch Wiederholung stabilisiert, an neue Situationen angepasst und dabei differenziert. Von Bedeutung ist die aktive Auseinandersetzung mit der Umwelt.
2 - 4 Jahre	Vorbegriffliches symbolisches Denken	Übergang von den sensomotorischen zu den zunehmenden geistigen Operationen. Die sensomotorischen Erfahrungen sind weitgehend verinnerlicht. Das Kind bedient sich der Symbole (Ersatzgegenstände, Wörter, Gesten), um diese Erfahrungen wieder zu aktualisieren. Nachahmungsspiele, „So tun als ob" - Spiele, Symbolspiele, Spracherwerb und das Experimentieren mit den Verhaltensweisen anderer Personen stehen in dieser Phase im Vordergrund → Kleinkind, Ich-Entwicklung, Eingliederung in Kindergarten.
4 - 7 Jahre	Anschauliches Denken	Die Verinnerlichung geht weiter voran, das Kind kann sich vieles vorstellen. Es ist aber noch an seine (aktuelle) Wahrnehmung gebunden, kann die Situation noch nicht gedanklich umkehren oder sich verändert vorstellen als wie es sie im Augenblick erfährt. Es kann die Ereignisse oder sein Handeln noch nicht verbal rekonstruieren. Das Symbolspiel wird zum Rollenspiel in der Gruppe, wobei die „Miniaturen" von

		Bedeutung sind (Kaufladen, Puppenhaus, Puppengeschirr usw.). Die Sprache wird zunehmend zur Kommunikation und um Gedanken zu formulieren eingesetzt. Satzbau, Grammatik, Wortschatz, Ausdrucksweise werden differenziert. Das Gestalten, das Erstellen der Rahmenbedingungen für das Spiel oder die Handlung gewinnen an Bedeutung. Das Kind plant, baut, malt zunehmend aus der Vorstellung heraus (Fantasie). Regelspiele gewinnen an Bedeutung. Es besteht auch ein lebhaftes Interesse an Geschichten, Familienereignissen, Festen, eigener Säuglingszeit usw. → Vorschulkind.
7 - 11 Jahre	Konkrete Operationen Logisches Denken	Das Kind kann sich zunehmend von der eigenen Wahrnehmung gedanklich lösen, sich die Dinge aus einer anderen Perspektive vorstellen. Es kann sich gedanklich an einen anderen Standpunkt begeben. Es kann sein Handeln verbal rekonstruieren oder nachvollziehen, was erzählt wird. Es „operiert" auf der gedanklichen, geistigen Ebene. Logisches Denken, Regelspiele, Wettspiele, das Messen am anderen werden wichtig. Regeln werden selbst oder gemeinsam aufgestellt → Schulreife!
ab 11 Jahre	Formale Operationen	Zunehmend ist das hypothetische, abstrakte Denken des Erwachsenen möglich.

4.1   0 - 2 Jahre: Sensomotorische Basis-
funktionen und ihre Bedeutung

Die sensomotorische Entwicklungsphase = Basis der gesamten Entwicklung

Lernen über sensomotorische Aktivitäten
- Aufnahme, Integration, Verarbeitung der sensorischen Reize
- Sensorische Integration
- Motorische Reaktion, Anpassung und Organisation
- Direkte Rückmeldung der eigenen Handlung

Aktive Auseinandersetzung mit der Umwelt
- Bedarf noch der konkreten Gegenwart der Objekte, Personen, Materialien
- Einsatz des gesamten Körpers
- Muss den Raum, die Dinge durch eigene Muskelarbeit (Kraft) erkunden
- Situation muss konkret, direkt spürbar sein, körperlich erlebt werden
- Erinnerung erfolgt in der aktuellen Situation durch das Erleben

Direktes körperliches Erfahrungslernen
- Erfahrungen über die körperlichen Funktionen
- Einsatz und Gebrauch der eigenen sensorischen und motorischen Funktionen
- Erlebt, spürt, erfährt die Eigenschaften der Dinge, deren Funktionen, Handhabung und Bedeutung
- Erfahrungen der eigenen Grenzen und Möglichkeiten (körperliche Selbsterfahrung)
- Erfahrungen sind subjektiv, individuell, nicht allgemein gültig

Entwicklung von Einzelleistungen erfolgt in Abhängigkeit von verschiedenen Faktoren
- Umwelt, in der das Kind lebt
- Familiäre Situation, Milieu, Gruppe, Gesellschaft, Kultur
- Emotionale Zuwendung, persönliche Anerkennung und Bestätigung, Achtung
- Reizangebot, Stimulation, Anregungen, Anleitung, Anforderungen, Erfahrungsraum

In der sensomotorischen Phase entwickelt das Kind
- Bewegungsmuster und deren Automatisierung, motorische Planung
- Handlungsschemata, Handlungsstrategien, Handlungsplanung
- Verhaltensweisen, Gewohnheiten
- Fähigkeit, Dingen und Situationen eine Bedeutung zu geben (Funktion, Gebrauch, Begriff)
- Körperliche Kommunikation und erste soziale Beziehungen

4.1.1 Stadien der Sensomotorik

Die sensomotorische Entwicklungsphase umfasst sechs aufeinander folgende Stadien. Sie bauen aufeinander auf, gehen aber auch ineinander über. Die Grenzen sind fließend. Wann das Kind, d.h. in welchem Alter es in die Stadien „eintritt", ist individuell verschieden.

In den einzelnen Stadien werden grundlegende Verhaltensweisen entwickelt, die dem Kind helfen, sich mit seiner Umwelt auseinander zu setzen und die Zusammenhänge und Beziehungen zu verarbeiten.

Diese Verhaltensweisen können in den jeweiligen Stadien beobachtet werden. Es sind grundlegende Schlüsselerfahrungen, die auch in den höheren Entwicklungsphasen wieder auftreten. Sie werden im Verlauf der weiteren Entwicklung in die höheren Fähigkeiten der übergeordneten Stadien integriert, bleiben aber im Grunde bestehen.
- So bleiben reflektorische Reaktionen erhalten, auch wenn sie durch die Willkürmotorik gehemmt werden.
- So spielt der Zufall ein Leben lang eine Rolle.
- Auch das ältere Kind oder der Erwachsene lernt durch die Wiederholung.
- Kombinationen, kausale, räumliche und zeitliche Beziehungen müssen immer wieder einbezogen werden.
- Die aktive Problemlösung bleibt ein Leben lang von Bedeutung.
- Ebenso die Verinnerlichung oder Vertiefung, die Stabilisierung und Automatisierung der Fähigkeiten.

Eine detaillierte Schilderung dieser Stadien finden Sie in Kapitel 5.

4.1.2 Überblick über die sensomotorische Phase

Stadium	Alter	Verhalten
I. Stadium	0 - 4 Wochen „Reflexe"	• Betätigung und Üben der „Reflexe" bzw. der intrauterin erworbenen Funktionen • Physiologische Anpassung des Neugeborenen, instabile Haltung
II. Stadium	1 - 4 Monate Zufallshandlungen, einfache Gewohnheiten	• Erste neue angepasste (erlernte) Reaktionen • Ausrichtung der Bewegungen/ Handlungen nach dem Reiz • Zufallshandlungen (von der Umwelt aktiviert) • Einfache Gewohnheiten um ihrer selbst willen • Primäre Zirkulärreaktionen • Erste Koordination der Funktionen (Körper- bzw. Ich-Bezogen) • Stabile Bauch- und Rückenlage (waagerechte Position) • Aufrichtung von Kopf und Schultergürtel • Modalspezifische (sinnesspezifische) Leistungen
III. Stadium	4 - 8 Monate Aktives Wiederholen erfolgreicher Handlungen	• Objektbezug, Begreifen der Dinge • Einordnen der Objekte nach Gebrauch oder Funktionen • Übernimmt Ereignisse so, wie sie sich ergeben, wie sie vermittelt werden • Sekundäre Zirkulärreaktionen • Wiederholt erfolgreiche Handlungen • Motorische Anpassung der Funktionen an das konkrete Ziel • Hand formt sich um den Gegenstand

		• Hantiert, wechselt Dinge zwischen den Händen • Beschäftigt sich nur mit einem Gegenstand auf einmal • Aufrichtung aus der Bauch- und Rückenlage abgeschlossen • Rotation innerhalb der Körperachse, Drehen, Rollen • Erste Fortbewegung in der waagerechten Körperposition • Passive senkrechte Körperhaltung (Sitzen, Stehen), noch unsicher im Gleichgewicht
IV. Stadium	8 - 12 Monate Verbinden von Mittel und Zweck, Verstehen von Ursache und Wirkung	• Verbinden von Mittel und Zweck • Verstehen von Ursache und Wirkung • Kausale, räumliche, zeitliche Beziehung • Aktive Aufrichtung in die Senkrechte: Aufsetzen, Aufstehen • Aktive Fortbewegung: (vorwärts) Robben, Krabbeln • Erfahrung der 3. Dimension im Raum • Hände werden frei zur Manipulation, Feinmotorik • Differenzierte Mundmotorik: Kauen, Lautäußerungen • Zielgerichtetes Handeln, an den Gegebenheiten orientiert • Übertragen auf neue Situationen • Überwinden von Hindernissen und Schwierigkeiten • Suchverhalten, beginnende Vorstellung • Nachahmung

V. Stadium	12 - 18 Monate Problemlösung über das aktive Ausprobieren	• Bewusste Variationen aus der Vorstellung heraus • Verschiebt Teile, verändert deren räumliche Beziehungen, um Ziel zu erreichen • Aktive Problemlösung durch Ausprobieren • Versuch – Irrtum Verhalten • Handlung mit Voraussicht für den nächsten Handlungsschritt • Sichere senkrechte Haltung, Stehen, Fortbewegung • Probiert eigene körperliche Grenzen und Möglichkeiten aus • Großer Bewegungsdrang, Raumerkundung durch Muskelkraft • Körpersicherheit, Körperbeherrschung nimmt zu • Feinmotorik, Handgeschick nimmt zu (Aus-, Einräumen, Stecken)
VI. Stadium	18 - 24 Monate Erfinden, Verinnerlichung	• Verinnerlichung der sensomotorischen Erfahrungen • Bedient sich Hilfsschemata zum „Denken" • Handlungen aus der Vorstellung heraus • Befolgen einfacher verbaler Anforderungen (Kommandos) • Übergang zur Symbolphase

4.2   2 - 7 Jahre: Präoperationale Phase

Hierunter versteht Piaget den Zeitraum zwischen den sensomotorischen und den geistigen Aktivitäten (Operationen). Er unterteilt sie in:
1. Das vorbegriffliche symbolische Denken: 2 - 4 Jahre
2. Das anschauliche Denken: 4 - 7 Jahre

4.2.1   2 - 4 Jahre: Vorbegriffliches symbolisches Denken

Die Verinnerlichung der sensomotorischen Erfahrungen nimmt zu, das Kind bildet innere Bewegungs- oder Handlungsbilder und kann darauf zurückgreifen. Die Handlungen erfolgen daher zunehmend aus der Vorstellung heraus, die aber immer noch an die eigenen Erfahrungen gebunden sind. Das Kind kann seine Aktivitäten zunehmend im Voraus, d.h. aus der Vorstellung heraus, planen.

Die motorischen Geschicklichkeiten (Körperaktivitäten und Hand) werden weiter differenziert. Im Rahmen des „Werkzeuggebrauchs" kristallisiert sich zunehmend eine haltende und eine aktive Hand heraus.

Nicht immer genügen ihm aber die inneren Bilder und es benötigt Ersatzstücke oder auch Symbole, um diese inneren Bilder zu reaktivieren. Es werden sozusagen „Eselsbrücken" gebaut. Symbole stellen einen Ersatz für die Realität dar. Es handelt sich um:

- Objekte (Baustein als Auto oder Zug, ein Stock für eine Puppe)
- Ersatzhandlungen (Mund öffnen, um sich das Öffnen und Schließen vorzustellen)
- Bilder
- Worte
- Schriftzeichen

Spielentwicklung

Das Übungs- und Funktionsspiel des Kindes differenziert sich weiter. Körperspiele dienen dem Kind dazu, seine eigenen Möglichkeiten und Grenzen zu erproben. Es rennt, klettert, schaukelt, rutscht, galoppiert, hüpft, liebt Gleichgewichtsspiele usw. Es erkundet die Funktionen der Dinge, nimmt auseinander und fügt wieder zusammen, füllt aus, ein und um. Der Weg zum Ziel ist für das Kind in der Regel wichtiger als das Ergebnis selbst. Das Nachahmungsspiel und das Symbolspiel gewinnen an Bedeutung. Beim Nachahmungsspiel versucht das Kind, andere Kinder oder Erwachsene nachzuahmen, um so deren Handlungen oder Bewegungsabläufe nachvollziehen und verstehen zu können. Im Symbolspiel spielt es Szenen nach, die es beobachtet hat. Es tut so als ob. Es benützt irgendwelche Dinge als Ersatz für den realen Gegenstand und projiziert einfach seine Wünsche und Vorstellungen auf dieses Medium. Das Nachahmungs- und Symbolspiel erfolgt noch nicht in der Gruppe.

Symbolverständnis und Spracherwerb

Mit der Verinnerlichung und der Entwicklung des Symbolverständnisses entwickelt das Kind mentale Bilder. Das Wort steht ebenfalls als Ersatz für den Gegenstand. Das Kind zeigt auf Dinge, bringt seine Emotionen stimmlich gezielter zum Ausdruck, begleitet sein Spiel mit Lauten, ahmt Geräusche und Stimmen nach. Es kommt zu einer zunehmenden Begriffsbildung und Wortschatzerweiterung. Allerdings besteht oft noch eine Art Privatsprache, die zwar von den Familienmitgliedern verstanden wird, während Außenstehende hier Probleme haben.

Erlernen des Sozialverhaltens – Ich-Entwicklung

Im Nachahmungs- und Symbolspiel übt das Kind Sozialverhalten ein. Die körperliche Selbstständigkeit führt zu einer zunehmenden Selbstständigkeit in der Manipulation von Gegenständen und auch Personen. Es beobachtet genau die Reaktion der anderen Personen und wiederholt Handlungen, wenn sie ihm erfolgreich erscheinen, um zu überprüfen, ob es wirklich so ist. Es grenzt sich immer mehr ab, will auch zunehmend alles allein machen und lehnt Hilfestellungen oft ab. Häufig gebrauchte Worte sind: „nein", „allein machen", „meins", „ich". Das Kind hat erkannt, dass mehrere Wege zum Ziel führen können und will diese ausprobieren. Es will seine eigenen Erfahrungen machen und lehnt Vorschriften ab.

Mit Gleichaltrigen besteht vorerst noch ein Parallelspiel. Es hat noch Mühe, seine Aktivitäten denen der anderen Kinder anzupassen, ist oftmals noch derb. Es erlebt hier im Spiel die Auseinandersetzung zwischen dem Ich und dem Du. Konflikte, die dabei entstehen, werden oft lauthals ausgetragen.

- Das Kind manipuliert Personen, wie früher die Gegenstände.
- Das Kind übt sich im Umgang mit den Menschen.
- Es beobachtet andere Kinder oder Erwachsene genau.
- Es entwickelt und stärkt das Selbstbewusstsein, „Ich", Trotzphase.
- Das Kind setzt sich mit Gleichaltrigen auf körperlicher Ebene auseinander.
- Es spielt Parallelspiele.
- Die Kommunikation besteht aus: Handlung, Gestik, Sprache, Spiel.

4.2.2 4 - 7 Jahre: Anschauliches Denken

Das Kind hat weitere Erfahrungen gesammelt und die inneren Bilder stabilisiert. Es kann sich vieles vorstellen, ist aber noch von seiner eigenen Wahrnehmung abhängig. Das Denken ist noch bildhaft und an die eigene Anschauung gebunden. Es sieht die Welt so, wie es diese erlebt und nicht so, wie sie tatsächlich ist. Für das Kind sind Bilder, Fernsehen, Erlebnisse, Träume, Fantasien noch real. Es lebt noch in der Gegenwart und beginnt erst zu begreifen, dass es eine Vergangenheit und eine Zukunft gibt. Hilfreich sind hier die wiederkehrenden Feste (Weihnachten, Geburtstag, Ostern, Namenstag usw.); und es interessiert sich für Fotos, Babyzeit usw. Das Kind hat aber grundsätzlich noch Probleme, sein Handeln gedanklich zu rekonstruieren, d.h. mental vor- und zurückzugehen. Es hat noch Mühe, sich verschiedene Perspektiven vorzustellen. Es kann seinen Standpunkt geistig noch nicht verändern. Es muss oft noch die Dinge konkret von allen Seiten betrachten können und benötigt noch die visuelle oder verbale Bestätigung. Dinge, Personen verlieren noch die Identität, wenn sie sich verändern. Verkleidungen (Theater, Weihnachtsmann usw.) lassen die eigentliche Person, die es spielt, vergessen, auch kann es sich noch nicht in eine andere Person hineindenken. Es besteht noch eine Egozentrik im Bereich der Emotionen und Gefühle, d.h. das Kind meint, alle anderen müssten genauso empfinden wie es selbst.

Es besteht noch ein magisches Denken. Das Kind hört gern Geschichten und Märchen. Es unterhält sich mit imaginären Personen (Zwergen, Tieren, Feen, Puppen). Gegenstände haben noch ein „Eigenleben" („Der Stuhl ist böse, er hat mich gestoßen").

Spielverhalten

Das Symbolspiel verliert an Bedeutung, Nachahmung und Spiel lösen sich immer mehr von den konkreten Objekten und die geistige Vorstellung bestimmt immer mehr das Spiel. Aus dem Symbolspiel entwickelt sich das Rollenspiel mit Spielpartner oder in der Gruppe. Das Kind liebt realitätsbezogene Spiele (Anpassung an die Welt der Erwachsenen) mit „Miniaturen", z.B. Puppenhaus, Kaufmannsladen usw. Es kommt aber auch noch vor, dass das Kind mit Fantasiegestalten spricht. Zwerge, Kasperfiguren, Fantasiegeschöpfe spielen weiterhin eine wichtige Rolle (magisches Denken).

Aus den Funktionsspielen entwickeln sich motorische Körperspiele. Die Auseinandersetzung mit anderen Kindern wird hierbei weiter vertieft (Kräftemessen, Wettspiele usw.). Daraus entwickeln sich die Konstruktionsspiele. Regelspiele bekommen ebenfalls eine zunehmende Bedeutung, die für das soziale Lernen wichtig ist.

Verbale Kommunikation / Sozialverhalten

Die sprachlichen Äußerungen sind allgemein verständlich, Satzbau und Grammatik sind vorhanden. Es ist in der Lage, gegenwärtige Handlungen zu verbalisieren und seine Gedanken – z.b. beim Rollenspiel – anderen mitzuteilen.

Das Kind hat Freude an Geschichten, Liedern, Reimen, erzählt auch selbst einfache Gegebenheiten oder Geschichten und es singt gerne. Das Kind kann einfache Fragen beantworten und stellt auch selbst Fragen nach dem Warum, Wieso, Wann, Wo usw.

Mit anderen Kindern kommt es immer besser zurecht, es sucht die Anerkennung in der Gruppe und entwickelt Freundschaften. Konflikte werden noch emotional und manchmal auch noch unkontrolliert heftig ausgetragen. Das Kind empfindet die Störung der anderen, nicht aber unbedingt, dass es an dem Konflikt selbst beteiligt ist. Impulsive Reaktionen sind möglich, auch fällt es dem Kind schwer, abzuwarten oder die eigenen Bedürfnisse zurückzustellen. Es hilft gerne im Alltag, will zeigen, was es kann und freut sich über Anerkennung. Seine Selbstständigkeit im Rahmen der täglichen Verrichtungen beim An- und Ausziehen, Zähne putzen, Toilette gehen, Waschen usw. nimmt sichtlich zu. Einfache Botengänge werden gerne übernommen.

4.3   7 - 11 Jahre: Konkrete Operationen

Operationen sind im Vergleich zu den sensomotorischen Funktionen geistige Aktivitäten. Dieses intellektuelle Lernen zeichnet sich dadurch aus, dass Erfahrungen und Wissensinhalte verknüpft werden und dass Situationen und Inhalte schneller erfasst werden. Die Fähigkeit, Lösungsstrategien gedanklich vor- und zurückzubewegen, zu kombinieren, bzw. logisch zu denken ist eine wichtige Grundlage für die schulischen Anforderungen. Das Kind kann sich nun von der unmittelbaren Wahrnehmung lösen und sich einen anderen Standpunkt vorstellen. Die beweglicheren Gedanken in allen Ebenen helfen ihm bei der Rekonstruktion von Handlungen und Ereignissen und bei der Handlungsplanung aus der Vorstellung heraus. Das Kind durchschaut „Veränderungen", erfasst, dass ein Ding dasselbe bleibt, auch wenn sich die Perspektive verändert. Logisches Denken ermöglicht die Reihenbildung und die räumliche und zeitliche Organisation einzelner Faktoren. Im Umgang mit Größen, Mengen, Zahlen wird es zusehends sicherer. Das Kind kann Kategorien bilden und die Gruppen umstrukturieren und neu kombinieren. Das räumliche Konstruieren erfolgt zunehmend aus der Vorstellung heraus, auch ist ein Übertragen vom dreidimensionalen Raum auf die Fläche und umgekehrt möglich. Die zeitliche Orientierung (Wochentage, gestern, morgen, später, Tageszeiten, Uhrzeit) gelingt ebenfalls.

Spielverhalten
Regel- und Wettspiele, bei denen das Kind sich mit Gleichaltrigen vergleicht, werden wichtig. Motorische, sportliche Spiele (Kräfte messen, wetteifern, Rangordnung) ebenso. Das Kind achtet auf Regeln und entwickelt bzw. handelt eigene Regeln aus. Die Rollenspiele werden langsam zu Abenteuerspielen oder zu Theaterspielen. Großes Interesse findet das konstruktive Spiel: Bauen, Gestalten mit allen Materialien, gegenständliches Malen, Basteln, Werken werden kreativer. Es baut sich selbst die „Kulissen" zum Spiel (Straßen, Häuser, Eisenbahn). Im Alltag nimmt die Selbstständigkeit weiter zu. Das Kind ist in den alltäglichen Verrichtungen selbstständig. Es findet sich in der näheren Umgebung allein zurecht, besucht Nachbarn, Freunde, geht allein zur Schule oder macht Einkäufe. Es will noch den Erwachsenen nacheifern, ist stolz, wenn ihm Verantwortung übertragen wird, z.B. Haushaltsverrichtungen durchführen, kochen, einkaufen. Die Schulreife äußert sich darin, dass die Kinder lernen wollen und hoch motiviert sind. Sie zeigen im Allgemeinen eine gute Ausdauer und ein selbstständiges Arbeiten und konzentriertes Handeln.

4.4 Ab 11 Jahre: Formale Operationen

Das Kind kann sich von der konkret existierenden Welt lösen. Es kann die Folgen seiner Handlungen einschätzen, sich Neues ausdenken und Ereignisse voraussehen. Der Jugendliche wird selbstständig im Denken, entwickelt eigene Meinungen, wird Erwachsenen gegenüber kritisch und hinterfragt vieles, was ihm gesagt wird. Die Denkstrukturen ähneln zunehmend denen der Erwachsenen. Das abstrakte hypothetische Denken wird möglich.

11 Jahre

9-10 Jahre

Formales Denken

7-8 Jahre

6 Jahre

Konkrete Operationen

5 Jahre

4 Jahre

Anschauliches Denken

3 Jahre

2 Jahre

Symbolisches Denken

18-20 Monate

13-15 Monate

Verinnerlichung

11-12 Monate

10 Monate

Problemlösung aktives Ausprobieren

9 Monate

7-8 Monate

Mittel-Zweck-Beziehung

5-6 Monate

3-4 Monate

Aktives Wiederholen

2 Monate

1 Monat

Zufallshandlungen / Funktionsschulung

Geburt

Betätigung und Üben der angeborenen Schemata und "Reflexe"

Befruchtung

Abbildung 3: Spirale der Entwicklung

5 Stadien der Sensomotorik im Detail

5.1 I. Stadium: 0 - 1 Monat: „Betätigung und Üben der Reflexe"

Merkmale:
- Postnatale Anpassungsleistungen
- Sensorische Reize – Nahrung für die Funktion
- Instinkthandlungen
- Egozentrik
- „Betätigung und Üben der Reflexe" bzw. der angeborenen intrauterin erworbenen Schemata

5.1.1 Entwicklungsprozesse und Verhaltensweisen im I. Stadium

Postnatale Anpassungsleistungen

Im Vordergrund steht zunächst die physiologische Anpassungsleistung des Neugeborenen. Die Umorganisation des Kreislaufs, die selbstständige Atmung, die aktive Nahrungsaufnahme, Stoffwechsel und Temperaturregelung verlangen viel Energie. Es muss nun selbstständig „leben" lernen, obwohl es immer noch von seiner Umwelt abhängig ist. Der Säugling lernt, sich für seine Bedürfnisse aktiv einzusetzen (Hunger, Unwohlsein, körperliche Nähe, Zuwendung usw.), er lernt neue Strategien einzusetzen, um diese Bedürfnisse zu befriedigen. Der Säugling muss langfristig sein eigenes Immunsystem aufbauen.

Die Welt, die das Neugeborene jetzt erfährt, ist völlig anders

Der Wechsel ist abrupt, später sind die Übergänge fließender. Es erlebt die Gegensätze: hungrig – satt, ausatmen – einatmen, warm – kalt, begrenzt – uferlos, stabil – instabil, steif – beweglich, hart – weich, angenehm – unangenehm, Sicherheit – Unsicherheit, außen – innen.

Eine Vielzahl von Sinnesreizen stürmt auf das Kind ein

Sie sind anders, als das bisher Erlebte. Vor allem die Schwerkraft wird anders empfunden und mit ihr muss sich das Kind nun auseinander setzen. Es muss lernen, sie zu überwinden. Das Kind berührt, bewegt, manipuliert und ist von der Sorgfalt und dem Einfühlungsvermögen anderer abhängig. Werden seine Signale ernst genommen, so kommt es zu einem Dialog. Das Kind kann sich öffnen, seine Neugier entfalten und die neue Umwelt erobern. Die verschiedenen Berührungen und Kontakte erfolgen von außen und sind dem Kind oft fremd, und alles was fremd ist, bereitet auch Angst. Ohne das Gefühl der Sicherheit würde diese Angst das Kind in seiner Entwicklung blockieren. Geräusche sind eher vertraut, denn das Kind hat ja einige davon bereits in seiner „Höhle" vernommen, obwohl sie sich etwas anders angehört haben. Die Lichtfülle dagegen ist wieder sehr ungewohnt.

Leboyer hat in seinem Buch „Die sanfte Geburt" die Welt des Ungeborenen und den Wechsel in die Welt danach sehr eindrücklich beschrieben.

Sensorische Reize – die Nahrung für die jeweilige Funktion

Nach Piaget aktivieren sensorische Reize die vorhandenen Schemata. Ohne Stimulation erfolgt keine Betätigung, kein „Üben" der Funktion und es entsteht ein Entwicklungsrückstand. Bleibt die Anregung über einen längeren Zeitraum aus, ist ein Funktionsverlust möglich.

Beispiele:
- Deprivationssyndrom oder Hospitalismus
- Störungen der Nahrungsaufnahme bei langer Sondenernährung
- Muskelatrophie bei längerer Gipsbehandlung
- Opticusatrophie beim Schielen („Abschalten eines Auges")

Wie in den 30er-Jahren angenommen, bezeichnete auch Piaget das neugeborene Kind als egozentrisches Instinktwesen. Er verstand darunter, dass das Kind sich von der Umwelt noch nicht differenzieren kann und Reize der Außenwelt noch als seine eigenen und nicht als von außen kommend erlebt. Äußere oder entfernte Ursachen kann das Kind nicht nachvollziehen oder deuten, sie werden auch nur dann wahrgenommen, wenn ein direkter Kontakt erfolgt. Es besteht eine symbiotische Beziehung zur Mutter und eine totale Abhängigkeit von der Umwelt.

Unter Instinkthandlungen verstand Piaget die genetisch bedingten Verhaltens- und Bewegungsmuster, die das Kind intrauterin erfahren und erlernt hat und die damals allgemein als Reflexe bezeichnet wurden. Die Reaktionen erfolgen noch recht global, d.h. mit dem ganzen Körper. Die Bewegungen sind impulsiv, „reflektorisch", unkoordiniert, fahrig, unangepasst, ungezielt. Spiel und Nachahmung lassen sich von den angeborenen Verhaltensweisen noch nicht unterscheiden. Dennoch bestehen deutliche individuelle Unterschiede schon beim Neugeborenen (Persönlichkeit). Erst die neueren Forschungsergebnisse haben es möglich gemacht, die Begriffe Reflex, Instinkt, Egozentrik neu zu definieren und bezüglich der Aktivitäten und Fähigkeiten des Säuglings auch neu zu überdenken. Es konnte bewiesen werden, dass der Säugling aktiv auf seine Umwelt einwirken kann, dass er in vielen Bereichen kompetenter ist, als bisher angenommen wurde (der „kompetente" Säugling). Dennoch hat Piaget bereits zu seiner Zeit auf die Komplexität der „Reflexe" und auf die enorme Wechselwirkung zwischen dem Kind und seiner Umwelt und seine Fähigkeit zu lernen, hingewiesen.

Assimilation und Akkomodation im I. Stadium
- Sie sind von Anfang an vorhanden.
- Die beiden Gegenpole bilden fast eine Einheit.
- Zirkulärreaktionen sind ohne Anfang und Ende, jede Tätigkeit verstärkt sich durch sich selbst.
- Sie beginnen die angeborenen Schemata in Abhängigkeit zum äußeren Reiz zu verändern.

Assimilation	Akkomodation
• Reize werden an das Reflexschema gekoppelt • Saugobjekte an das Saugschema (was das Kind am Mund spürt) • Lichtreize an das „Sehschema" • Berührungen an das „Empfinden" und Spüren	• Das Bewegungsschema wird an den Reiz angepasst • Saugbewegungen an das Objekt im Mund • Auge an das Licht • Erfahrungen verändern das Reflexschema

Betätigung und Üben von Reflexschemata nach Piaget
Der Begriff „Reflex" hat sich in den letzten 50 Jahren verändert. Piaget hat seine Theorie zu einer Zeit entwickelt, in der die Kenntnisse der Neurophysiologie noch andere waren. Damals bereits hat er die Reflexe als komplexe motorische Reaktionen beschrieben. Gemeint hat er schon damals die angeborenen, die intrauterin erlernten Schemata. Der Begriff „Reflex" wird auch heute oftmals noch für komplexe Reaktionen benutzt, obwohl er nicht mehr zutreffend ist.

Die eigentlichen Reflexe
Eigenreflexe
Hierunter werden die Sehnenreflexe verstanden, die durch Zug oder Druck ausgelöst werden. Hier spielen die Schwerkraft und die Tiefensensibilität eine wichtige Rolle, da sie die eigentlichen sensorischen Stimuli für die mo-

torische Reaktion darstellen. Sie sind wichtig für die Regulation des Haltungstonus gegen die Schwerkraft. Eigenreflexe bleiben ein Leben lang erhalten und sind nicht „erlernbar", sie verändern sich auch nicht durch intensives Üben. Ein Fehlen oder eine Überreaktion der Eigenreflexe hat eine pathologische Bedeutung.

Fremdreflexe

Es sind Reaktionen, die durch taktile Stimuli hervorgerufen werden. Sie gehören zu den Schutzreflexen und lösen Flucht- oder Abwehrreaktionen aus. Sie sind für das Überleben von Bedeutung und ermöglichen einfache rhythmische Bewegungen für das tastende Erkunden und für die Fortbewegung. Auch diese Hautreflexe sind automatische Reaktionen, die zu den Reflexen im engen Sinne gerechnet werden, auch wenn sie zumindest teilweise über das Bewusstsein gehemmt werden können. Sensorische Reize bzw. Berührungen, die vertraut sind, lösen keine reflektorischen Reaktionen mehr aus, um so die Kontaktaufnahme und das Erkunden weiter zu differenzieren. Sie bleiben aber als Reflexe in Bereitschaft und werden in Gefahrensituationen sofort wieder aktiviert.

Primäre Reaktionen

Die primären Reaktionen wurden früher als Neugeborenen-Reflexe bezeichnet. Dazu gehören u.a. Saugreflex, Greifreflex, Moro-Reaktion, Kriech- und Schreitreaktion. Sie sind in den ersten Lebensmonaten auslösbar und werden mit der Zeit in die Willkürmotorik integriert. Der Saugreflex wird zugunsten des aktiven Saugens und der aktiven Nahrungsaufnahme gehemmt. Die Schreitreaktion verschwindet, sie zeigt sich evtl. noch beim Strampeln. Ein normales Gehen ist nicht möglich, solange diese Schreitreaktion bei Kontakt der Füße mit der Unterlage reflektorisch ausgelöst wird. Die Moro-Reaktion wird von der Stützreaktion abgelöst und das aktive Greifen und Loslassen erfordert die Hemmung des ursprünglichen Greifreflexes. Piaget selbst hat bei der Beschreibung des Saugreflexes bereits damals auf die Komplexität dieser motorischen Koordinationsleistung hingewiesen. Er hat die Bedeutung der sensorischen Stimuli und des „Übens" der motorischen Abläufe als erste Lernprozesse herausgearbeitet.

Tonische Reaktionen

Die tonischen Reaktionen führen zur typischen unwillkürlichen Veränderung des Muskeltonus in Abhängigkeit von der Kopfstellung im Raum und zum Körper. Auslösende Reize sind entweder die Schwerkrafteinwirkung auf den Kopf bzw. auf das Labyrinth oder die Dehnung der Nackenmuskulatur bei Kopfbewegungen. Sie haben im Rahmen der zentralen Koordinationsstörungen eine pathologische und therapeutische Bedeutung erhalten. Beim **T**onischen **L**abyrinth **R**eflex kommt es, bedingt durch Schwerkrafteinwirkung auf den Kopf bzw. auf das Labyrinthorgan, zu einem allgemeinen Beuge- oder Strecktonus in Richtung Schwerkraft. Beim **A**symmetrischen **T**onischen **N**acken **R**eflex löst die Dehnung der Nackenmuskulatur beim Drehen des Kopfes eine asymmetrische Tonusverteilung aus. (Strecktonus der Gesichtsseite und Beugetonus der Hinterhauptsseite) und beim **S**ymmetrisch **T**onischen **N**acken **R**eflex führt die Kopfbeugung zu einem Beugetonus im gesamten Kopf-Schulter-Arm Bereich mit Streckung der unteren Extremitäten und bei Kopfstreckung zu einem Strecktonus im Kopf-Schulter-Bereich mit Beugetonus in den unteren Extremitäten. Diese Reaktionen sind nur im ersten Halbjahr unter Stress auslösbar und können vom gesunden Kind immer überwunden werden. Bei einer zentralen Schädigung kann das Kind sie nicht ausreichend hemmen und übt sie stattdessen ein, sodass es im weiteren Verlauf der Entwicklung zur Blockade oder zu pathologischen Bewegungsmustern kommt. Diese tonischen Reaktionen dürfen deshalb nicht eingeübt, sondern müssen therapeutisch gehemmt werden (Bobath-Therapie).

Stell-/Lage-Reaktion, Gleichgewichtsreaktion
Sie werden im Verlauf der Entwicklung ausgebildet und geübt. Sie hemmen die tonischen Reaktionen. Sie dienen dazu, die Stellung von Kopf und Körper im Raum (in der Senkrechten) auszurichten (z.b. bei plötzlicher Lageveränderung, beim Fallen) und die Körperbalance zu erhalten. Diese Reaktionen finden in verschiedenen Therapiekonzepten Beachtung (Bobath, Vojta, Ayres). Sie werden stimuliert, gebahnt und durch Übung automatisiert.
Die Stellreaktionen sind für die flüssigen Bewegungsabläufe von Bedeutung, um die vielen verschiedenen Wiederholungen zu ermöglichen, die zu einer Verinnerlichung und Automatisierung der Bewegungen führen, so dass sie zunehmend „nebenher" erfolgen, ohne dass der Betreffende noch einen Gedanken dafür verwenden muss.

„Betätigung und Üben der Reflexe"
Gemeint hat Piaget hier das Einüben oder Betätigen der angeborenen, intrauterin erworbenen Schemata. Folgende Schemata oder Verhaltensweisen lassen sich beobachten:
- Das Neugeborene kann seine Haltung (Bauch- und Rückenlage) noch nicht selbstständig stabilisieren.
- Die Bewegungen sind oft noch fahrig und unkoordiniert und bringen das Kind noch leicht aus dem Gleichgewicht.
- Bei plötzlichen Lageveränderungen wird die Moro-Reaktion ausgelöst.

- Das Kind versucht sich zu stabilisieren, spannt an, der Muskeltonus ist fest, es überwiegt die Beugehaltung.
- Der Körperschwerpunkt liegt im Bereich von Kopf, Nacken, Schultergürtel.
- Die Aufrichtung gegen die Schwerkraft gelingt mit dem Kopf nur kurzfristig.
- Bewegungen erfolgen in Richtung des spürbaren Widerstandes oder gegen die Schwerkraft.
- Das Kind koppelt die neuen Erfahrungen an die vertrauten, intrauterin erworbenen Schemata.
- Es hat nur die Schemata zur Verfügung, die es intrauterin erworben hat, um auf die sensorischen Reize der Umwelt zu reagieren. Diese Reaktionen wurden früher - und manchmal auch noch heute - als Reflexe bezeichnet.

1. Der Saugreflex
Der Saugreflex ist eine sehr komplexe neurologische Organisation von verschiedenen Bewegungen.
Er wird durch spezifische Reize aktiviert und geübt (direkter Kontakt mit dem Mund).
Die Reaktionen sind bei den einzelnen Kindern sehr unterschiedlich (z.B. bei der ersten Mahlzeit).

- Das Kind reagiert sofort, beginnt bei der geringsten Berührung zu saugen.
- Das Kind braucht Hilfestellung, um das Saugobjekt mit dem Mund zu fassen.
- Das Kind verliert das Saugobjekt wieder leicht.
- Das Kind braucht Zeit, um das Saugschema zu aktivieren.
- Das Kind zeigt eine Abwehrreaktion.
- Das Kind braucht einen gewissen Druck, um eine Reaktion auszulösen.
- Man muss dem Kind den Sauger regelrecht zwischen die Lippen und Kiefer zwängen.

Durch die Stimulation wird der Saugreflex immer wieder aktiviert und die damit verbundene Saugbewegung wird geübt. Dank der Assimilationsfunktion werden Saugobjekte an das Saugschema gekoppelt, während die Akkomodation die Bewegungen von Lippen, Kiefer, Zunge, die motorische Anpassung und damit die Differenzierung der damit verbundenen Bewegungen ermöglicht.

Beispiel von Piaget[1]

1. Tag: Laurent ergreift die Brustwarze sicher. Er sucht sofort wieder nach ihr, wenn er sie aufgrund irgendeiner Bewegung wieder verliert.
2. Tag: L. beginnt zwischen den Mahlzeiten im Leeren zu saugen. Gleichzeitig wird ein reflexartiges Suchen des Kopfes durch Hin- und Herbewegen beobachtet, das teilweise schweigsam erfolgt, teilweise von einem Brummen begleitet wird.
3. Tag: Es genügt nun, dass er mit den Lippen die Brust streift, um mit offenem Mund nach der Brustwarze ungezielt zu suchen.
9. Tag: In Rückenlage dreht L. den Kopf hin und her, versucht zu saugen. Wenn seine Lippen zufällig seine Hände streifen, fassen sie zu und saugen daran. Die Hand entweicht ihm leicht durch die unkoordinierten Bewegungen. Beim Suchen berührt er auch die Decke und auch hier beginnt er sofort zu saugen.
12. Tag: Sein Suchen nach der Brustwarze wird gezielter (sucht auf der richtigen Seite).
20. Tag: Beißt in die Brust, saugt kurz daran, lässt los, verschiebt den Mund um Zentimeter, um wieder zu saugen usw. solange bis er die Brustwarze gefunden hat.
21. Tag: Liegt auf der rechten Seite, Arme dicht am Körper und er saugt so lange an seinem Daumen. Die Hand kann ihm in dieser Stellung nicht so leicht entweichen wie in Rückenlage. Er findet seine Hand auch schneller wieder. In Rückenlage kann er die Armbewegungen noch nicht mit denen des Kopfes koordinieren.

Dieses Beispiel zeigt, wie schnell diese Anpassungsfunktion erfolgt und wie schnell sich die Saugfunktion in Beziehung zum Saugobjekt verändert und damit die Mundmotorik, die für die Nahrungsaufnahme und für die Sprachentwicklung wichtig ist, entwickelt.

Kinder, die keine Anregungen zum Saugen bekommen (z.B. Sondenernährung), können die Saugfunktion verlernen, so dass sich daraus Ernährungsprobleme ergeben. Kinder, die keine Gegenstände in den Mund gesteckt haben, machen zu wenig sensorische Erfahrungen und üben die Anpassung der Mundbewegungen weniger. Sie lernen ihren Mundraum nicht ausreichend kennen, was sich auf die Sprachentwicklung auswirken kann. Die Folge ist eine undifferenzierte Mundsensibilität und Mundmotorik, die sich zu einer oralen Dyspraxie ausdehnen und die Sprachentwicklung erheblich beeinträchtigen kann.

---

1   Vgl. „Das Erwachen der Intelligenz beim Kinde", Klett, Stuttgart 1973, S. 35f

2. Die Greifreflexe oder die unwillkürlichen Armbewegungen

- Auslösung bei Berührungen der Innenhand: Aktivierung der Greifbewegung der Finger.
- Impulsive Armbewegungen, die zu Berührungen (taktilen Reizen) führen.

Beide Reaktionen zusammen werden funktionell geübt (nicht so systematisch wie der Saugreflex). Die Bewegungen richten sich nach dem taktil-kinästhetischen Widerstand aus und führen zu einem tastenden Erkunden. Das Kind benötigt sensorische Reize, besonders taktile Reize, um die Bewegungen anzupassen. Dinge, die ihm in die Hand gegeben werden, „formen die Greifbewegungen" und ermöglichen die Handhabung der Dinge. Aus diesen Erfahrungen entwickelt sich das Bewegungsempfinden.

3. Optische Reflexe – Nahrung für die Sehfunktion

Licht ist gewissermaßen die Nahrung für die Entwicklung der Sehfunktion. Das Neugeborene wendet sich dem gedämpften Licht zu (kein grelles Licht). Wichtig sind die Kontraste zwischen hell und dunkel, Licht und Schatten sowie bewegliche Reize im Randbezirk des Blickfeldes. So wie die Hand sich an taktilen Reizen ausrichtet, so orientieren sich die Augen am Licht und führen zu einer Ausrichtung des Kopfes zum Reiz hin. Bei fehlenden Lichtreizen oder wenn das Auge infolge von Doppelbildern „abgeschaltet" wird, kann es zu einer Atrophie des N. opticus mit irreversiblen Schäden kommen. Hier wird deutlich, wie wichtig sensorische Reize für die Funktionsentwicklung sind.

4. Reflektorische Reaktion auf Geräusche

Geräusche, Stimmen sind Reize, die bereits intrauterin wahrgenommen werden können. Die akustischen Stimuli verbinden die intrauterine Welt mit der Außenwelt. Vertraute Reize, wie die Stimme der Mutter, wirken sichtlich beruhigend auf das Kind, während andere Geräusche irritierend sein können. Das Kind reagiert reflektorisch auf Geräusche (Erschrecken, Moro-Reaktion) meist mit dem gesamten Körper. Es hält inne, wirkt aufmerksam oder es reagiert mit suchenden Bewegungen, die noch ungezielt sind. Wenn andere Kinder im Zimmer schreien, kann es sein, dass es ebenfalls zu schreien beginnt.

5. Reflektorische Lautproduktion

Die Phonation manifestiert sich mit dem ersten Schrei nach der Geburt. Die ersten Lautäußerungen erfolgen oft in Begleitung anderer mundmotorischer Aktivitäten, z.B. beim Saugen, Atmen.

5.1.2   Einzelleistungen des Kindes im I. Stadium

Alter	Bauchlage	Rückenlage	Sitzen
0 - 4 Wochen	• Allgem. Beugetonus • Körperschwerpunkt im Kopf, HWS, Schulter-Bereich • Kurzes Kopfheben und zur Seite drehen • Ellenbogen hinter Schulter • Reflex Kriechreaktion	• Beugehaltung • Kopf meist zur Seite (ohne Bevorzugung einer Seite) • Arme seitlich locker flektiert • Beine in lockerer Flexion	• Beugehaltung • Passiv hingesetzt, sinkt das Kind in sich zusammen • Kurzes Halten des Kopfes bei stabilisiertem Rumpf

Alter	Reflexe	Aktive Bewegungen	Mundmotorik
0 - 4 Wochen	Primitive Reflexe: • Orale Reflexe • Greifreflexe • Moro-Reaktion • Kriechreaktion • Schreitreaktion • Tonische Reaktionen als Muster • Stellreaktionen: Halsstellreaktion	• Reize stimulieren motorische Aktivitäten • Instabile Bauch- und Rückenlage • Impulsive Bewegungen unkoordinierte Bewegungen • Beginnende Aufrichtung gegen die Schwerkraft: Kurzes Kopfheben	Aktive orale Reflexe: • Suchreflex • Saug-Schluckreflex • Noch ungeschickt beim Ergreifen (Zunge, Lippen) der Brustwarze / Sauger • Saugt kräftig, rhythmisch • Mund = Erstes Greiforgan

Stehen	Kopf- Rumpfkontrolle	Handfunktion
• Schreitreaktion	• Kurzes Kopfheben in Bauchlage • Beim Hochziehen zum Sitzen bleibt der Kopf zurück • Bei stabilisiertem Rumpf kurzes Kopfhalten • Beugehaltung in die Schwerkraft hinein • Moro-Reaktion	• Faustschluss • Ulnare Seite häufiger offen • Athetoide Fingerbewegungen • Greifreflexe positiv

Wahrnehmung	Sozialverhalten	Kognitive Entwicklung
• Sensorische Reize = Nahrung für die Funktion • Sensorische Reize aktivieren intrauterin erworbene Schemata • Reagiert mit dem ganzen Körper noch ungezielt • Körpersinne (Nahsinne) • Körperkontakt wichtig	• Symbiotische Beziehung zur Mutter • Braucht Körperkontakt und Zuwendung • Empfindet Wohl- und Unbehagen	• „Instinkthandlungen" • Orale Phase • Assimiliert Reize an die intrauterin erworbenen Schemata • Akkomodiert sein Saugschema an die Saugobjekte

5.1.3 Entwicklungsstörungen

Um die Verhaltensweisen auch beim älteren Kind in etwa einordnen zu können, ist vor allem das Spontanverhalten des Kindes wichtig. Bei Hilfestellungen werden die spontanen Reaktionen bereits verändert und es kann nicht mehr sicher unterschieden werden, was das Kind wirklich alleine kann. Natürlich finden wir beim älteren Kind selten generell ein Verhalten vor, das in allen Bereichen dem des I. Stadiums entspricht. Es kann aber wichtig und hilfreich sein, wenn man herausfindet, dass dieses Kind noch vorwiegend „reflektorisch" auf äußere Reize reagiert. In diesem Fall muss eine sehr sorgfältige und individuell ausgerichtete sensorische Stimulation erfolgen, wobei die zunehmend gerichtete Reaktion des Kindes als Maßstab gilt.

Zu beachten sind
- Spontane bzw. aktive Verhaltensweisen (Beschreiben)
- Reaktionen auf äußere Reize (Welche Reize, Wie reagiert das Kind darauf?)
- Bewegungsabläufe (Haltung, Aufrichtung, Bewegung, Ablauf, Qualität)
- Einzelleistungen, die zusätzlich vorhanden sind (Welche, Wann, Wodurch, Wie)
- Quantität muss von Qualität unterschieden werden

Folgende Reaktionen sind Hinweise auf das I. Stadium
- Das Kind ist von der Umwelt abhängig (Lagerung, Reizangebote, Körperkontakt, Manipulation)
- Abhängigkeit von äußeren sensorischen Reizen
- Vorwiegend „reflektorische", unwillkürliche motorische Reaktionen (tonische Reaktionen)
- Fehlende Anpassung der motorischen Reaktionen an die jeweilige Situation
- Fehlende aktive Auseinandersetzung mit der Umwelt

Auf welche Kinder treffen die Verhaltensweisen des I. Stadiums zu?
1. Das Neugeborene zwischen 0 - 4 Wochen

2. Patienten nach einem Schädel-Hirn-Trauma
In der Akutphase, im Apallischen Syndrom und teilweise auch noch zu Beginn der Phase der primitiven Psychomotorik.

3. Schwerstbehinderte
Es geht um die Menschen, die noch vorwiegend „reflektorisch" auf Umweltreize reagieren und die von den „Reflexen" abhängig sind, und um

Kinder, die mit globaler allgemeiner Körperreaktion auf äußere Reize reagieren und die von ihrer Umwelt vollkommen abhängig (ausgeliefert) sind. Sobald die Kinder in irgendeiner Weise aktiv ihre Umwelt beeinflussen können, eine gewisse Anpassungsreaktion zeigen, zeigen sie bereits Verhaltensweisen, die in das II. Stadium der Sensomotorik gehören. Genau wie beim Neugeborenen kann dieses sehr schnell geschehen. Aus diesem Grunde können auch nur sehr wenige Kinder diesem I. Stadium therapeutisch zugeordnet werden.

5.1.4 Fallbeispiele

Maria, 4 Monate

Diagnose:	Intrauterine Hirnschädigung, Hirnmissbildung.
Motorik:	Sie ist hyperton, steif, bewegungsarm, starr, bleibt liegen wie hingelegt, zeigt keine Spontanbewegungen.
Wahrnehmung:	Es ist infolge der Hypertonie und Unbeweglichkeit keine erkennbare Reaktion auf Reize möglich. Kein wirkliches Schreien. Ihre Augen sind offen, sie wirkt wach, aufmerksam. (Wahrnehmung? Kontakt?)
Therapie:	Stimulation durchführen, um eine Reaktion zu bekommen. Körpersinne ansprechen, um dem Kind ein Gefühl für den eigenen Körper, für Bewegungen zu geben. Welche Medien geeignet sind, muss ausprobiert werden. Sorgfältige Beobachtung ist wichtig, um kleinste Reaktionen zu bemerken.

Jochen, 15 Monate

Diagnose:	Enzephalozele im Hinterhauptsbereich, sofort nach Geburt operiert. Schädigung des Kleinhirns und der Hinterhauptslappen der Hirnrinde (Sehzentrum).
Motorik:	Er ist hypoton, schwer zu halten und zu tragen, „rutscht durch", zeigt keine Spontanaktivität, keinerlei Aufrichtung oder Haltungsanpassung. Hände sind ohne Greifaktivität, schlaff, offen.
Mundfunktion:	Saugfunktion vorhanden, wenn sein Hunger groß ist; schläft beim Trinken ein.
Wahrnehmung:	Er zeigt keine Reaktion auf äußere Reize (blind? taub?), kein Weinen, kein Lächeln, lässt alles über sich ergehen.
Therapie:	Starke körpernahe Stimulationen sind nötig, um das Kind zu erreichen, Tragen am Körper unter guter Haltungskontrolle, vestibuläre Stimulation.

Johanna, 1 Jahr alt

Diagnose: ICP, nach Asphyxie, Tetraspastik, Mikrozephalie

Motorik: Sie ist hyperton, tonische Reaktionen beeinflussen Haltung und Bewegung des Kindes völlig, Extensionsspasmus überwiegt. Hände werden gefaustet oder unwillkürlich, manchmal infolge von Berührung geöffnet. Bringt Hände nicht zum Mund und nicht zusammen, kann nicht greifen.

Mundfunktion: Das Saugen ist sehr problematisch, Atmung und Schlucken können nicht koordiniert werden, sie verschluckt sich ständig, hat keine Akkomodation der Mundbewegung an Sauger – weites Aufreißen des Mundes (Extension).

Wahrnehmung: Sie genießt Körperkontakt, beruhigt sich, wenn sie sicher gehalten (Päckchenstellung) wird. Im Kontakt mit den Linsen öffnen sich die Hände vermehrt, Greifbewegungen werden aktiviert, ebenso bei der elektrischen Zahnbürste. Reaktionen auf Reize erfolgen oft erst mit überschießender Extension und erhöhtem Tonus, bei Wiederholung nimmt dies ab, nach Abwarten und guter Haltungskontrolle erfolgt eine leichte Entspannung. Auf optische Reize zeigt sie ein gewisses Erkennen, Lächeln, bei vertrauten Stimmen erfolgt Aufmerksamkeit und ungezielte Bewegungen, die in die Pathologie (Tonische Reaktionen) führen.

Therapie: Lagerung, Stabilisierung der Haltung bei gleichzeitiger Verhinderung der tonischen Reaktionen (kein Üben der tonischen, pathologischen Reaktionen!) werden durchgeführt. Körpernahe Reize anbieten, die zur Entspannung führen: Wiederholung ist dabei wichtig. Durch taktilen Widerstand die Bewegungsrichtung vermitteln (spüren lassen). Fazilitation und Inhibition nach Bobath, Mund-Esstherapie, Füttern unter Haltungskontrolle mit Kopf- und Kieferkontrolle werden durchgeführt.

Silvia, 2 Jahre

Diagnose: Schädel-Hirn-Trauma vor wenigen Wochen, Apallisches Syndrom.

Motorik: Sie ist steif, hyperton, passives Durchbewegen ist schwer möglich, sie wird bei wiegenden Bewegungen nach längerer Zeit etwas lockerer.

Mundfunktion: Sehr fester Kieferschluss erfolgt, so dass man den Sauger kaum zwischen den Kiefer bekommt. Schwache Saugreaktionen erfolgen nach lang anhaltender Stimulation, die sich schnell wieder verlieren.

Wahrnehmung: Reaktionen auf Sinnesreize sind unklar (allgemeine Tonuserhöhung?). Augen sind zeitweise offen (Erkennen?) Beim Streicheln, Körperkontakt, Wiegen erfolgt nach einiger Zeit gewisse Entspannung .

Therapie: Mund-Esstherapie, Körperkontakt, Wiegen zur Entspannung. Vertraute Reize werden durchgeführt, um Aufmerksamkeit zu erreichen („Wachsein") und Reaktionen auszulösen, bei gleichzeitiger Hemmung der Spastik. Anleitung der Angehörigen erfolgt, tägliche Pflege wird genutzt, ebenso Singen, Ansprache, Musik. Vertrautes eigenes Spielzeug wird ihr angeboten.

Michael, 16 Jahre

Diagnose: Frisches Schädel-Hirn-Trauma, Apallisches Syndrom, Moped-Unfall.

Motorik: Er ist hyperton, in Extension, zeigt keine aktive Bewegung, muss passiv durchbewegt werden.

Mundfunktion: Mundautomatismen, Saugbewegungen herrschen vor.

Wahrnehmung: Auf Berührung erfolgen Abwehrreaktionen: Tonuserhöhung, Hyperventilation, Schweißausbruch. Diese nehmen bei Wiederholung ab. Es erfolgt keine Kontaktaufnahme, Augen sind offen ohne zu fixieren, schaut ins Leere. Bei Geräuschen erfolgt Tonuserhöhung.

Therapie: Sorgfältige Stimulation, vor allem bei der täglichen Pflege ist wichtig. Reize müssen eindeutig und klar sein, damit er sie erkennen, deuten kann. Diffuse Reize, oberflächliche, hektische Reize vermeiden. Wichtig sind vertraute Reize: Angehörige einbeziehen, streicheln, berühren evtl. auch waschen durch die Eltern, Kassetten abspielen, Lieblingsmusik, Bilder, große Poster im Blickfeld usw., um ihn so zu motivieren, wieder Anteil bzw. Kontakt mit der Umwelt aufzunehmen.

5.1.5 Richtlinien für die Therapie

- Ganzheitliche Therapie, alle Funktionsbereiche beachten
- Daran denken, dass das Kind dem Erwachsenen ausgeliefert ist
- Körpersprache steht im Vordergrund (eigene Verfassung beachten)
- Sorgfältige Stimulation („mehr" ist nicht unbedingt besser), die Reaktion des Kindes ist der Maßstab
- Bedürfnisse des Kindes beachten und respektieren
- Bedenken, was das Kind bisher (intrauterin) erfahren hat

1. Sensorische Stimulation

Konzepte:
- Behandlung nach Affolter (Führen, Halt geben)
- Sensorische Stimulation nach Ayres (Sinnessysteme)
- Basale Stimulation nach Fröhlich

Stimulation:
- Sorgfältig dosierte, individuelle Reize in allen Sinnesbereichen
- Genaue Beobachtung der Reaktionen
- Körpersinne besonders beachten
- Stimuli müssen das Bewusstsein des Kindes erreichen
- Aufmerksamkeit, Innehalten, Bewegungsausrichtung beachten
- Zeit zur Anpassung lassen (Tonus, Mimik des Kindes)

Materialien:
- Je nach Reaktionsweise und Erfahrungen des Kindes
- Vertraute Reize bevorzugen (vor allem wichtig beim Schädel-Hirn-Trauma = SHT) Sinnessysteme

Taktil:
- Haut- und Körperkontakt (Streicheln)
- Bei Berührungen auf Tonusregulation achten
- Klare, eindeutige Reize vermitteln (keine Hektik)
- Auf eigene Anspannung, innere Ruhe usw. achten
- Zeit lassen zur Anpassung

Propriozeption:
- Widerstand geben, Raum begrenzen (Körpergrenzen fühlen lassen)
- Widerstand zur Bewegungsausrichtung und motorischer Anpassung
- Halt geben, Gefühl der Sicherheit, Körperkontakt
- Langsamer Lagewechsel, damit Anpassung möglich ist
- Führen nach Affolter und / oder Bobath

Vestibulär:	• Wiegen, leichtes rhythmisches Schaukeln (Hängematte, Wiege)
	• Bei Unsicherheit: Zusätzliche propriozeptive Reize: Raum begrenzen, Halt geben
	• Abrupten Lagewechsel vermeiden, Kind muss spüren, was passiert

Visuell:
- Lichtreize anbieten (helle Flächen)
- Darf nicht vom Licht geblendet werden
- Individuell dosierte Lichtreize im Blickfeld des Kindes anbieten
- Kontraste, hell-dunkel, Farben, Muster, klare Linien, Gesicht
- Bewegliche Dinge ins Blickfeld bringen, z.B. Mobiles
- Eigenes Gesicht ins Blickfeld des Kindes bringen

Hören:
- Dosierte akustische Reize (Stimme, Musik, Geräusche)
- Klare, eindeutige Reize möglichst im Blickfeld
- Durch eigene Bewegungen Geräusche auslösen lassen
- Überraschende, plötzliche laute Geräusche vermeiden
- Geräusche wiederholen (Gewöhnung)

2. Motorisch-funktionelle Förderung

Konzepte:
- Behandlung auf neurophysiologischer Grundlage
- Bobath-Therapie
- Vojta-Therapie
- NEPA nach Pörnbacher

Lagerung:
- Haltung stabilisieren, Sicherheitsgefühl geben
- Pathologie hemmen

Motorik:
- Normale Reaktionen (angepasste motorische Reaktion) durch sensorische Stimuli
- Fehlreaktionen, pathologische reflektorische Reaktionen vermeiden, hemmen
- Bewegungsrichtung beachten, keine pathologischen Muster üben

Greifen:
- Dem Kind einen „greifbaren", spürbaren Raum geben (Grenzen)
- Spürbaren, sicheren Halt geben (Widerstand, Orientierung)

- Taktil-kinästhetische Reize zur Bewegungsausrichtung
- Bei Bewegungsstörungen: Führen, Fazilitation, Inhibition
- Bewegungsmuster spüren lassen
- Tonische bzw. pathologische Reflexe hemmen
- Dinge in die Hand geben, die das Kind umfassen kann

3. Mundfunktion

Konzepte:
- Orofaziale Therapie nach Castillo Morales
- Mund- und Esstherapie nach Müller / Bobath

Mundsensorik:
- Reize anbieten zur Differenzierung der Mundsensibilität
- Den eigenen Mundraum erfahren lassen (Orale Phase)

Mundmotorik:
- Zeit lassen zur motorischen Anpassung
- Den eigenen Mundraum erfahren lassen (Orale Phase)
- Am Finger oder an Dingen saugen lassen

Saugen:
- Mundautomatismen, Saugreflex nutzen, aktivieren
- Sondenernährung vermeiden, abbauen
- Verschiedene Sauger ausprobieren

4. Emotionale und kognitive Förderung

Konzepte:
- Pränatale Psychologie
- Entwicklungspsychologie

Verhalten der Umwelt:
- Symbiotische Beziehung zur Mutter beachten
- Bedürfnisse berücksichtigen
- Kind muss Reize verarbeiten können, Zeit geben
- Therapeutische Maßnahmen sorgfältig dosieren
- Körperkontakt, direkte Berührung, direkter Kontakt ist wichtig
- Daran denken, dass Kind vom Betreuer abhängig ist, ihm ausgeliefert ist
- Bezugspersonen

Materialien:
- Einfach strukturierte Dinge, welche die Sinne ansprechen

5.1.6 I. Stadium:
Typische Verhaltensweisen und Behandlungs-schwerpunkte

Verhaltensweisen / Fähigkeiten	Behandlungsschwerpunkte
• Instabile **Haltung** (waagrechte Position)	• Haltungsstabilität in Bauch- und Rückenlage, Lagerungshilfen
• Beim langsamen, gleichmäßigen Lagewechsel gelingt die Anpassung. • Lässt sich gerne auf Arm nehmen, wiegen, tragen	• Bei Lagewechsel darauf achten, dass eine motorische Anpassung erfolgen kann • Abrupte Lagewechsel vermeiden, Unterstützung geben, Bobath-Konzept
• Tonische Reaktionen sind auslösbar, das gesunde Kind ist aber nicht von ihnen abhängig	• Darauf achten, dass die tonischen Reaktionen gehemmt werden. • Behandlung auf neurophysiologischer Grundlage nach Bobath oder Vojta
• Impulsive, unkoordinierte **Bewegungen** • Willkürliche Steuerung noch schlecht	• Widerstände, Grenzen bieten zur Orientierung für die Bewegungsausrichtung, Vojta-Therapie, Fazilitation und Inhibition nach Bobath
• Gute **Saugfunktion** mit individuellen Unterschieden	• Sondenkost möglichst vermeiden bzw. abbauen, Saugfunktion stimulieren, Mund-Esstherapie, Bobath, Castillo Morales, orofaziale Regulation
• **Sensorische Reize** lösen motorische Reaktionen aus, aktivieren die intrauterin erworbenen Schemata (Reflexe) • Reize = Nahrung für die Funktion	• Sensorische Stimulation der einzelnen Sinnessysteme, speziell der Körpersinne. Die Bedürfnisse des Kindes berücksichtigen, Reaktion des Kindes genau beobachten, Dosierung ist wichtig

• Sinnesspezifische Leistungen • Reaktion erfolgt noch mit dem ganzen Körper	(Anpassung!) • Basale Stimulation nach Fröhlich, Affolter-Konzept, Sensorische Integrationstherapie nach Ayres
• Haut, Körperkontakt ist wichtig • Bei Gleichgewichtsreizen ist das Sicherheitsgefühl wichtig • Geruchssinn spielt eine große Rolle • Blickkontakt zur Mutter • Reagiert auf Geräusche, Stimmen evtl. auch mit Erschrecken	• Körperkontakt, sorgfältig dosierte Stimulation, Sicherheitsgefühl (Halt) geben, Streicheln mit leichtem Druck, keine Hektik • Vestibuläre Reize unter guter Haltungskontrolle zusammen mit taktil-propriozeptiven Reizen geben • Auf Gerüche (Körpergeruch) der Umgebung achten • Kind in Gesichtsnähe bringen, anschauen. Helle, leuchtende, bewegliche Dinge anbieten, nicht zu viel • Laute abrupte Geräusche vermeiden, Zeit lassen zum Hören, mit ihm sprechen, singen
• Instinkthandlungen, Egozentrik, noch keine bewusste Trennung von der Umwelt • Enge Beziehung zur Mutter (Symbiose) • Ist der Umwelt „ausgeliefert", vollkommen abhängig. Kann nur aufnehmen, was direkt an „Reflexschema" gekoppelt wird • Noch kein eigentliches Spielen oder Handeln	• Trennung von Bezugsperson vermeiden, emotionale Sicherheit geben • Reize vermitteln, die es einordnen kann, so dass eine Assimilation erfolgen kann, vertraute Reize
• Sprache: Schreien, Mitschreien Beruhigt sich beim Hören vertrauter Stimmen	• Mit dem Kind sprechen, singen (Ammensprache), es aber nicht überschütten, Zeit zum „Nachhören" lassen

5.2 II. Stadium: 1 - 4 Monate: „Zufallshandlungen und einfache Gewohnheiten"

Merkmale:
- Erstes erworbenes Anpassungsverhalten
- Üben der Funktionen um der Funktionen willen
- Zufallshandlungen / einfache Gewohnheiten
- Primäre Zirkulärreaktionen
- Koordination der erworbenen Funktionen

5.2.1 Entwicklungsprozesse und Verhaltensweisen im II. Stadium

Erstes erworbenes Anpassungsverhalten

Sensorische Eindrücke, Erfahrungen oder Erlebnisse, die an die Reflexe gekoppelt sind, führen zu einer Veränderung der Bewegungs- oder Verhaltensschemata und damit zur Differenzierung der Funktion. Die „Reflexe" werden zunehmend in die kortikalen Funktionen integriert, sie verschwinden in ihrer ursprünglichen Form. Die Übergänge sind fließend. Es zeigt sich erstes Anpassungsverhalten.

Assimilation und Akkomodation im II. Stadium

Es übt die Saugfunktion, wenn entsprechende Reize vermittelt werden: *Funktionelle Assimilation.* Durch die Wiederholung erkennt es bereits Erlebtes wieder: *Wiedererkennende Assimilation.* Es überträgt das Saugschema auf andere Dinge, saugt an allem: *Generalisierende Assimilation.*
Die ständig begleitende Akkomodation führt zu einer Differenzierung des Saugschemas, d.h. der Mundfunktion (Lippen-, Kiefer-, Zungenbewegungen). Bei einer Hirnfunktionsstörung oder bei unadäquaten Reizen durch die Umwelt kann es passieren, dass die Reize nicht an das Saugschema gekoppelt werden und die Mundfunktion verzögert, unzureichend, falsch oder auch gar nicht entwickelt wird.

An das angeborene Saugschema werden die verschiedenen sensorischen Eindrücke assimiliert.

- Saugobjekte (Größe, Form, Konsistenz, Oberfläche)
- Erfahrungen, die damit verbunden sind (Hunger stillen, Beruhigen, Würgen, Angst)
- Sensorisches Empfinden (Geschmack, Geruch, Tastreize, Sehen, Hören)
- Körperhaltung, Kopfhaltung
- Gesamtsituation, soziales Geschehen, Zuwendung usw. Die Reize füh-

ren zu einer ganzheitlichen Wahrnehmung (keine Differenzierung der Einzelfaktoren) und erhalten eine *Signalwirkung*, welche die Reaktion auslösen.

Beispiel: Das Kind wird in Trinklage gebracht. Es beruhigt sich, winkelt die Arme an, faustet die Hände und der Mund führt Suchbewegungen aus. Das Kind zeigt eine deutliche Erwartungshaltung bezüglich der Nahrungsaufnahme. Wird diese „Erwartung" nicht erfüllt, beginnt das Kind zu schreien. Eine negative Erfahrung kann eine entsprechende Abwehrhaltung auslösen.

Üben der Funktion um der Funktion willen
Im II. Stadium der Sensomotorik überwiegt die funktionelle Assimilation, d.h. das funktionelle „Spiel". Im Zentrum des kindlichen Interesses steht die Funktion und nicht das außenstehende Objekt.

Das Kind saugt, um zu saugen
Damit übt und automatisiert das Kind die Saugfunktion sowie die Mundmotorik. Es saugt, um das Bedürfnis des Saugens zu befriedigen und verlängert die Tätigkeit der Saugfunktion. Es saugt im Leeren und an allen Objekten, die für die Saugfunktion geeignet sind.
Es beginnt dann im Laufe der Zeit, die Saugobjekte wieder zu erkennen und in ihrer Bedeutung für die Funktion zu unterscheiden. Die damit verbundenen Empfindungen erhalten Signalwirkung.

Das Kind schaut, um zu schauen
Es schult die Sehfunktion, richtet die Augen nach dem Licht aus. Licht ist die Nahrung für die Sehfunktion. Lichtreize lenken den Blick des Kindes, es versucht die Lichtquelle mit den Augen „festzuhalten". Vor allem reagiert es auf Bewegungen im und am Rand des Blickfeldes. Die optischen Bilder können aber noch nicht gedeutet (interpretiert) werden. Sie werden nicht als „außenstehend" und als „unabhängig vom eigenen Ich" erkannt. Auch hier kommt es mit der Wiederholung zu einem Wiedererkennen, was in der Lächelreaktion des Kindes deutlich wird. Mit der Zeit erhalten die Bilder auch eine Bedeutung.

Das Kind horcht, um zu hören
Es trainiert sein Hörvermögen, richtet seine Aufmerksamkeit danach aus. Es hält inne, lässt sich beruhigen und horcht auf Töne und Geräusche, die es selbst auslöst. Es beginnt, sich dem Geräusch zuzuwenden und die eigenen Bewegungen danach auszurichten. Geräusche kommen auch dann zum Kind, wenn es motorisch nicht in der Lage ist, sich dem Geräusch zuzuwenden.

Das Kind greift, um zu greifen

Die Hand öffnet und schließt sich unwillkürlich und führt so die Greifbewegungen durch. Wenn die Hand etwas spürt, so öffnet sie sich, kratzt, greift zu. Die Berührungsreize lösen das Greifschema aus. Der Griff erfolgt noch zufällig, so wie die Dinge zwischen die Finger kommen. Im Laufe der Zeit beginnt das Kind die Handbewegungen (Bewegungen allgemein) am taktilen Widerstand auszurichten. Das Greifen erfolgt innerhalb oder außerhalb des Blickfeldes. Es erfolgt noch kein Greifen nach dem sichtbaren Objekt, kein bewusstes Nach-den-Dingen-greifen, weil das Kind das Objekt haben will. Die Objektbeziehung besteht noch nicht. Beim Greifen liegt noch keine Absicht des Kindes vor (erst im III. Stadium).

Zufallshandlungen / einfache Gewohnheiten

In dem Maße, in dem das Kind neue Gegenstände oder Reize an die bestehenden Schemata (Saugschema, Sehschema, Greifschema) assimiliert, erfolgt eine Akkomodation der Bewegung an den Reiz (Ereignis). Es beginnt die Aktivitäten (Bewegungen) danach auszurichten. Das „Neue" sprengt die schon ausgebildeten Verhaltensschemata und zwingt zur Akkomodation und somit zu einer Differenzierung der jeweiligen Funktion.

Reize, Ereignisse oder Erfahrungen, welche die Reflexaktivität ganzheitlich begleiten, stellen eine „Verlängerung" der Reflexaktivität dar. Sie führen zu neuen, zufälligen Handlungsresultaten, welche die Aufmerksamkeit des Kindes erregen. Aber schon bald versucht das Kind, dieses Zufallsereignis beizubehalten oder zu erneuern (Verlängerung). Das erlebte Ereignis weckt das Bedürfnis nach Wiederholung und so entwickeln sich die primären Zirkulärreaktionen.

Um die Umweltereignisse (Sensorische Reize, Objekte, Beziehungen usw.) wahrnehmen und deuten zu können, müssen sie aktiv erfahren und erlebt werden. Die Reize müssen daher ins Aktionsfeld des Kindes gebracht werden, alles was außerhalb liegt, wird noch nicht wahrgenommen. Das Kind kann die Informationen der Außenwelt nicht erfassen, deuten oder verstehen, wenn es selbst keinen aktiven Bezug herstellen kann. Jeder Greifakt, jedes Saugen, jedes Fixieren verlangt eine Akkomodation oder motorische Anpassung, die der Säugling viel mehr als wirkliche Tätigkeit empfindet, als wir es beobachten können. Sein Gesichtsausdruck verrät uns seine Anstrengung, sein Interesse, seine Enttäuschung. *Es sind die Tätigkeit oder die Funktion selbst, die im Zentrum der Aufmerksamkeit des Kindes stehen, und nicht das Objekt.* Es gibt für das Kind noch keinen Daumen, keine Hand, keine Klapper, sondern nur die Ganzheit von sinnlichen Eindrücken. Es ist etwas zum Saugen, zum Zufassen usw. Die Dinge selbst bleiben noch nebelhaft. Die Verhaltensweisen und Bewegungsabläufe verändern sich, lösen sich vom Reflexschema. Das Kind hat diese Aktivitäten selbst entdeckt. Es bemüht sich selbst darum und zeigt Zufriedenheit.

Einfache Gewohnheiten der Saugfunktion

Beispiel von Piaget[1]

1 Monat:	Laurent liegt wach und schaut mit weit offenen Augen vor sich hin. Dabei saugt er unaufhörlich im Leeren, indem er den Mund in einem langsamen Rhythmus öffnet und schließt, während die Zunge dauernd in Bewegung ist. In gewissen Momenten bleibt die Zunge nicht hinter den Lippen, sondern leckt an der Unterlippe.
1 Monat, 3 Tage:	L. streckt mehrmals hintereinander die Zunge heraus. Er ist hellwach, unbeweglich, zuckt nur hin und wieder mit den Armen. Er saugt nicht im Leeren, sondern hält einfach den Mund offen und streicht dabei langsam mit seiner Zunge über die Unterlippe.
1 Monat, 5 Tage:	L. saugt zuerst im Leeren und ersetzt es wieder mit dem Lecken an der Unterlippe.
1 Monat, 6 Tage:	L. spielt offensichtlich mit seiner Zunge, indem er bald die Unterlippe ableckt, bald die Zunge zwischen Lippen und Zahnfleisch schiebt.
1 Monat, 20 Tage:	Seine Geschicklichkeit wird immer besser. Er wölbt die Lippen, steckt die Zunge zwischen Lippen und Zahnfleisch und erzeugt durch das schnelle Schließen des Mundes einen klatschenden Laut.
2 Monate, 18 Tage:	L. saugt an den Fingern, streckt die Zunge heraus, führt Mundbewegungen durch, spielt mit dem Speichel, indem er den Mund offen lässt, Speichel ansammelt und dann plötzlich schluckt. Er saugt im Leeren, indem er die Zunge mal vorstreckt, mal zurückbehält und die Lippenbewegungen modifiziert: vorwölben, nach innen ziehen. Die Differenzierung der Bewegungen nimmt stetig zu.

---

[1] Vgl. „Das Erwachen der Intelligenz beim Kinde", Klett, Stuttgart 1973, S. 60 - 61

Einfache Gewohnheiten in der Stimmbildung und des Hörens

Die Phonation manifestiert sich im ersten Schrei nach der Geburt. Auch hier erfolgt von diesem ersten Schrei aus eine Differenzierung der Stimmbildung, die mit der Differenzierung der Mundmotorik im engen Zusammenhang steht. Anfangs kommt es zur zufälligen Lautbildung beim Saugen, beim Ausatmen, bei Mundbewegungen usw. Es entsteht auch hier das Bedürfnis nach Wiederholung. Das Kind versucht dabei seine Stimmbildung an das Gehörte zu akkommodieren. Es kommt zwischen Stimme und Gehör zu Zirkulärreaktionen.

Vom ersten Tag an besteht ein Interesse für Töne. Das Kind hört auf zu weinen, wenn man zu ihm spricht oder wenn es einen interessanten Laut hört. Das Innehalten (= Hemmung der aktuellen Bewegung) und ein Such-verhalten beim Hören zeigen hier die ersten Anpassungsleistungen.

Stimmbildung

Beispiel von Piaget[2]

1 Monat:	Jaqueline gebraucht ihre Stimme nur für das gewöhnliche Wimmern oder heftiges Schreien, das Verlangen und Zorn ausdrückt, wenn sie Hunger hat.
1 Monat, 14 Tage:	Ihr Schreien ist nun nicht mehr nur Ausdruck für Hunger oder irgendein Unbehagen (Bauchschmerzen), sondern beginnt sich zu differenzieren. Sie hört auf, wenn man sie aus der Wiege nimmt, schreit wieder heftig, wenn man sie vor der Mahlzeit wieder hinlegt. Auch lässt sie ein richtiges Wutgeschrei vernehmen, wenn die Mahlzeit unterbrochen wird.
1 Monat, 22 Tage:	Es kommt vor, dass ihr Wutgeschrei in einen hellen Schrei (eine Art kurzen Triller) mündet, der das Kind von seinem Schmerz ablenkt.
1 Monat, 26 Tage:	Das Lächeln wird von unbestimmten Lauten begleitet.
2 Monate, 12 Tage:	J. lallt einen Augenblick lang, ohne zu lächeln.
2 Monate, 15 Tage:	Sie unterbricht sogar ihre Mahlzeit, um das Lallen aufzugreifen.
2 Monate, 18 Tage:	Das Spiel mit der Stimme wird zu ihrer liebsten Beschäftigung.

---

2 Vgl. „Das Erwachen der Intelligenz beim Kinde", Klett, Stuttgart 1973, S. 87

Hören

Beispiel von Piaget[3]

1 Monat:	Jaqueline unterbricht ihr Schreien, wenn sie einen angenehmen Laut oder eine vertraute Stimme hört. Sie versucht aber nicht auszumachen, woher der Laut kommt.
1 Monat, 10 Tage:	Sie beginnt der Stimme zuzulächeln, auch bei anderen Tönen, die ihr vertraut sind, erfolgt eine Lächelreaktion. Andere Geräusche führen zu einem Erstaunen, Innehalten oder zu einer Unruhe.
2 Monate, 12 Tage:	J. dreht den Kopf zur Seite, wenn sie ein Geräusch vernimmt.
2 Monate, 26 Tage:	Sie vermag die Geräuschquelle nun ziemlich genau zu lokalisieren. Sie sucht so lange, bis sie die Person erblickt, die spricht. Aber es ist natürlich schwer zu sagen, ob sie die Geräuschquelle und das visuelle Bild miteinander identifiziert oder ob sie das Bild einfach an den Laut assimiliert.

Einfache Gewohnheiten der Sehfunktion
Von Anfang an besteht ein Bedürfnis zum „Sehen". Lichtreize dienen dabei als Nahrung für die Sehfunktion. Ende des 1. Monats beginnt ein gezieltes Schauen. Das Kind hört auf zu weinen oder zu saugen, wenn etwas Interessantes in sein Blickfeld gelangt. Es hält inne, es fixiert, d.h. es versucht mit dem Blick festzuhalten, was seine Aufmerksamkeit erreicht hat. Das Kind wird nur dann auf optische Reize aufmerksam, wenn sie in sein Blickfeld gelangen. Dabei nimmt es zuerst bewegliche Dinge wahr, später auch ruhende Bilder. Nach einer Weile richtet es selbst den Blick auf die Dinge.
Das Kind fixiert in dieser Zeit weder allzu bekannte Dinge (= Übersättigung) noch zu fremde (keine Assimilation). Es fixiert nicht, was zu groß, zu klein, zu weit entfernt ist.
Sobald das Kind seinen Blick lenken kann, erforscht es nach und nach die sichtbare Umwelt = visuelle Neugier. Sein Interesse für ein bestimmtes Gesicht zieht ein Interesse für alle Gesichter nach sich (Generalisierte Assimilation). Das Kind erkennt Vertrautes wieder und zeigt dieses mit einer Lächelreaktion (Wiedererkennende Assimilation). *Das Wiedererkennen allein genügt aber noch nicht, um das visuelle Bild als konstantes äußeres Objekt zu*

---

3 Vgl. „Das Erwachen der Intelligenz beim Kinde", Klett, Stuttgart 1973, S. 89

erfassen. Dazu müssen die visuellen Bilder mit den anderen Funktionsschemata, insbesondere mit dem Greifschema koordiniert werden. Erst durch die Sinnesverbindungen werden die Dinge zu einer geschlossenen Einheit und erhalten so Objektivität. Um dies zu erreichen, ist die Organisation der visuellen Bilder untereinander erforderlich.

* Die Koordination der Dinge im Sehraum bezüglich Stellung, Größe, Distanz
* Die quantitative Koordination der Farb- und Lichtverhältnisse
* Die sensomotorischen Beziehungen der Dinge untereinander
* Die Verknüpfung von Sehen und Greifen verleiht den Bildern Bedeutung

Die *Akkomodationsfunktion* des Auges ist zwar angeboren, aber diese führt erst dann zu einer Anpassung an die Bilder, wenn sie geübt wird. Auch die Pupillenreaktion, die binokulare Konvergenz hat sich noch auf alle Distanzen stabilisiert (Physiologisches Schielen). Entfernungen können nicht eingeschätzt werden, da Erfahrungen in der Koordination von Sehen und Greifen noch fehlen (wichtig für die Tiefensicht).

Sehfunktion

Beispiel von Piaget[4]

21 Tage:	Bisher zeigte Laurent nur wenig koordinierte Kopfbewegungen. Jetzt verfolgt er zum ersten Mal ein brennendes Streichholz im halbdunklen Raum und 20 cm Entfernung.
23 Tage:	Er liegt in seinem Bett, Kopf auf der rechten Wange. Er fixiert den Finger in ca. 20 cm Entfernung und verfolgt diesen bis auf die linke Seite.
25 Tage:	Er liegt lange mit offenen Augen ohne zu weinen in der Wiege.
1 Monat:	L. betrachtet unaufhörlich eine Franse seiner Wiege und vollzieht dabei ständig kleine Anpassungsbewegungen, als wenn sein Kopf Mühe hätte, die Stellung zu halten. Solange er schaut, bleiben die Arme unbeweglich, während sie von neuem in Bewegung geraten, wenn er wieder im Leeren zu saugen anfängt.
1 Monat, 7 Tage:	L. unterbricht sein Weinen, wenn ihm ein weißes Ta-

---

4   Vgl. „Das Erwachen der Intelligenz beim Kinde", Klett, Stuttgart 1973, S. 73 - 74 / 78

	schentuch gezeigt wird (10 cm). Er betrachtet es aufmerksam, verfolgt es mit den Augen. Einmal aus dem Blick verloren, bleibt es für ihn unauffindbar.
1 Monat, 8 Tage:	Während er den Saum des Wiegendaches betrachtet, bemerkt er das Gesicht seines Vaters. Nun fixiert er abwechselnd das Gesicht und das Wiegendach, ohne dass eine äußere Bewegung seinen Blick lenkt.
1 Monat, 9 Tage:	Er prüft nacheinander die verschiedensten „Bilder", die sich ihm darbieten, als er aufrecht gehalten wird: Seinen Vater, die Wände, Fenster, das Wiegendach usw.
1 Monat, 15 Tage:	Er erforscht systematisch das Dach seiner Wiege, das durch einen Stoß in Bewegung gebracht wurde. Er beginnt am Rand und kommt dann Schritt für Schritt dazu, die hintere Wand des Daches zu betrachten, obwohl es schon längere Zeit wieder still steht.

Einfache Gewohnheiten der Greiffunktion

Die Hand ist neben Mund, Auge, Ohr ein wesentliches Instrument der Intelligenz.

Die Greiffunktion ist ein wesentliches Bindeglied zwischen dem Organismus und der Umwelt. Die Hand berührt, nimmt Kontakt auf, tastet, greift zu, hantiert und bewegt die Dinge.

5 Stufen der Greifentwicklung nach Piaget

1. Impulsive Armbewegungen (I. Stadium)	<ul><li>Die Armbewegungen sind unkoordiniert und ungezielt, fahrig</li><li>Die Hand öffnet und schließt sich unwillkürlich</li><li>Umschließt mit der Hand das Greifobjekt bei Druck auf die Handfläche</li><li>Es hört zu weinen auf, sobald seine Hand etwas spürt</li></ul>
2. Greifen, um zu greifen, Funktionsschulung (II. Stadium)	<ul><li>Greift zu, wenn die Hand etwas spürt</li><li>Greift so, wie es die Dinge gerade in die Hand bekommt</li><li>Beginnt die Bewegung am taktilen Reiz auszurichten</li><li>Greift ohne hinzuschauen</li></ul>

3. Koordination: Von Handbewegung und Saugtätigkeit (II. Stadium)	• Saugt an eigenem Finger, wenn dieser in Mund gelangt • Versucht den Finger mit dem Mund festzuhalten • Gegenseitige Assimilation: Mund <——> Hand
4. Koordination: Von Handbewegung und Sehen (II. Stadium)	• Fixiert eigene Hand, wenn diese ins Blickfeld kommt • Versucht die Hand im Blickfeld zu halten
5. Greifen nach Gegenständen, die es sieht (III. Stadium)	• Erfasst Dinge, die es sieht, als etwas „Greifbares" • Entwicklung der Objektbeziehung

Greiffunktion

Beispiel von Piaget[5]

1 Monat, 8 Tage: Laurent hält seinen Arm gestreckt, unbeweglich und öffnet und schließt seine Hand. Berührt er dabei die Decke, greift die Hand zu, öffnet sich wieder.

1 Monat, 19 Tage: Wenn L. mit seinem kleinen Finger die Hand des Vaters berührt, wird ein Suchen der Hand ausgelöst. Er bewegt die Hand hin und her und probiert gewissermaßen die günstigste Stellung zum Greifen aus. Die Handfläche orientiert sich am Gegenstand.

1 Monat, 22 Tage: Die Greifbewegungen weisen mehr Kontinuität auf. Laurent hält ein zufällig ergriffenes Taschentuch 4 1/2 Minuten in seiner Hand, wobei er den Arm teilweise unbeweglich hält oder auch langsam bewegt.

1 Monat, 23 Tage: L. hält ungefähr 2 Minuten eine Klapper fest, die ihm in die Handfläche gelegt wurde. Als sie ihm entgleitet, greift er von sich aus wieder danach, dann tritt totales Desinteresse auf.

---

5   Vgl. „Das Erwachen der Intelligenz beim Kinde", Klett, Stuttgart 1973, S. 99 / 101

2 Monate, 3 Tage: Beginnt ein systematisches Greifen (Zirkulärreaktion): Kratzen und Versuche, zu ergreifen.

2 Monate, 7 Tage: L. kratzt an der Decke, ergreift sie, hält sie einen Augenblick fest, lässt wieder los, beginnt von neuem zu kratzen, zu greifen, loszulassen usw.

2 Monate, 11 Tage: Jedes Greifen wird mit dem Kratzen eingeleitet, allerdings verkürzt sich mit der Zeit die Einleitung des Kratzens.

Primäre Zirkulärreaktionen
Die Zirkulärreaktion ist ein funktioneller Regelkreis, der den Handlungsablauf bestimmt. Sie umfasst Assimilation und Akkomodation gleichermaßen. Im II. Stadium der Sensomotorik sind Stimuli, Bewegungen und Handlungsfolge untereinander verkettet. Sie lösen sich gegenseitig aus und führen zum Ausgangspunkt zurück, um sich erneut zu aktivieren. Es ist eine erworbene funktionelle Betätigung, die um ihrer selbst willen geschult wird. Es ist ein Zyklus organisierter Bewegungen, der sich zuerst probeweise, zaghaft, tastend vollzieht, dann aber immer sicherer, automatischer und schneller wird. Ein Signal löst die Bewegungen aus. Die „äußeren Objekte" sind nur Nahrung für die Funktion, werden noch nicht als „eigenständig" erlebt. Alle dazu gehörenden Bewegungen und Funktionen organisieren sich untereinander und führen zur Koordination.

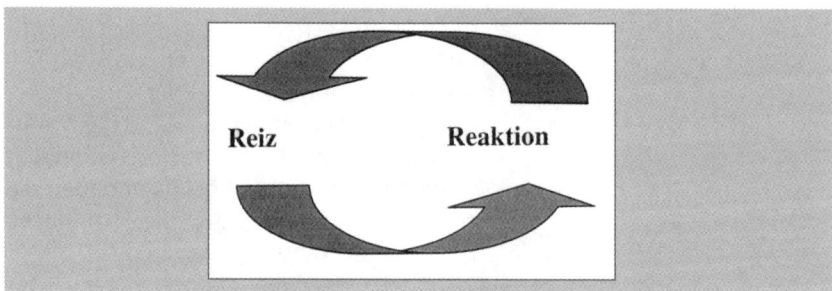

Abbildung 4: Wechselwirkung Reiz – Reaktion

Koordination der erworbenen Funktionen
Die Koordination zweier Funktionsbereiche erfolgt durch die gegenseitige Assimilation (Vereinigung zweier Schemata, Koordination zweier Reflexschema). Im II. Stadium der Sensomotorik begrenzt sich die Koordination der bisher erworbenen Funktionen auf die körpereigenen Fähigkeiten: Hand – Mund, Hand – Hand, Auge – Hand. Es besteht noch kein Interesse für das Objekt. Wenn das Kind ein Objekt, welches es gerade zufällig in der Hand

hält, zum Mund führt, so kann man nicht davon ausgehen, dass es diesen Gegenstand zum Mund führen will. Es ist eher so, dass es die Hand zum Mund führen will und dabei eben auch das Objekt in seiner Hand mitnimmt. Auf diese Weise leitet es aber auch bereits die Entwicklung zum Objektbezug und die Beziehung zur Außenwelt mit ein. Die Absicht des Kindes erfolgt in der Regel erst dann, wenn es eine entsprechende Erfahrung bereits gemacht hat.

1. Koordination zwischen Stimmbildung und Hören
Das Kind regelt seine Lautbildung nach der akustischen Wahrnehmung. Von Anfang an besteht hier eine enge Wechselwirkung. Das Kind lernt, auf die eigene Stimme zu hören. Es ist zunächst mehr eine interne Organisation, bei der die einzelnen Laute sich gegenseitig beeinflussen und durch „Übung" aktiviert werden. Mit der Zeit wird das Lautrepertoire gefestigt und ausgebaut. Auch erhalten die Laute nach und nach „Bedeutung".

2. Koordination zwischen Sehen und Hören
Zunächst erfolgt eine passive Koordination, d.h. sie wird durch die Umwelt arrangiert und nicht vom Kind geleistet. Wenn man zu dem Kind spricht, so schaut man es an und spricht damit Ohren und Augen zugleich an. Die aktive Koordination mit einem Wiedererkennen, mit Kopfwendung, Lokalisation und Suchverhalten wird mit der Zeit aktiviert. Das Kind orientiert sich zunehmend mit dem Kopf zur Geräuschquelle, es richtet seine Bewegung danach aus. Infolge der Kopfbewegung folgt natürlich auch der Blick und erweckt so den Eindruck, als ob das Kind auch zu sehen wünscht, was es hört. Diese bewusste Voraussicht kann man aber in diesem Alter noch nicht erwarten.

3. Koordination zwischen Saugen und Sehen
Sie erscheint etwa zur selben Zeit wie die Koordination zwischen Sehen und Hören. Auch hier ist es zunächst eher eine passive Koordination. Wenn das Kind gefüttert wird, so erhält es Zuwendung. Es sieht das Gesicht seiner Mutter, die Flasche usw. Es sind „Bilder", die immer mit der Mahlzeit gekoppelt auftreten und daher eine Koordination bewirken. Es ist eine ganzheitliche Situation, deren Teile Signale für das „Kommende" darstellen können.

4. Koordination zwischen Saugen und Greifen = Hand-Mund-Koordination
Im Rahmen der impulsiven Bewegungen der Arme kommt das Kind mit verschiedenen Dingen, Unterlagen und auch seinem eigenen Gesicht in Kontakt. Der taktile Reiz lenkt die Hand, sie richtet sich nach dem Reiz aus. Zunächst zufällig und flüchtig, dann häufiger, intensiver, andauernder, so

dass es langsam zu einer Koordination kommt. Die taktile Erfahrung verleiht der Wiederholung oder der Bewegung die Richtung. Zwischen dem Saugschema des Mundes und dem Greifschema der Hand kommt es zur gegenseitigen Assimilation:

- Der Mund will an der Hand saugen, die Hand an das Saugschema assimilieren.
- Die Hand will fest halten, was sie spürt, den Mund an das Greifschema assimilieren.

Wie schnell diese Koordination gelingt, hängt von den Erfahrungen des Kindes und von der Körperhaltung ab. So gelingt es z.b. leichter, den Finger im Mund zu halten, wenn der Arm durch die Lage am Entweichen gehindert wird (Seitlage, Bauchlage, durch Erwachsenen gehalten), während bei freier Armbewegung in der Rückenlage die Hand leichter wieder entweichen kann und oft auch einen weiteren Weg zum Mund hat. Hat das Kind, wenn es die Hand zum Mund führt, zufällig einen Gegenstand in der Hand, so wird dieser mit zum Mund geführt, ohne dass darin eine gezielte Absicht beim Kind besteht.

Saugen am Daumen

Beispiel von Piaget[6]

1 Monat, 1 Tag:	Laurent wird senkrecht im Arm gehalten. Er hat großen Hunger und versucht zu saugen, indem er den Mund öffnet und den Kopf hin und her dreht. Seine Arme beschreiben ausholende Bewegungen und stoßen sich am Gesicht. Als er seine Hand an der Wange spürt, dreht er den Kopf und versucht seine Finger mit dem Mund zu ergreifen. Es gelingt nicht sofort und jedes Mal. Die Armbewegungen werden noch nicht mit den Kopfbewegungen koordiniert, die Hand entweicht immer wieder. In der Folge erwischt er jedoch zufällig den Daumen und nun hält er inne, der Körper wird unbeweglich.
1 Monat, 3 Tage:	L. liegt wach und versucht zu saugen. Seine Hand wird ihm zum Mund geführt. Sobald seine Lippen mit der Hand in Berührung kommen, erlahmt jeder Widerstand in den Armen und er verweilt einige Zeit unbeweglich.

6   Vgl. „Das Erwachen der Intelligenz beim Kinde", Klett, Stuttgart 1973, S. 64

	Auch als die Lippen nur den Handrücken spüren, beginnen sie die Hand zu erforschen. Einen Moment später verliert die Hand den Kontakt zum Mund, findet ihn aber nach einer Weile selbst wieder. Diesmal scheint auch die Hand nach dem Mund zu suchen.
1 Monat, 4 Tage:	Er saugt im Leeren, dann kann man beobachten, wie seine Hand sich dem Mund nähert, die Unterlippe berührt und sich schnappen lässt. Er erwischt den Zeigefinger. Die Hand entweicht wieder, kehrt wieder zurück. Diesmal gelangt der Daumen in den Mund, während sich der Zeigefinger zwischen Zahnfleisch und Oberlippe verirrt. Die Hand wird zurückgezogen und wieder zum Mund zurückgeführt. Diesmal fasst er nur den Daumen und beginnt zu saugen.

An Dingen lutschen

Beispiel von Piaget[7]

3 Monate, 8 Tage:	Lucienne ergreift mit der Hand die Decke und lutscht daran. Ihr wird ein Bleistift in die Hand gegeben und sie deutet eine leichte Bewegung zum Mund an. Es wird ein weicher, loser Kragen in ihre Hand gelegt, den sie zum Mund führt. Sie schaut aber dabei nicht hin.
4 Monate, 4 Tage:	Ergreift zufällig nach Kontakt eine Rassel (ohne hinzusehen) und führt sie zum Mund.
4 Monate, 9 Tage:	L. wird die Klapper gezeigt, die sie früher zum Mund geführt hat. Sie greift nicht danach. Als ihr die Klapper in die Hand gegeben wird, führt sie diese sofort zum Mund.

5. Koordination zwischen Sehen und Greifen = Hand-Augen-Koordination

Die Hand kommt dank der impulsiven Bewegungen zufällig ins Blickfeld des Kindes. Die Augen sind bestrebt, die Hand festzuhalten und assimilieren das Bild der Hand an das Sehschema. Die Hand verharrt im Blickfeld. Zunächst vermag der Blick der Hand zu folgen, nicht aber die Hand dem Blick. Erst später beginnt sich die Greifbewegung nach dem Blick zu richten. Die eigene Hand wird noch bestaunt, als ob sie nicht dem Kind selbst gehören würde.

---

7   Vgl. „Das Erwachen der Intelligenz beim Kinde", Klett, Stuttgart 1973, S. 108

Beispiel von Piaget[8]

2 Monate, 12 Tage: Lucienne betrachtet ihre Hand mit größter Aufmerksamkeit.

2 Monate, 15 Tage: L. liegt auf der rechten Seite und lutscht an ihrem Lätzchen. Die Hände bewegen sich vor ihren Augen, ergreifen die Laken, lassen wieder los, kratzen an der Decke. Alle Augenblicke dringen die Hände in ihren Mund ein. Sie scheint dabei die Bewegung ihrer Hände mit den Augen zu verfolgen. Der Gesichtssinn passt sich den Bewegungen der Hände an.

2 Monate, 17 Tage: L. liegt auf dem Rücken, die Hand ausgestreckt und die Finger bewegen sich leicht. Sie betrachtet dies mit größter Aufmerksamkeit, lächelt. Als die Hand sich senkt, verliert sie diese aus dem Blick und sie sucht offensichtlich nach ihr. Als die Hand wieder aufsteigt, verfolgt sie diese sogleich.

2 Monate, 20 Tage: L. betrachtet ihre Hände, die sich öffnen und schließen.

2 Monate, 27 Tage: Sie schaut ihre rechte Hand an, die eine Puppe hält, versteht aber noch nicht, dieses Schauspiel im Gesichtsfeld zu bewahren. Der Blick sucht die Hände, aber diese gehorchen noch nicht dem Blick.

4 Monate, 9 Tage: L. wird eine Klapper angeboten. Es erfolgt keine Reaktion. Als sie ihr in die Hand gegeben wird, greift sie zu, führt sie zum Mund, schlenkert sie hin und her, betrachtet sie. Als sie sie verliert und ihr die Rassel wieder angeboten wird, greift sie noch nicht danach.

6. Koordination der Greifbewegungen = Hand-Hand-Koordination

Die Koordination zwischen beiden Händen kommt ebenfalls durch einen Zufall zustande, wenn infolge der impulsiven Armbewegungen die Hände zusammenkommen. Auch hier begünstigt die eine Haltung (Seitlage, durch Erwachsenen gestützt) diese Koordination, eine andere (Rückenlage) erschwert sie. Auch hier erfolgt eine gegenseitige Assimilation: Jede Hand will die andere Hand greifen, wenn sie sich berühren.

In der 5. Stufe der Greifentwicklung beginnt das Kind, die Dinge zu ergreifen (III. Stadium). Dabei ist es wichtig, dass die Hand und der Gegenstand gleichzeitig im Blickfeld des Kindes sind. Weder der Anblick der Hand allein noch der Anblick des Gegenstandes allein löst das Ergreifen aus. Durch die

---

8 Vgl. „Das Erwachen der Intelligenz beim Kinde", Klett, Stuttgart 1973, S. 104 - 105

gegenseitige Assimilation (Hand – Blick – Gegenstand, jetzt in einer Dreiecksbeziehung) bildet sich das Schema: „Sehen, wie die Hand greift" aus. Das Greifen nach Dingen, wenn das Kind seine Hand nicht gleichzeitig sieht, der Abstand zum Objekt zu groß ist, ist schwerer, weil der Bezug zwischen beiden noch nicht erfasst wurde.

Spiel im II. Stadium

Spiele des Kindes sind Übungsspiele, die der Funktionsschulung dienen und auf den eigenen Körper begrenzt sind. Das Kind schaut, um zu schauen, greift, um zu greifen, horcht, um zu hören usw. Das Kind hat noch kein äußeres Ziel. Welche Tätigkeiten das Kind aktiviert, hängt vom Reizangebot der Umwelt und vom „Zufall" ab, d.h., wie das Kind mit der Außenwelt in Kontakt kommt. Diese Tatsache muss sich der Erwachsene bewusst machen, denn die ersten Erfahrungen eines Kindes sind bestimmend für seine weitere Entwicklung, ja sogar für sein Leben.

Nachahmung im II. Stadium

Nachahmungsleistungen beinhalten sehr viel Akkomodation. In dem Maße, wie sich die Schemata neue Elemente aneignen, führt die Akkomodation zu einer Nachahmung.

Von einer eigentlichen Nachahmung kann man erst im IV. Stadium der Sensomotorik sprechen. Dennoch lassen sich bei genauer Beobachtung schon früh „Vorläufer" zur Nachahmung feststellen.

I. Stadium: Hier ist es schwer zu unterscheiden, ob es sich um einen Reflex handelt oder um ein „Anstecken". Piaget hat beobachtet, dass schreiende Säuglinge sich gegenseitig anstecken und „mitschreien", während andere Töne keine solche Reaktion auslösen.

II. Stadium: Eine Nachahmung gelingt nur, wenn das angebotene Modell mit dem entsprechenden Schema identisch ist. In dem Maße wie dem Kind die Koordination von Gehör und Lautproduktion gelingt, kann es diese Töne reproduzieren (Zirkulärreaktion). Zu unterscheiden sind:

1. Vokalansteckung: Ohne genaue Nachahmung. Vertraute Töne, Töne, die das Kind selbst produziert, lösen die Lautbildung aus.

2. Wechselseitige Nachahmung: Werden die Töne, die das Kind soeben gebildet hat, vom Erwachsenen wiederholt, verdoppelt das Kind seine Anstrengungen, die Töne zu wiederholen.

3. Sporadische Nachahmung: Es ahmt gelegentlich die ihm vertrauten Töne nach. Die Nachahmung entspricht den „Zufallshandlungen", d.h. sie wird durch Reize, die zufällig entstehen, durch Außenreize aktiviert. Ohne diese direkte Stimulation kommt es zu keiner Nachahmung.

5.2.2 Einzelleistungen des Kindes im II. Stadium

Alter	Bauchlage (BL)	Rückenlage (RL)	Sitzen
1 - 2 Monate	• Kopfheben bis 45° • Ellenbogen hinter Schulter • Hüften weniger gebeugt • Stößt Beine unter dem Bauch hervor	• Asymmetrische Haltung • ATNR-Muster (bds) kann vom Kind gehemmt werden • Reziprokes Strampeln	• Kopf wird aufgerichtet, wenn Rumpf stabilisiert wird • Rücken rund
2 - 3 Monate	• Kopfheben bis 90° • Ellenbogen unter den Schultern (90°) • Schwerpunkt im Brustbein-Bereich	• Kopf wird in Mittelstellung gehalten • Wendet Kopf aktiv • Hände kommen zur Körpermitte	• Kopf wird länger aufgerichtet gehalten • Aufrichtung der HWS • Rücken noch rund
3 - 4 Monate	• Stabile Bauchlage • Seitliche Gewichtsverlagerung • Körperschwerpunkt im Brust-Bauch-Bereich	• Stabile Rückenlage • Aktives Kopfheben • Hände zusammen in Körpermitte • Fingerspiel • Hand-Auge-Koordination	• Kopfkontrolle bei stabilisiertem Rumpf • Aufrichtung der HWS und BWS

Stehen	Kopf-Rumpfkontrolle	Handfunktion
• Schreitreaktion erlischt • Fehlende Stehbereitschaft, übernimmt kein Gewicht	• Bauch- und Rückenlage werden stabiler • Kopf wird ruckweise mitgenommen • Rücken rund • Keine Haltungskontrolle im Sitzen	• Armzugreaktion zu spüren • Handöffnung bei taktiler Stimulation • Ulnares Greifen mit Pronation • Hand-Mund-Koordination noch in Abhängigkeit von der Haltung
	• Kopf wird in Verlängerung der HWS mitgenommen • Körperschwerpunkt Brustbein-Bereich	• Taktiles Greifen • Tastende Bewegungen orientieren sich am Widerstand • Sichere Hand-Mund-Koordination
• Beginnt wieder Gewicht auf die Füße zu übernehmen	• Stabile Bauch- und Rückenlage • Körperschwerpunkt Brust-Bauch-Bereich	• Hände zusammen im Blickfeld und Körpermitte • Fingerspiel • Ausrichten der Hände nach dem Reiz • Hand-Auge-Koordination

Alter	Reflexe	Aktive Bewegungen	Mundmotorik
1 - 2 Monate	• Primitivreaktionen noch vorhanden • ATNR Muster in RL kann vom Kind gehemmt werden • Stellreaktionen: Versucht Kopf im Raum einzustellen	• Bauch- und Rückenlage werden stabiler • Strampelt • Zufallsbewegungen, die die Aufmerksamkeit des Kindes lenken	• Kräftiges rhythmisches Saugen • Saugt im Leeren, um des Saugens willen • Saugt an allem, was Kontakt zum Mund bekommt • Mund hält die Hand fest
2 - 3 Monate	• Primitivreaktionen schwächen sich ab • Tonische Reaktionen als Muster • Stellreaktionen werden deutlicher	• Kopfkontrolle in Bauch- und Rückenlage • Hände zur Körpermitte • Fingerspiel • Hand-Mund-Koordination • Ausrichten der Bewegung zum Reiz hin • Motorische Anpassung am taktilen Widerstand	• Saug-Schluckreflex verschwindet • Häufiges Verschlucken möglich • Unterbricht Mahlzeit • Saugt an allen Dingen, die Kontakt zum Mund haben • Zufallslaute
3 - 4 Monate	• Primitivreaktionen nur noch schwach • Ausrichtung des Kopfes im Raum	• Hand-Mund-Koordination • Hand-Haut-Koordination • Hand-Auge-Koordination • Hält fest, was ihm in die Hand gegeben wird	• Noch voll auf das Saugen eingestellt • Breikost wird allgemein noch abgelehnt • Steckt Dinge in den Mund, wenn es sie zufällig hält

Wahrnehmung	Sozialverhalten	Kognitive Entwicklung
• Körper- und Haut-kontakt stehen noch im Vordergrund • Wird gerne getra-gen, gewiegt • Hält in Bewegung kurz inne • „Aufmerksamkeits-tonus"	• Auf Zuwendung an-gewiesen • Soziales Lächeln • Schreien vor Mahlzeit • Stimme drückt Emoti-onen und Affekte aus	• Auf Reize von außen angewiesen • Erste Anpassungsre-aktionen vor allem beim Saugen
• Aufmerksamkeits-spanne wird größer • Tastet, schaut, horcht: Tastet, um zu fühlen; Schaut, um zu sehen; Horcht, um zu hö-ren • Ausrichtung der Be-wegung zum Reiz • Motorische Anpas-sung an taktilen Wi-derstand	• Körperkontakt noch wichtig • Erkennt vertraute Per-sonen wieder • Signalverständnis • Zufallslaute	• Funktionsschulung um der Funktion wil-len • Zufallshandlungen lenken die Aufmerk-samkeit des Kindes • Motorische Anpas-sung an taktilen Wi-derstand
• Verweilt beim Reiz, erkundet direktes Umfeld • Fixiert, betrachtet, verfolgt, betrachtet eigene Hände • Lauscht, plappert, reagiert auf Stimme	• Freude bei Zuwen-dung • Erste Konditionierung von Verhaltensweisen • Plappert vor sich hin, wenn es alleine ist. • Lässt sich durch Laute zum Lautieren anre-gen	• Freude an der eige-nen Bewegung • Tastendes Erkunden des unmittelbaren Umfeldes • Funktion • Koordinationsleistun-gen

5.2.3 Entwicklungsstörungen

Bei schwer behinderten Kindern kann man noch häufig Verhaltensweisen des II. Stadiums der Sensomotorik beobachten, auch wenn manchmal Einzelleistungen, die einem höheren Niveau zugeordnet werden können, vorhanden sind. Ausschlaggebend ist im Grunde die selbstständige aktive Auseinandersetzung des Kindes mit der Umwelt in einer relativ neuen Situation. Es kann sein, dass die Funktionsbereiche Psyche, Wahrnehmung, Motorik und Kognition auf verschiedenen Entwicklungsstufen stehen. Diese Diskrepanzen stören die Harmonie und können Konflikte hervorrufen, die sich wiederum ungünstig auf die gesamte Entwicklung auswirken können.

Kriterien zur Beurteilung der Verhaltensweisen
- (Einzel)-Leistungen in den verschiedenen Funktionsbereichen (WAS)
- Spontane und aktive Auseinandersetzung (WIE)
- Wann und wie reagiert das Kind auf äußere Reize? (Aufmerksamkeit)
- Welche Inhalte werden vom Kind assimiliert? (integriert)
- Wo, wann und wie erfolgt eine Akkomodation? (motorische Anpassung, Tonus)

Folgende Reaktionen sind Hinweise auf das II. Stadium
- Fehlende oder nur geringe Objektbeziehung, kein Interesse an den Dingen
- Weiß mit sich und den Dingen nichts anzufangen
- Funktionen erfolgen um ihrer selbst willen, dienen nicht zur Handlung
- Stereotypien
- Fehlende oder schlechte Haltungskontrolle, sodass Funktionsentwicklung behindert ist
- Fehlende oder geringe motorische Anpassung (braucht direkte Führung und Haltungskontrolle)
- Benötigt noch direkten Kontakt zu den Dingen, kann den Kontakt nicht selbst herstellen
- Beziehungsprobleme, symbiotisches Verhalten
- Ganzheitliche Signalreaktion (konditioniert)

Auf welche Kinder treffen die Verhaltensweisen des II. Stadiums zu?
1. Gesunde Kinder zwischen 1 - 4 Monaten

2. Schwer körperbehinderte Kinder und Erwachsene
- Abhängigkeit von der Umwelt (Pflege, Reize, Zuwendung, direkter Kontakt)
- Fehlende oder schwer gestörte Kopf- und Rumpfkontrolle

- Fehlende, schwer gestörte, pathologische Reaktion (Koordinationsstörungen)
- Abhängigkeit von den tonischen Reaktionen

3. Schwer geistig behinderte Kinder und Erwachsene
- Funktionsschulung um ihrer selbst willen ohne eigentliches Interesse an der „Außenwelt"
- Stereotypien
- Fehlende oder schwer gestörte Objektbeziehung, kein Interesse an den Dingen
- Erfasst eigene Funktionen nicht, begreift nicht, dass es selbst „Ursache" ist

4. Kinder mit Wahrnehmungsstörungen
- Schwere Modulationsstörungen
- Kann sensorische Reize nicht einordnen
- Intermodale Störungen, allgemeine schwere Integrationsstörungen
- Autismus

5. Nach einem Schädel-Hirn-Trauma
- Phase der primitiven Psychomotorik: ungezielte Reaktionen, „Schablonen"
- Beginn der Phase des Nachgreifens: „Schablonen", optisches Verfolgen, festhalten

5.2.4 Fallbeispiele

Kerstin, 2 Jahre

Diagnose:	Hypotonie, massiver Entwicklungsrückstand unklarer Ätiologie.
Motorik:	Sie ist hypoton, hat überdehnbare Gelenke, keine Kopf-Rumpfkontrolle oder Aufrichtung, muss total gehalten und stabilisiert werden. Wenige Bewegungen werden ausgeführt, wenn dann kraftlos, nur ansatzweise nach dem Ziel ausgerichtet, sie ermüdet schnell.
Saugen:	Kein Saugen, keine aktive Abnahme vom Löffel sind möglich, sie verschluckt sich leicht, wird sondiert, da nur geringe Mengen unter Kontrolle möglich sind.
Wahrnehmung:	Sie braucht sehr starke Stimuli, um eine Reaktion zu

zeigen, diese werden dann aber auch wiederum schnell zu viel (Angst, Weinen, Erschlaffen). Blickkontakt ist möglich, wenn ihr Kopf stabilisiert wird. Wenn die Hand etwas spürt, greift sie zu, verliert aber nach einer Weile die Dinge wieder. Ohne Stimulation von außen wird Kerstin zunehmend inaktiv.

Kognition: Sie zeigt Zufallshandlungen, die durch Stimulation von außen (Umwelt) aktiviert werden müssen.

Therapie: Sorgfältige Stimulation der Körpersinne ist notwendig (Tast-, Tiefenwahrnehmung, Vestibuläre Reize), Monotonie der Stimuli vermeiden (sonst werden sie reizlos), aber auch nicht zu viele Wechsel (kann nicht so schnell reagieren). Ihr das Gefühl der Sicherheit geben: Stabilisierung der Körperhaltung, Lagerungshilfen (z.B. Bauchliegekeil, Reifen, Hängematte). Raumbegrenzung schaffen: keine „uferlose" Situation, sich spüren durch den Widerstand, z.B. Karton, Korb, Bohnenwanne usw., Rückmeldung wird sofort spürbar. Reize in das Aktionsfeld des Kindes bringen: direkt ins Blickfeld, direkt in die Hand usw. Geringste motorische Aktivität soll ein „Ereignis" auslösen, ein Erfolg für das Kind sein (Zufallshandlung). Mund-Esstherapie durchführen, Dinge unter Handführung zum Mund führen, Saugfunktion anregen.

Oliver, 3 Jahre

Diagnose: BNS-Anfälle, geistige Behinderung

Motorik: Er läuft, klettert überall hoch, wenn er sich halten kann, ist umtriebig, unruhig, bleibt bei nichts sitzen, hat kein Gefühl für Gefahren. Stürze, auch wegen der Anfälle, sind häufig, er lässt sich aber auch fallen oder wirft sich nach hinten. Wird er fest gehalten, windet er sich heraus „wie ein Aal". Er greift zu, wenn er etwas spürt, wenn er „darüber stolpert".

Saugen: Keine Probleme, er saugt an allem, dadurch auch zeitweise Ruhe möglich, saugt so viel, wie ihm an Nahrung angeboten wird. Sättigungsgefühl vorhanden?

Wahrnehmung: Kurzfristige Aufmerksamkeit auf einen Reiz, sofortige Ablenkung durch neuen Reiz sind möglich. Durch konstante Bewegung kommt immer wieder etwas anderes in sein Blickfeld oder er spürt was, greift es, zieht sich daran hoch, verliert aber sofort das Interesse wieder, lässt los und fällt. Geräusche irritieren ihn; wenn er das Geräusch selbst auslöst, erfolgt kurze Hinwendung, es wird aber sofort wieder vergessen. Er windet sich raus, wenn er gehalten wird (Abwehrverhalten gegenüber engem Körperkontakt?) Löst die Berührung bzw. der Widerstand des Haltes die Bewegung aus? (Ausrichten der Bewegung am spürbaren Widerstand?)

Kognition: Er greift nach den Dingen, wenn diese in sein Aktionsfeld kommen, wenn er sozusagen darüber stolpert. Er setzt sich aber nicht wirklich mit den Dingen auseinander, hantiert nicht, sondern verliert den Gegenstand schnell wieder, ohne ihn richtig wahrzunehmen. Die Objektbeziehung ist daher fraglich. Er ist unruhig, schwer zu beruhigen, quengelt, jammert und schreit viel, lautiert wenig. Kein Sprachverständnis.

Therapie: Sein Zimmer wird ausgeräumt, Matratzen und Kissen werden hineingetan und das Zimmer wird mit einem Gitter so geschlossen, dass er sich nicht daran hochziehen kann. Hier kann er ungefährdet klettern, fallen, sich bewegen. Einzelne Dinge werden ihm angeboten, sodass er immer über dieselben Teile „stolpert". Dieser Raum ist nötig, damit seine Mutter wenigstens zeitweilig ihrer Arbeit nachgehen kann. Wichtig ist eine Raumbegrenzung, innerhalb derer sich Oliver orientieren kann. Ansonsten ist es gut, einen direkten Körperkontakt herzustellen, damit er sich abgrenzen kann, sich spüren kann, sich mit der Bezugsperson und auch mit einem Objekt auseinander setzen kann (immer nur kurzfristig möglich). Sensorische Integrationstherapie oder Basale Stimulation der Körpersinne sowie das Führen nach Affolter sind die angewandten methodischen Konzepte. Wichtig ist, dass Oliver einen Bezug zu sich selbst und zu den Dingen der Umwelt entwickelt, unabhängig vom Material und der Tätigkeit.

Sarah, 4 Jahre

Diagnose: Frühkindlicher Autismus
Motorik: Sie kann frei laufen, läuft aber ziellos durch den Raum. Sie setzt sich auch öfters einfach hin, ohne etwas zu

tun. Auffallend sind ihre Fingerbewegungen. Sie hält die Hände in Supination, dreht sie hin und her, öffnet und schließt die Finger dabei und bläst hinein. Sie greift nicht nach Gegenständen.

Wahrnehmung: Sie schaut ins Leere oder in sich hinein, kein Blickkontakt, kein Betrachten von Dingen. Sie reagiert auch nicht angepasst auf Geräusche, wendet nicht den Kopf danach. Eine Seh- oder Hörbehinderung liegt nicht vor. Sarah hat einfach keinen Bezug zu ihrer Umwelt und verliert sich in ihren Blas- und Dreh-Stereotypien.

Kognition: Greifen, Hantieren, Spielen, Bezug zur Umwelt, Sprache sind nicht vorhanden.

Therapie: Da Sarah ihre eigenen Hände nicht benutzt, ja nicht richtig wahrnimmt, werden verschiedene Materialien eingesetzt: Linsen, Farben, Wasser, Rasierschaum usw. und ihre Hände hineingeführt. Nun erhält sie einen neuen anderen Reiz, der sie teilweise von ihrem stereotypen Drehen „ablenkt". Die Hände sehen anders aus, erhalten ein neues Gefühl usw. Die Bewegungen verändern sich mit der Zeit, auch beginnt sie ihre Hände allmählich selbst „hineinzutauchen". Greifaktivitäten entwickeln sich. Es werden ihr nach und nach andere Gegenstände in die Hände gegeben, ihre Hände werden geführt, sodass sie unterschiedlichen Widerstand spürt. Sie lässt sich auch immer besser führen und geht bei der Bewegung immer mehr mit. Schließlich beginnt sie selbst zu greifen und damit gelingt der Übergang ins III. Stadium. Natürlich werden optische und akustische Reize mit einbezogen, erfolgt Körperkontakt usw.

Michael, 16 Jahre

Diagnose: Schädel-Hirn-Trauma, Phase des Nachgreifens (Fortsetzung vom I. Stadium)*

Motorik: Hyperton, Arme im Beugetonus, Beine in Extension und Adduktion. Er muss sorgfältig gelagert werden, zeigt kaum aktive Bewegungen, falls doch dann ins pathologische Muster. Passives Durchbewegen gegen Widerstand möglich.

Mund: Automatismen, Schmatzbewegungen (Schablonen). Die-

* vgl. S. 55

	se können genutzt werden, er nimmt so Nahrung, die um die Mundregion geschmiert wird, auf. Sonst erfolgt vorwiegend noch Sondenernährung.
Wahrnehmung:	Augen sind offen, gewisses Verfolgen mit den Augen möglich. Entspannt sich, wenn vertraute Person ansichtig wird. Keine Hyperventilation mehr auf Berührungen, insbesondere von Bezugspersonen, kann sich durch taktile Reize sogar etwas entspannen (Tonusverminderung), sodass ein Durchbewegen und die tägliche Pflege leichter durchgeführt werden können. Auf akustische Reize folgt keine sichtbare Reaktion. Wie er aber später mitteilte, hat er sehr wohl gehört und verstanden, was an seinem Bett gesprochen wurde.
Therapie:	Durchbewegen und Lagerung sind wichtig. Bei Pflege: Waschen, Abtrocknen usw. zur taktilen Stimulation nutzen, sonst Streicheln, Kontakt mit verschiedenen Materialien unter sorgfältiger Beobachtung minimaler Reaktionen (Tonus, Atmung, Mimik, Bewegungsansätze) ermöglichen. Mund-Esstherapie: Nahrung um den Mund und in den Mund führen, sodass Schluckreaktionen ausgelöst werden. Um Bewegungen zu aktivieren, werden Dinge zeitweilig ans Handgelenk gebunden (Glöckchen, Luftballon). Es soll ein sofortiger Effekt beim geringsten Bewegungsversuch entstehen. Zufallssituationen werden geschaffen und genutzt. So weit es möglich ist, wird er aus dem Bett geholt oder in eine mehr sitzende Position gebracht. Besuch von Angehörigen, Bekannten, Freunden, Anbieten vertrauter Bilder, Poster, Musikkassetten usw. unterstützen.

5.2.5 Richtlinien für die Therapie

- Ganzheitliche Therapie unter Berücksichtigung aller Funktionsbereiche und des sozialen Umfelds
- Notwendigkeit einer sehr einfühlsamen Therapie
- Körpersprache statt verbaler Anforderung
- Individuelle (minimale) Reaktionen bedürfen einer sehr sorgfältigen Beobachtung
- Sorgfältige Reizsetzung (Dosierung, Material, Dauer)
- Bedürfnisse des Kindes berücksichtigen
- Signalwirkung nutzen, Situationen entsprechend gestalten
- Konditionierung bedenken

- Eigenes Verhalten (Erwachsene, Therapeut) nicht außer Acht lassen (Wechselwirkung)

1. Sensorische Stimulation

Konzepte:
- Sensorische Integrationstherapie nach Ayres
- Basale Stimulation nach Fröhlich
- Säuglingsmassage nach Leboyer

Dosierung:
- Entsprechend der Reaktionsweise
- Muskeltonus: Tonusverlust, Entspannung, Anspannung, Erstarren, Erregung
- Vegetative Reaktionen: Schwitzen, Hautfarbe, Herz-, Pulsschlag
- Atmung: Hyperventilation, Rhythmus, Frequenz (tief, flach), gepresst
- Bewegung: Innehalten, Erstarren, vermehrte Reflexaktivität, Unruhe, Ausrichtung
- Mimik, vor allem Augenausdruck: Schlafen, Wachen, Augenbewegungen, Augensprache
- Stimme, Töne: Schreien, Lautproduktion, Stimmlage, Ausdruck
- Emotionen: Zufriedenheit, Hinwendung, Freude, Abwehr, Angst, Panik, Langeweile

Material:
- Abhängig von den bisherigen Erfahrungen des Betroffenen
- Je nachdem, welches Sinnessystem angesprochen werden soll
- Je nach Reaktionsweise
- Signalwirkung beachten und „schaffen", sodass Reiz, Material oder Situation Bedeutung erlangt

2. Motorisch-funktionelle Förderung

Konzepte:
- Bobath-Therapie
- Vojta-Therapie
- Führen nach Affolter
- NEPA nach Pörnbacher

Zu beachten:
- Lagerung in funktionellen Stellungen (Kontrakturenprophylaxe)
- Vermittlung normaler Bewegungsabläufe über das Spüren (Grenzen, Widerstand)

- Führen am Widerstand, langsam, nonverbal, immer nur ein Glied
- Spontane Aktivitäten nutzen, verstärken, in sinnvolle „Bahnen" lenken (Fazilitation, Führen)
- Einen Bezug zum eigenen Körper, zu den eigenen Bewegungen herstellen (Körperwahrnehmung)
- Pathologische Bewegungsmuster hemmen (Lagerung, Durchbewegen, Führen)
- Stabile Körperhaltung: Bauch- und Rückenlage, ältere Kinder: stabiles Sitzen (Hilfsmittel)
- Aktive Aufrichtung (Kopf, Schultergürtel)
- Ausrichten der Bewegung zum Reiz (Hintasten, Kopf wenden)
- Koordinationsleistungen: Hand – Mund, Hand – Augen, Hand – Hand, Auge – Ohr

3. Mundfunktion

Konzepte:
- Mund-Esstherapie nach Bobath
- Orofaziale Regulationstherapie nach Castillo Morales
- Differenzierung der Mundsensibilität

Ziele:
- Sondenernährung abbauen, vermeiden
- Aktive Nahrungsaufnahme (Saugen, Abnahme vom Löffel)
- Mundfunktionen differenzieren (Sensibilität und Motorik)
- Hand-Mund-Koordination unterstützen (Lagerung, Führen der Hände)

4. Kognitive Förderung / Spielentwicklung

Konzepte:
- Sensomotorische Entwicklungsphase nach Piaget
- Sensorische Integrationstherapie nach Ayres
- Behandlung nach Affolter
- Frühförderprogramme
- Verhaltenstherapie (Konditionierung)

Ziele:
- Reaktionen auf äußere Reize: Innehalten, Fixieren, Ausrichten, Erkunden
- Funktionsschulung um ihrer selbst willen

- Entsprechendes Materialangebot (Nahrung für die Funktion)
- Direktes Führen (langsam, am Widerstand entlang)
- Zeit lassen zur motorischen Anpassung
- Generalisierung und Differenzierung, kleine Variationen
- Übertragen auf neue Materialien

Koordination der Funktionsbereiche:

- Hände des Kindes zum Mund führen (mit / ohne Gegenstand)
- Hände im Blickfeld zusammenführen (Fingerspiel)
- Hände zum Gegenstand führen (spüren, Widerstand)
- Zeit lassen zur Reaktion und motorischen Anpassung
- Mehrere Sinnessysteme gleichzeitig ansprechen mit einem Objekt

Zufallshandlung provozieren:

- Raum begrenzen, damit nichts wegrollt, zur Orientierung des Kindes
- Direkten Bezug herstellen, Reize ins Aktionsfeld des Kindes bringen
- Situationen schaffen, in denen das Kind „Ereignisse" auslöst
- Mehrere Sinnessysteme und Funktionen gleichzeitig ansprechen

Signalwirkung beachten:

- Signale so setzen (vermitteln), dass Reaktion gelenkt wird (Konditionierung)
- Negative Besetzung vermeiden oder durch positive ersetzen (Blockade vermeiden)
- Nicht immer sofort reagieren (Möglichkeit zur Eigenaktivität geben)

5.2.6 II. Stadium:
Typische Verhaltensweisen und Behandlungs-
schwerpunkte

Verhaltensweisen / Fähigkeiten	Behandlungsschwerpunkte
• Stabile Bauch- und Rückenlage, Kopfkontrolle, • Aufrichtung von Kopf und Schultergürtel	• Stabilisierung der Bauch- und Rückenlage • Hilfe bei der Aufrichtung aus der Waagrechten • Bobath, Vojta-Therapie
• Haltungsanpassung bei Fremd-bewegung verzögert • Wird gerne auf den Arm ge-nommen und getragen oder ge-wiegt	• Auf Tonus und Haltungsanpas-sung achten, Zeit lassen zur An-passung, Tonusregulation • Lagewechsel so durchführen, dass das Kind „innerlich" fol-gen kann
• Bewegungen richten sich am Reiz aus, vor allem am taktilen Widerstand, taktiles Greifen	• Der direkte Körperkontakt ist wichtig • Dinge in körperliche Nähe brin-gen, Widerstand geben, Gren-zen spüren lassen zur Sicher-heit, um Halt zu geben • Raum begrenzen
• Übt die Funktion, um der Funk-tion willen: Saugt, um zu saugen, schaut, um zu schauen, horcht, um zu hören, greift, um zu greifen usw.	• Sensorische Reize anbieten (= Nahrung) für die Funktions-schulung • Direkten Kontakt herstellen, Reize in das Aktionsfeld des Kindes bringen, um Funktionen auszulösen • Dinge zu spüren geben, opti-sche Reize ins Blickfeld bringen, verbale Aufforderungen helfen nicht

• Modalspezifische Leistungen	• Sinnesstimulation unter sehr sorgfältiger Beobachtung der Reaktionen des Kindes anbieten. Dosierung, Material, Dauer beachten • Basale Stimulation nach Fröhlich, Affolter-Konzept, SI nach Ayres
• Einfache Gewohnheiten oder Zufallshandlungen werden durch Umweltreize ausgelöst. Sie erwecken die Aufmerksamkeit des Kindes und lenken dessen Aktivitäten, Signalverständnis	• Zufallssituationen provozieren, arrangieren. Das Umfeld des Kindes gestalten, damit Zufallshandlungen entstehen können. • Signalwirkung der Reize bedenken
• Primäre Zirkulärreaktionen, Konditionierung	• Eigenes Verhalten in die Interaktion mit dem Kind einbeziehen • Verhaltenstherapie durchführen • Das Kind direkt einbeziehen (spüren lassen)
• Koordination der bereits erworbenen Funktionsbereiche durch gegenseitige Assimilation, passive Koordination durch entsprechende Reize oder Angebote	• Mit einer Tätigkeit mehrere Sinne zugleich ansprechen, um die Koordination einzuleiten • "Passive Koordination" ermöglichen • Dinge, Reize, ins Umfeld des Kindes bringen, zur Integration direkten Kontakt herstellen • Direkte Bewegungsführung (z.B. nach Affolter, Bobath)
• Hand-Mund-Koordination • Hand-Hand-Koordination • Hand-Auge-Koordination	• Haltung stabilisieren zur Koordination, Dinge zum Mund führen • Hände zusammen führen (mit und ohne Gegenstände) • Mit den Händen des Kindes im Blickfeld des Kindes bleiben

5.3 III. Stadium: 4 - 8 Monate: „Aktive Wiederholung erfolgreicher Handlungen"

Merkmale
- Beginn der intentionalen sensomotorischen Anpassungsprozesse
- Objektbeziehung, Außenwelt wird in die Handlung einbezogen
- Aktives Wiederholen von Zufallshandlungen oder erfolgreichen Handlungen
- Koordination der bisher erworbenen Schemata
- Sekundäre Zirkulärreaktionen

5.3.1 Entwicklungsprozesse und Verhaltensweisen im III. Stadium

Beginn der intentionalen sensomotorischen Anpassungsprozesse
Eine Handlung ist dann intentional, wenn eine bestimmte Vorstellung oder Absicht die Handlung bestimmt. Im engen Sinne ist dies erst nach dem Spracherwerb möglich. Wenn man aber den Begriff erweitert und auf jede Art von Bewusstsein der eigenen Handlung ausdehnt, dann kann nach Angaben von Piaget bereits jetzt von einer intentionalen Handlung gesprochen werden, da das Kind gezielt und mit Absicht handelt.

Anpassungsleistungen im III. Stadium
- Einfache Assoziationen sind möglich
- Sensomotorische Empfindungen führen zu sensomotorischem Anpassungsverhalten
- Die Intentionalität besteht in dem Bedürfnis, die Dinge zu ergreifen und tätig zu sein
- Die Mittel liegen noch vollständig vor
- Der Zufall liefert die Mittel durch die Gesamtsituation oder sie werden von der Umwelt geliefert
- Das Kind bemüht sich darum, die Abfolge von Bewegungen wiederzufinden
- Es bemüht sich aktiv, um das Ereignis oder das Schauspiel wieder zu erreichen
- Es hat dieselbe Handlung bereits durchgeführt oder erfahren
- Es ist der Entwurf zu einer intelligenten Handlung

Es besteht eine Objektbeziehung, d.h. das Kind begreift, dass es auf die Außenwelt einwirken kann. Das Kind nimmt nun die Objekte als „eigenständige Dinge" wahr (sehen, greifen, hören, fühlen). Und es beginnt, sich für die Dinge an sich zu interessieren. Das Kind braucht aber noch den direkten körperlichen Kontakt zum Objekt, das im III. Stadium nur im Augenblick des Handelns für das Kind existiert. Sobald sich die Dinge außerhalb seines Wahrnehmungsfeldes oder seiner Reichweite befinden, verliert es das Interesse daran (aus den Augen, aus dem Sinn). Das Kind lässt sich in diesem Entwicklungsstadium noch leicht täuschen. Im aktiven Handeln erlebt das Kind sich als „Ursache für ...". Mit der Wiederholung besteht dann eine Art Erinnerung, wenn es ...„wieder sieht", „ wieder hört", „wieder fühlt", „wieder erlebt", so dass die vertrauten Schemata reaktiviert werden können.

Aktives Wiederholen
- **von Zufallshandlungen**
- **von erfolgreichen Handlungen**
- **der bisher erworbenen Schemata**

Das aktive Wiederholen von Handlungsschemata dient dazu, interessante Ereignisse andauern zu lassen. Das Kind muss aber am Zustandekommen des „Schauspiels" beteiligt sein, nur dann erfolgt eine Integration. Nur wenn es eine Beziehung zum eigenen Körper herstellen (Assimilation) kann, erlebt es die „Ereignisse" in Bezug zum eigenen Handeln. In der Folge bemüht sich das Kind um die Reorganisation der erfolgreichen Bewegungsschemata, was – je nachdem, in welcher Position die Hand sich gerade befindet – eine motorische Anpassung und neue Koordinationsleistung beinhaltet. Die Bewegung wird auf das entfernte, aber sich im Wahrnehmungsfeld des Kindes befindliche Ziel ausgerichtet. Es bemüht sich darum, das interessante Schauspiel „wieder zu finden" und zu wiederholen. Das äußere und überraschende Ereignis „bricht in das Geschehen" ein und weckt das Interesse des Kindes. Da es selbst beteiligt war, kann es auch einen Bezug zu sich selbst, zu seinen Bewegungen herstellen und die Aufmerksamkeit des Kindes lenken. Auf diese Weise wird es auf die Objekte der Außenwelt aufmerksam. Es erfolgt aber keine Wiederholung, wenn die Schemata zu neu und daher zu fremd sind oder wenn es die Zusammenhänge nicht begreifen kann. Das Kind muss den Bezug zwischen seiner Bewegung und dem äußeren Schauspiel erleben, sonst kann es nicht begreifen, wie die Handlung zustande gekommen ist.

Beispiele für die Entwicklung von Handlungsschemata

1. Handlungsschema: „Schütteln von Gegenständen"

Beispiel von Piaget[1]

2 Monate, 26 Tage: Laurent schüttelt eine Rassel, welche ihm in die Hand gegeben wurde. Er hört den Lärm und lacht über das Ereignis. Er sieht die Rassel aber nicht und lenkt den Blick an das Wiegendach, von woher sonst das Geräusch kam. Als er endlich die Rassel in seiner Hand sieht, begreift er weder die Tatsache, dass es dieser Gegenstand ist, der klirrt, noch dass er ihn selbst in Bewegung versetzt. Trotzdem setzt er die Bewegung fort.

3 Monate, 6 Tage: L. greift nach der Rassel, nachdem er seine Hand und die Rassel in seinem Blickfeld wahrnahm, und führt Hand und Gegenstand zum Mund. Das dabei erzeugte Geräusch weckt das Schema der aufgehängten Rassel. L. schüttelt darauf den ganzen Körper und fuchtelt mit dem Arm umher. Schließlich bewegt er nur noch den Arm und zeigt sich erstaunt und leicht beunruhigt über den wachsenden Lärm.

3 Monate, 15 Tage: Es genügt, dass L. einen Gegenstand zu greifen bekommt, um ihn sogleich in der Luft umherzuschütteln. Es genügt ihm auch eine Klapper mit Stil zu sehen, um sich ihrer zu bemächtigen und sie in geschickter Weise zu schütteln.

2. Handlungsschema: „Am Wiegenrand entlangstreichen"

Beispiel von Piaget[2]

3 Monate, 29 Tage: Laurent ergreift einen Brieföffner, den er zum ersten Mal sieht. Er blickt ihn einen Augenblick an, dann schwingt er ihn mit seiner rechten Hand hin und her. Im Verlauf der Bewegungen streift er mit dem Gegenstand zufällig das Weidengeflecht der Wiege und L. fuchtelt daraufhin ganz wild mit dem Arm. Er versucht offensichtlich, das wahrgenommene Geräusch wieder zu erzeugen. Er be-

---

1 Vgl. „Das Erwachen der Intelligenz beim Kinde", Klett, Stuttgart 1973, S. 172
2 Vgl. „Das Erwachen der Intelligenz beim Kinde", Klett, Stuttgart 1973, S. 174 - 175

greift aber noch nicht, dass dazu die Berührung mit der Wand nötig ist. Der Kontakt bleibt zufällig.

4 Monate, 3 Tage: L. reagiert auf ähnliche Weise, nur sieht er diesmal, wie der Gegenstand das Weidengeflecht streift.

4 Monate, 5 Tage: Dasselbe Verhalten, aber mit Fortschritt in Richtung Systematisierung.

4 Monate, 6 Tage: Jetzt erfolgt die Bewegung mit Absicht. Sobald er einen Gegenstand in die Hand bekommt, streicht er ihn regelmäßig am Weidengeflecht entlang.

3. Handlungsschema: „Dinge in Schwingung bringen"

Beispiel von Piaget[3]

3 Monate, 5 Tage: Lucienne versetzt ihren Wagen durch heftiges Strampeln in Bewegung, wodurch die am Dach aufgehängten Puppen zu schwanken beginnen. Sie betrachtet die Puppen lächelnd und beginnt von neuem.

3 Monate, 6 Tage: Am folgenden Tag beginnt sie zu strampeln, als ihr die Puppen gezeigt werden.

3 Monate, 13 Tage: L. betrachtet ihre Hand. Aus Freude darüber, ihre Hand zwischen Kopfkissen und Gesicht hin und her fuchteln zu sehen, beginnt sie zu strampeln, wie vorher bei den Puppen. Dies bringt ihr die Puppen wieder in Erinnerung und sie schaut auch sofort hin, als wenn sie die Bewegungen voraussehen würde. Sie wechselt den Blick von der Hand zum Dach und vom Dach zu den Puppen, die sie regelmäßig erschüttert.

3 Monate, 16 Tage: Sobald die Puppen aufgehängt werden, beginnt L. sie in Schwingung zu versetzen. Die Stöße sind rhythmisch und werden durch einen Intervall unterbrochen, als wenn sie das Phänomen studieren würde. Der Erfolg löst ein Lächeln aus.

4 Monate, 27 Tage: L. liegt in ihrer Wiege. Über ihren Füßen wird eine Puppe aufgehängt, die sogleich das Strampelschema auslöst. Gleich zu Beginn treffen die Füße die Puppe und versetzen ihr einen heftigen Stoß, den L. mit Begeisterung betrachtet. Daraufhin schaut sie auf ihren im Augenblick unbeweglichen Fuß. Dann fängt sie von neu-

---

3 Vgl. „Das Erwachen der Intelligenz beim Kinde", Klett, Stuttgart 1973, S. 163 - 165

em zu strampeln an. Der Fuß wird dabei nicht vom Auge kontrolliert. Die Bewegungen des Fußes werden eindeutig von taktilen Empfindungen geleitet, als wenn sie damit greifen wollte. Wenn sie der Puppe einen Stoß mit dem Fuß geben will und dabei das Ziel verfehlt, setzt sie neu und langsam an, bis es ihr gelingt. Auch als ihr die Sicht verdeckt wird, hört sie nicht auf, nach der Puppe zu stampfen.

4 Monate, 28 Tage: L. beginnt, sobald sie die Puppe sieht, mit den Füßen zu stampfen. Wird sie näher zu ihrem Gesicht aufgehängt, verdoppelt sie ihre Bemühungen.

5 Monate, 1 Tag: Die Bewegungen sind sehr gezielt. Sie reguliert sie, ohne sie zu betrachten auch dann, wenn die Puppe höher gehängt wird. Dabei tastet sie so lange mit dem Fuß, bis sie die Puppe spürt, dann verdoppelt sie ihre Bemühungen.

5 Monate, 18 Tage: Die Puppe wird in verschiedenen Höhen und mal rechts, mal links befestigt. L. versucht zuerst, sie mit den Füßen zu erreichen. Sobald es ihr gelungen ist, stößt sie fest zu. Das Schema ist nun vollständig ausgebildet und beginnt sich zu differenzieren, indem es sich an die verschiedenen Situationen akkomodiert.

4. Handlungsschemata: „Schlagen gegen Gegenstände"

Beispiel von Piaget[4]

4 Monate, 7 Tage: Laurent betrachtet einen Brieföffner, der an einer herunterhängenden Puppe befestigt ist. Er versucht die Puppe oder den Brieföffner zu packen, aber infolge seiner Ungeschicklichkeit streift oder stößt er die Gegenstände nur. Darauf hält er inne und betrachtet sie interessiert, um dann von neuem zu beginnen.

4 Monate, 8 Tage: L. schlägt noch immer ohne Ziel, nur in dem Bemühen die Gegenstände zu ergreifen. Da ihm das Greifen nicht gelingen will, deutet er die Greifbewegungen nur noch an und begnügt sich damit, an das Ende des Gegenstandes zu stoßen.

---

4   Vgl. „Das Erwachen der Intelligenz beim Kinde", Klett, Stuttgart 1973, S. 173

4 Monate, 9 Tage: Er versucht eine aufgehängte Puppe zu fassen. Er vermag sie nicht zu halten, sondern bringt sie nur zum Schwanken. Darauf schüttelt er sich selbst, indem er mit den Armen umherfuchtelt. Dabei trifft er zufällig die Puppe. Nun wiederholt er die Schläge mit Absicht und sehr oft hintereinander. Eine Viertelstunde später fängt er sogleich an zu schlagen.

4 Monate, 15 Tage: Als er eine Puppe hängen sieht, versucht er sie zu ergreifen, dann schüttelt er sich, um sie zum Schwanken zu bringen und stößt dabei zufällig daran. Nun versucht er nur noch auf sie einzuschlagen.

4 Monate, 18 Tage: L. schlägt auf die Hände ein, die ihm hingehalten werden. Er versucht gar nicht, sie zu ergreifen. Anfänglich fuchtelt er mit den Armen umher, bevor er zur Tätigkeit des Schlagens übergeht.

4 Monate, 19 Tage: Jetzt beginnt L. gleich, auf die Puppe einzuschlagen.

Assimilation im III. Stadium der Sensomotorik

Die *funktionelle Assimilation* zeigt sich in der Funktionsschulung durch das aktive Wiederholen. Damit werden die Bewegungs- und Verhaltensschemata gefestigt.

Die *wiedererkennende Assimilation* ist durch die Wiederholung selbst gegeben. Das Kind erinnert sich, wenn es Dinge wieder sieht, wieder hört, wieder erlebt. Dies ist die Grundlage für das Gedächtnis. Teilereignisse erhalten eine Signalwirkung und lösen entsprechende Reaktionen aus. Die *generalisierende Assimilation* wird beim Übertragen der Handlungsweise auf andere Dinge, die dem Kind gegeben werden, deutlich. Die Objekte bilden zunehmend die Nahrung für die Handlung. Es werden Dinge „um zu ...". Und die so entstandenen neuen „Informationen", „Ereignisse" führen zu neuen Handlungen.

Akkomodation im III. Stadium der Sensomotorik

Bisher war die Akkomodation der Assimilation untergeordnet, d.h. jede Assimilation zog eine motorische Anpassung nach sich. Die Lippen formen sich um das Saugobjekt, die Hand umschließt den Gegenstand und formt sich.

Jetzt unterliegt die Akkomodation mehr dem Willen des Kindes. Es bemüht sich aktiv um die Koordination der Bewegungen, um die Handlung wiederholen zu können. Dazu ist eine aktive motorische Anpassung notwendig, die dem Kind allerdings noch nicht immer sicher gelingt.

Das Kind richtet sein Handeln am Erfolg (aus der Sicht des Kindes) aus. Dazu muss es die einzelnen Schritte koordinieren und dem Handlungsziel unterordnen. Diese Organisation erfolgt noch anhand der jeweils gegebenen Situation bzw. aufgrund der direkten spürbaren Rückmeldung. Die Anpassung erfolgt im Nachhinein und noch nicht im Voraus und beinhaltet daher noch kein Planen im eigentlichen Sinne. Es ist etwas anderes, ob ein Kind zugreift, weil ihm etwas in die Hand gegeben wurde oder ob es erst seine Hand in die gewünschte Stellung bringen muss, um zugreifen zu können. Noch mehr Organisation wird vom Kind verlangt, wenn es auch noch den eigenen Körper in eine günstige und stabile Ausgangslage bringen muss, um zielsicher greifen zu können.

Von Bedeutung sind:
- Die direkte taktil-kinästhetische Rückmeldung
- Der direkte, spürbare Bezug zum eigenen Handeln
- Die sofortige „Erfolgsmeldung"
- Der deutliche visuelle oder auditive Effekt in Verbindung mit der eigenen Bewegung
- Das Geschehen selbst

Der Inhalt der Erfahrungen kann nur unter fortlaufender Akkomodation assimiliert werden. Die Wirklichkeit zwingt das Kind zu immer neuen Akkomodationsleistungen. Sobald es greifen kann, was es sieht, bringen die verschiedenen Objekte neue Erfahrungen mit sich. Form, Größe, Gewicht, Konsistenz, Funktion, Aussehen, Geräusche usw. aktivieren immer wieder neue Handlungsschemata, ohne dass sie vom Kind mit Absicht gesucht werden. Auch „Misserfolge" können in bestimmten Situationen der Handlung eine ganz neue Richtung geben. Auf diese Weise werden die Bewegungen immer mehr differenziert.

Die sekundären Zirkulärreaktionen
Der Handlungszyklus erweitert sich in dem Augenblick, in dem das Kind die Außenwelt einbezieht und den einfachen Reiz-Reaktions-Mechanismus der primären Zirkulärreaktion sprengt. Der Kreislauf differenziert sich in verschiedene „Einzelglieder", die aneinander gekettet sind und sich gegenseitig aktivieren und den gesamten Handlungsablauf auslösen. Noch bestimmt der Zufall oder der äußere Stimulus die Zirkulärreaktion. Ein Geräusch löst das Schema des Rasselns aus, der Anblick eines Objektes das Greifschema usw. Das Kind hat noch nicht die Absicht, ein Problem zu lösen.
Die sekundären Zirkulärreaktionen stellen eine Erweiterung der primären Zirkulärreaktionen dar, die durch die Wiederholung weiter gefestigt wer-

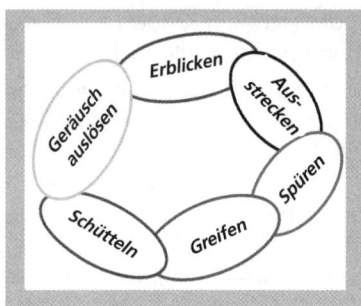

Abbildung 5:
Schema einer Zirkulärreaktion

den. Die einzelnen Teilschritte einer Handlung sind fest aneinander gekettet und bilden eine Haltungseinheit, die auch als Ganzheit wiederholt und übertragen wird. Die Beziehung der einzelnen Teilschritte (Kettenglieder) kann der Beobachter, aber nicht das Kind differenzieren. Das Kind erarbeitet sich hierdurch die funktionellen Beziehungen, kann aber die Mittel und Zweckbeziehung noch nicht durchschauen. Die sekundären Zirkulärreaktionen ermöglichen die Koordination der einzelnen Funktionen (Integrationsfunktion) und organisieren die Einzelbewegungen in die Gesamthandlung und demonstrieren damit bereits „intelligentes Anpassungsverhalten".

Im III. Stadium sind die sekundären Zirkulärreaktionen die höchsten Intelligenzleistungen. Andere kognitive Funktionen stehen dem Kind noch nicht zur Verfügung und komplexere Beziehungen und Zusammenhänge können noch nicht erfasst werden. Es kann erfahrene Tätigkeiten wiederholen, ohne die Zusammenhänge und Beziehungen der Teilschritte zu verstehen. Über diesen Mechanismus können Fähigkeiten antrainiert werden, die das Kind aber nicht verändern oder modellieren kann. Es sind Scheinleistungen, Dressurhandlungen, die ohne ständiges Üben wieder verloren gehen können. Sekundäre Zirkulärreaktionen sind aber auch später noch zu beobachten, wenn eine höhere Entwicklungsstufe erreicht wurde. Piaget spricht dann von abgeleiteten sekundären Zirkulärreaktionen als einem Nebeneffekt von Experimenten. Auch der Erwachsene wiederholt und erkundet einen Zufallseffekt und auch später erfolgt noch ein Lernen über die Wiederholung, um bestimmte Inhalte im Gedächtnis zu verankern. Aber die Wiederholungen allein reichen nicht aus, um Inhalte zu verstehen und um Erfahrungen zu kombinieren.

Spiel im III. Stadium
Im III. Stadium überwiegen noch die Übungs- oder Funktionsspiele. Es besteht eine Funktionslust „Ursache zu sein". Es bringt Dinge in Bewegung, löst Geräusche aus usw. Im III. Stadium bestimmt aber noch der jeweilige Gegenstand die Handlung. Jedes Material, jeder Gegenstand zwingt dem Kind dabei neue Handlungsschemata auf (Form, Größe, Gewicht, Konsistenz, Funktionsmöglichkeiten). Das Kind entwickelt aufgrund der aktiven sensomotorischen Auseinandersetzung mit den Dingen verschiedene Handlungsschemata und lernt über diesen Weg die verschiedenen funktionellen Eigenschaften der Objekte kennen. Es beantwortet sich Fragen wie: Wie sieht es aus? Wie fühlt es sich an? Passt es in meinen Mund? Kann ich es

essen? Schmeckt es? Was kann ich damit tun? Welche Geräusche macht es?

Durch die Wiederholung festigt das Kind die Schemata. Es überträgt sie auf andere Dinge und generalisiert sie. Die motorische Anpassung differenziert sich. Das Kind erlebt die Reaktion der Umwelt (Zuwendung, Abwendung) und richtet sein Handeln nach der Reaktion und nach dem Erfolg aus. Es lernt Gegenstände und Personen zu manipulieren.

Nachahmung im III. Stadium

Die Nachahmungsleistungen entsprechen den sekundären Zirkulärreaktionen, die ein interessantes Schauspiel andauern lassen, ohne dass sich das Kind bewusst wird, dass es nachahmt. Es muss das Modell an ein vorhandenes Schema assimilieren können. Es muss Bewegungen oder Töne vorher selbst durchgeführt und erfahren haben (wieder erkennen). Es muss die Bewegung an sich selbst beobachten können. Mundbewegungen, die es selbst nicht sehen kann, kann es nicht gezielt nachahmen.

1. Nachahmen von Tönen
- Töne, die bereits im Repertoire der kindlichen Laute sind
- Töne, die es durch Zufall selbst gefunden hat = Eigennachahmung, Wiederholung
- Wiederholt vorgemachte Töne, wenn diese dem eigenen Repertoire entnommen sind
- Fremde Laute kann es noch nicht nachahmen

2. Nachahmen von vertrauten Bewegungen
- Zufallshandlungen werden wiederholt (Eigennachahmung)
- Bewegungen, die für das Kind selbst sichtbar sind
- Bewegungen, die ihm vertraute Bewegungsschemata darstellen
- Bewegungen werden durch „Erinnerung" aktiviert (auslösende Signale)
- Neue Bewegungen kann es nicht nachahmen, fehlende Assimilation des visuellen Bildes

Pseudo-Imitationen
- Sie sind im III. Stadium möglich, dank dem Bedürfnis nach Wiederholung
- Sie verschwinden wieder, wenn sie nicht permanent wiederholt (geübt) werden
- Sie sind durch Dressur entstanden, ohne wirkliche Assimilation oder Bezug zum Handeln
- Das Kind ahmt zwar nach und wiederholt, ohne die Inhalte zu begreifen
- Die Assimilation gelingt nicht, wenn kein Schema zur Integration vorhanden ist. Es bleibt ein äußeres Erscheinungsbild, das irgendwie entsteht

5.3.2 Einzelleistungen des Kindes im III. Stadium

Alter	Bauchlage (BL)	Rückenlage (RL)	Sitzen
4 - 5 Monate	• Stabile Bauchlage • Unterarmstütz • Ellenbogen unter oder vor den Schultern • Gewichtsverlagerung auf einen Arm • Körperschwerpunkt im Brust-Bauch-Bereich	• Aktives Kopfheben • Zieht sich hoch, wenn es Hilfe bekommt • Betrachtet Hände • Führt Hände in Körpermitte zusammen	• Sichere Kopfkontrolle bei stabilisiertem Rumpf • Aufrichtung der HWS • BWS streckt sich • LWS noch gerundet
5 - 6 Monate	• Streckstütz auf Hände • Streckung in Bauchlage: „Schwimmen" • Drehen zur Seite	• Spielt mit den Knien • Drehen zur Seite	• Sitzt mit Unterstützung • Stützreaktion nach vorne • Stützreaktion zur Seite
6 - 7 Monate	• Drehen in Rückenlage	• Drehen auf den Bauch • Spielt mit den Füßen	• Passives Sitzen • Sitzt gerne kurze Zeit
7 - 8 Monate	• Schiebt sich rückwärts • Dreht um eigene Achse • Passiver Vierfüßlerstand	• Liegt nicht mehr gerne auf dem Rücken	• Spielt im Sitzen • Setzt sich noch nicht allein auf

Stehen	Kopf-Rumpfkontrolle	Handfunktion
• Übernimmt kurz Gewicht	• Sichere Kopfkontrolle bei stabilem Rumpf • Stabile Bauch- und Rückenlage • Ausrichtung Kopf und Schultergürtel • Gewichtsverlagerung in der waagrechten Position • Körperschwerpunkt im Brust-Bauch-Bereich	• Gute Armzugreaktion • Hände offen • Hand-Mund-Koordination • Hand-Hand-Koordination • Hand-Auge-Koordination • Fingerspiel • Ausrichten der Bewegung zum Reiz • Taktiles Greifen • Visuelles Greifen • Greift mit der Hand, auf deren Seite die Dinge sind
• Belastet die Füße teilweise noch auf dem Vorfuß: Zehenspitzen, geht aber auch auf dem ganzen Fuß	• Sichere Kopfkontrolle auch bei Bewegung • Gleichgewicht im Sitzen wird besser • Körperschwerpunkt: Bauch	• Stützfunktion nach vorne • Stützen im Sitzen zur Seite • Greift in Körpermitte • Greift mit ganzer Hand • Greift mit einer Hand und führt die andere dazu • Führt Dinge zum Mund • Betrachtet Dinge in der Hand • Verliert Dinge, wenn es etwas Neues ergreift
	• Aufrichtung in der waagrechten Position	• Wechselt Dinge zwischen den Händen • Hantiert
• Setzt ganzen Fuß auf • Hüpft im Stehen • Schult Belastung unter Bewegung	• Schwerpunkt: Bauch - Becken	• Hält in jeder Hand einen Gegenstand

Alter	Reflexe	Aktive Bewegungen	Mundmotorik
4 - 5 Monate	• Primitivreaktionen integriert • Tonische Reaktionen noch andeutungsweise • Stellreaktionen deutlicher	• Unterarm- Streckstütz • Zusammenführen der Hände im Blickfeld und Körpermitte • Hält fest, greift nach Dingen	• Führt Dinge zum Mund, saugt an Dingen, leckt, beißt darauf • Flasche wird noch bevorzugt • Löffelkost ungern • Lautieren, plappern
5 - 6 Monate		• Drehen zur Seite • Schwimmen • Spielen mit Knien • Hantiert	• Kommt besser mit Löffel zurecht • Guter Lippenschluss
6 - 7 Monate	• Tonische Reaktionen integriert	• Drehen in Bauch- und Rückenlage	• Wird mit der Zunge geschickter • Hält und beißt auf Brot • Lautdifferenzierung nimmt zu • Silbenketten • Verschiedene Tonhöhen
7 - 8 Monate		• Rollt sich, um an Dinge zu gelangen • Schiebt sich rückwärts oder dreht um eigene Achse • Sitzt gerne (passiv)	• Zahndurchbruch • Kaut mehr • Akzeptiert Brocken • Flüssigkeit noch schwer zu kontrollieren, fließt wieder aus Mund

Wahrnehmung	Sozialverhalten	Kognitive Entwicklung
• Verweilt längere Zeit • Aufmerksamkeit länger • Wiedererkennen deutlich • Visuelle Lokalisation von taktilen und auditiven Reizen • Beginn der Intermodalen Leistungen nach Affolter	• Freude bei Zuwendung • Enttäuschung bei Abwendung • Interessiert an Umwelt • Will sehen, greifen • Plappert vor sich hin, wenn es allein ist	• Beginnende Objektbeziehung • Greift nach Dingen, die es sieht • Steckt sie in den Mund • Betrachtet Dinge in der Hand
• Sammelt Erfahrungen im Umgang mit den Dingen • Macht zahlreiche Sinneserfahrungen: Tastet, fühlt, schaut, hört, bewegt, schmeckt, riecht • Sinnesverbindungen	• Interesse an der Umwelt • Beobachtet, was um es herum vorgeht	• Hantiert, erkundet den Gegenstand, den es in der Hand hat • Aktive Wiederholung von erfolgreichen, interessanten, effektiven Handlungen
	• Kann sich auch allein beschäftigen • Nachahmung vertrauter Laute und Schemata, die es sehen kann	• Beschäftigt sich nur mit einem Gegenstand auf einmal, lässt ihn fallen, wenn man ihm einen neuen gibt
• Hält in jeder Hand etwas, vergleicht • Stellt erste Beziehungen zwischen zwei Dingen her	• Unterscheidet vertraute und fremde Personen, „fremdelt"	• Schlägt zwei Dinge aneinander • Beginnt die Beziehung zwischen zwei Dingen zu erfassen

5.3.3 Entwicklungsstörungen

Das „Wiederholen" bleibt als Lernschema das Leben lang erhalten. Es ist wichtig, um Fertigkeiten zu verinnerlichen und zu automatisieren (motorische Fertigkeiten, Schreiben).

Wiederholen und Üben sind nur möglich, wenn die Grundfunktion entwickelt (erfahren) wurde. Das Wiederholen braucht Zeit, damit es sich einprägen kann (individuell verschieden).

Mit der weiteren Entwicklung werden die einfachen Mechanismen des Wiederholens überdeckt (integriert).

Das Wiederholen darf nicht das vorrangige oder gar einzige Lernverhalten bleiben, sondern muss durch Kombinationen, Querverbindungen, Assoziationen, logisches Denken ergänzt werden. Ausschließliches Wiederholen weist auf das III. Stadium der Sensomotorik hin. Das Kind wiederholt auch die höheren Leistungen und täuscht unter Umständen so Fähigkeiten vor, die aber nur in spezifischen Situationen abgerufen werden können. Höhere Lernmechanismen, z.B. die Fähigkeit zu kombinieren und die Schemata zu übertragen und zu modifizieren, stehen nicht zur Verfügung.

Falsch verstandene Fördermaßnahmen können die Weiterentwicklung blockieren

• wenn dem Kind immer vorgegeben wird, was es zu tun hat (Programmiertes Lernen),
• wenn Folgsamkeit erwartet wird und das Kind die Aufgaben so erfüllt, wie es erwartet wird,
• wenn die eigene Initiative des Kindes die „Ruhe" stört und nicht in die Routine des Erwachsenen passt,
• wenn die Umwelt nur das Endergebnis beachtet und nicht wie das Kind zum Ziel kommt,
• wenn die aktive Auseinandersetzung mit dem Gegenüber oder dem Problem vermieden wird,
• wenn es zu aufwendig ist, die Gedanken des „Lernenden" nachzuvollziehen,
• wenn gute Noten durch Auswendiglernen, ohne wirkliches Wissen und Verstehen (Erlernen der Prüfungsfragen) entstanden sind,
• wenn kritisches Überdenken und Fragen als lästig empfunden werden, zu viel Zeitaufwand bedeuten, unbequem und aufwendig sind und ein Hinterfragen als persönliche Kritik empfunden wird,
• wenn die Anpassung zu einseitig ist, der Wissende sich weniger anpasst, aber es umgekehrt erwartet.

Kriterien zur Beurteilung der Verhaltensweisen
- Welches sind die Handlungsschemata, die dem Kind zur Verfügung stehen?
- Wie setzt es seine vorhandenen Schemata ein?
- Koordinationsleistungen
- Integrationsleistungen (intermodale Leistungen)
- Wie weit kann es sich auf neue Situationen einstellen?
- Welche Lernstrategien benützt das Kind?
- Scheinleistungen? Antrainierte Fähigkeiten?
- Kombinationsfähigkeiten, Variationen?

Folgende Reaktionen sind Hinweise auf das III. Stadium
- Kinder, die nur über die Wiederholung lernen
- Mechanisches, stereotypes Wiederholen, ohne zu begreifen oder zu verstehen
- Geringes Handlungsrepertoire, wenig Schemata
- Starke Verunsicherung (Angst, Rückzug, Abwehr, Aggression) gegenüber Veränderungen
- Einzelleistungen (einer höheren Entwicklungsstufe) ohne wirklichen Bezug
- Keine oder geringe Querverbindungen zwischen den Leistungen, Probleme beim Austauschen der „Fakten" oder Kombinationen
- Angesammeltes Wissen, ohne es gebrauchen, abrufen, nutzen zu können
- Variationsarm, wenig Ideen, mangelnde Kreativität
- Kind weiß spontan nicht viel mit sich anzufangen, von Vorgaben abhängig (Therapie, programmatische Förderung)
- Kein Planen (motorisches Planen, Handlungsplanen, fehlende seriale Leistungen) möglich
- Kind versteht die Beziehung von Mittel und Zweck, Ursache und Wirkung nicht
- Kind ist unselbstständig, weiß nicht wie, lässt andere machen (Dyspraxie)
- Wenig Selbstwertgefühl vorhanden, von Meinung, Lob anderer abhängig
- Kind macht, was gesagt wird, kritiklos, distanzlos
- Veränderungsängste

Auf welche Kinder treffen die Verhaltensweisen des III. Stadiums zu?
1. Gesunde Kinder im Alter zwischen 4 - 8 Monaten

2. Kinder mit Entwicklungsstörungen
- Erfahrungsmangel, Deprivationsstörungen
- Entwicklungsdiskrepanzen infolge antrainierter Einzelleistungen

- Unzureichende Verinnerlichung der sensomotorischen Schemata
- Überforderung (Zeit-, Leistungsdruck, zu viel auf einmal)
- Unterforderung

3. Körperbehinderte Kinder
- Defizite in der Haltungskontrolle und aktiven Aufrichtung
- Koordinationsstörungen und Beeinträchtigungen im Handlungsbereich
- Tonusstörungen, Probleme in der motorischen Anpassung
- Feinmotorische Probleme, wenn die Hände noch nicht zur Manipulation frei sind
- Störungen in der motorischen Planung (Dyspraxie)
- Probleme in der aktiven Fortbewegung im Raum

4. Kinder mit Wahrnehmungsstörungen
- Veränderungsängste, „Festhalten am Vertrauten"
- Probleme beim Übertragen, Variieren, Modifizieren
- Ablenkbarkeit (Figur-Grund-Wahrnehmung)
- Störungen in der Auge-Hand-Koordination und Visuomotorik
- Bei Kindern mit Integrationsstörungen
- Mangelnde zielgerichtete Handlung
- Seriale Störungen (Planen, Strukturieren, Organisation)
- Dyspraxien

5. Kinder mit kognitiven Problemen / geistiger Behinderung
- Geringes Handlungsrepertoire
- Wiederholt genau, was gesagt, gezeigt wurde: Echolalie, stereotype Handlungen
- Angelerntes Wissen, ohne die Zusammenhänge zu verstehen (Dressur, konditioniertes Verhalten)
- Kein spontaner oder aktiver Gebrauch vorhandener Funktionen und Fähigkeiten
- Kein Verstehen von Ursache und Wirkung (Handlungskonsequenzen)
- Variiert nicht von sich aus, keine Anpassung an neue Situation
- Entwickelt keine eigenen Spielideen
- Unselbstständig, abhängig von Anordnungen
- Probleme im Handlungsplanen (zielgerichtetes Handeln, Organisationsprobleme)

6. Nach einem Schädel-Hirn-Trauma
- Phase des Nachgreifens: Motorische Schablonen, beginnendes Situationsverständnis

- Klüver-Bucy-Phase: Nachschauen, komplexere Schablonen, einfache Handlungen, beginnendes Erinnern

5.3.4 Fallbeispiele

Katrin, 1,7 Jahre

Diagnose:	Hypotonie, Entwicklungsrückstand
Motorik:	Schlechte Kopf- und Rumpfkontrolle, keine aktive Aufrichtung. Sie greift nach den Dingen, aber eher kraftlos, verliert die Dinge daher leicht wieder. Sie versucht aber die Dinge wieder zu erlangen, indem sie hinrollt.
Wahrnehmung:	Unterempfindlich, sie braucht klare und intensive Reize (Kontraste), um die Rückmeldung zu verstärken. Längere Stimuli verlieren an Reiz. Sie richtet die Bewegung am taktil-kinästhetischen, optischen und akustischen Reiz aus.
Kognition:	Einfache Objektbeziehungen sind vorhanden, sie greift nach den Dingen, rollt hin, um sie zu erreichen. Wenig Handlungsschemata vorhanden, bedingt durch die Hypotonie und erhöhte Ermüdbarkeit. Blickkontakt vorhanden. Lächelreaktion folgt, wenn etwas wieder erkannt wird. Sie lautiert, spricht aber nicht.
Therapie:	Stimulation ist zur Tonusregulation und Aufrichtung nötig. Stabilisieren der Haltung bei Tätigkeiten mit den Händen, Spielen in Bauchlage, Gegenstände anbieten, die von sich aus neue Handlungsschemata provozieren und die Handmotorik weiter differenzieren. Darauf achten, dass alle Sinne bei einer Tätigkeit einbezogen werden. Variationen einbringen, Situationen verändern, um so Querverbindungen zu schaffen.

Nicole, 3 Jahre

Diagnose:	Frühgeburt, Zerebrale Bewegungsstörung, Entwicklungsrückstand
Motorik:	Unter Physiotherapie langsame Entwicklung. Funktionen vorhanden, sie kann laufen oder die Körperposition verändern, ist aber langsam, steif und unsicher. Motorische Anpassung ist schlecht, stark verzögert. Sie greift ungeschickt, Zusammenspiel der Hände ist nur selten sehr symmetrisch.

Wahrnehmung: Probleme in allen Sinnesbereichen. Braucht Zeit zur Anpassung an neues Material oder Situation, Hände müssen beim Führen regelrecht „geformt" werden. Bei Lageveränderungen verharrt sie längere Zeit in einer Position, Bewegungen sind langsam. Sie trägt eine Brille. Sie sieht Dinge, die sie haben will, erkennt Vertrautes wieder, zeigt auch auf Aufforderung bestimmte Bilder, hört, lokalisiert Geräusche, macht auch selbst gerne Geräusche (Klopfen, Schütteln), kommt aber mit verbalen Anweisungen nicht zurecht. Die intermodalen Leistungen begrenzen sich auf Wiedererkennen und Wiederholen einfacher und vertrauter Schemata ohne jegliche Variationen. Veränderungen verunsichern sie sichtlich, sie braucht viel Zeit um sich anzupassen. Seriale Leistungen sind nicht vorhanden. Nicole kann nicht übertragen, kann die Beziehungen zwischen zwei Dingen oder zwischen Ursache und Wirkung nicht nachvollziehen.

Kognition: Nicole wiederholt einfache Schemata fast in stereotyper Weise. Das Handlungsrepertoire begrenzt sich auf wenige Schemata: Schütteln, klopfen, in Mund stecken, aus-/einräumen, werfen, in den Händen drehen, zeigen. Sprache fehlt. In jeder Umgebung (Kindergarten, Therapieraum, Zuhause) zeigt sie ein ganz anderes Verhalten. Man kann drei Kinder in einem sehen.

Therapie: Es ist wichtig, dass darauf geachtet wird, dass Nicole mit allen Sinnen bei dem ist, was sie macht, sodass Sehen, Hören, Fühlen in einer Situation von verschiedenen „Seiten" Informationen erhält und diese zu einem Bild zusammengefügt werden. Die direkte Bewegungsführung (nach Bobath und Affolter) ist wichtig, um die Motorik und das Bewegungsempfinden zu verbessern. Um ein monotones Wiederholen zu vermeiden, sind immer wieder kleine Variationen einzufügen, indem entweder das Material oder aber die Handlung verändert wird. Wichtig ist ferner, dass in den verschiedenen Handlungsräumen (Kindergarten, Zuhause, Therapieraum) ähnliche Dinge angeboten werden, sodass Querverbindungen möglich werden. Das Handlungsrepertoire sollte erweitert werden.

Diagnose: Minimale Zerebrale Dysfunktion, Hyperaktivität

Motorik: Funktionen vorhanden, wendig, schnell, impulsiv, ohne dass mögliche Gefahren oder Hindernisse beachtet werden. Dadurch gibt es häufig „Unfälle". In der Feinmotorik ist er genauso überschießend, was sich auf Geschicklichkeit und Schrift auswirkt. Er erlebt viele Misserfolge, weil die Dinge verkanten, es nicht so funktioniert, wie er wünscht.

Wahrnehmung: Oberflächliche Wahrnehmung in allen Sinnesbereichen vorhanden, beachtet vieles nicht, übersieht, überhört. Die gesamte Rückmeldung ist beeinträchtigt, er nimmt die Konsequenzen seiner Handlungsweisen (Ergebnisse) nur begrenzt in Bezug zu sich selbst wahr, weiß oft nicht, warum sie geschehen, kann daher bei einer ähnlichen Situation nicht planvoll (mit entsprechender Voraussicht aus Erfahrung) handeln. Er kann die Dinge nicht selbstständig strukturieren, ist von allem und jedem ablenkbar, verzettelt sich, befindet sich im Chaos. Seriale Leistungen sind mehr vom Zufall bzw. von der Umweltstruktur abhängig.

Kognition: Überdurchschnittliche Intelligenz, IQ 126. Er hat sehr viel Wissen angesammelt, z.B. weiß er sehr viel über Tiere (Arten, Lebensraum, Nahrung usw.). In der Schule aber gibt es erhebliche Probleme, vor allem beim Schreiben (Graphomotorik, Rechtschreibung: Lässt Buchstaben aus, schreibt andere, akustische Differenzierung?) und beim selbstständigen Arbeiten. Er braucht viel Zeit, weil er sich verzettelt, abgelenkt wird, sich nicht organisieren kann (Konzentrations- und Aufmerksamkeitsstörungen). Wenn er merkt, dass er nicht zurecht kommt, „rastet er aus", ist dann nicht mehr vernünftig ansprechbar. Er wiederholt oft, was ihm gesagt wird, was geübt wurde, hat aber Schwierigkeiten, die Inhalte zu übertragen, wenn die räumlichen Beziehungen sich ändern, wenn er die Dinge aus einer anderen Perspektive erlebt. Er schaut nicht hin, wenn etwas nicht funktioniert, prüft nicht, was passiert ist, sondern schmeißt alles hin.

Therapie: Intensive Reize über die Körpersinne, um die Rückmeldung der eigenen Handlungsweise zu verstärken. Er soll spüren und direkt (hautnah) erleben, was durch sein eigenes Handeln genau passiert. Materialien müssen ihn interessieren, ansprechen und seinen Ehrgeiz wecken. Misserfolge und Fehler erleben lassen und das Ausweichen verhindern. Ihm zeigen, wie er sich selbst helfen kann (Wegweiser an unübersichtlichen Kreuzungen!). Aufgaben stellen, die er überschauen kann, so dass er eine Struktur erhält. Aufgaben stets zu Ende führen, um ihm so Anfang und Ende eines Ablaufs zu vermitteln. Werkarbeiten, die über einen längeren Zeitraum gehen, entweder zurückstellen oder aber dann in einzelne Arbeitsabschnitte unterteilen und jeden Abschnitt für sich in der Therapieeinheit beenden. Dort, wo es sinnvoll ist und er auch eine Bereitschaft zur Erarbeitung zeigt, nicht eingreifen, sondern abwarten, ob er selbst eine Lösung findet. Nicht zu viel vorgeben, denn gespeichert hat er ja viel, sondern mit ihm zusammen erarbeiten, planen, aufbauen usw. Seine Ideen aufgreifen (Motivation), damit er diese in die Realität umsetzen kann.

Sabine, 7,6 Jahre

Diagnose: Minimale Zerebrale Dysfunktion, Dyspraxie, geistige Behinderung?

Anamnese: Verzögerte Entwicklung. Laufen mit 2 Jahren, Sprache entwickelt sich später durch Sprachtherapie, Besuch des Regelkindergartens. Nach Einschulungsuntersuchung erfolgt Rückstellung. Ergotherapie wird verordnet.

Motorik: Funktionen sind vorhanden. Bewegungsablauf: Plump, ungeschickt, umständlich. Weiß nicht, wie sie sich hinsetzen soll, wie sie über ein Hindernis steigen soll usw. Unselbstständig im Alltag, kann sich nicht an-/ausziehen. Symmetrie überwiegt, wenig Rotation, kein Kreuzen der Körpermittellinie.

Handfunktion: Seitengleich, bevorzugt aber links, während die rechte Hand in „Schonhaltung" gehalten wird (vor 6 Monaten am Herd verbrannt). Sie setzt immer nur eine Hand ein, hält mit der anderen nicht gegen, so dass Teile leicht verrutschen. Weiß oft nicht, wie sie etwas machen soll, z.B. Tür öffnen. Wenn sie Widerstand spürt, gibt sie auf. Funktionsstörungen sind keine vorhanden.

Wahrnehmung: Taktile Abwehr gegenüber haftenden, klebrigen Materialien, sie kennt ihren eigenen Körper nicht sicher, weiß nicht, wie sie die Bewegung durchführen soll (Störungen in der motorischen Anpassung und im motorischen Planen). Bei instabilen Unterlagen sehr verunsichert (vestibuläre Überempfindlichkeit), gerät u.U. in Angst und Panik. Betrachtet gerne Bilder (Lieblingsbeschäftigung), benennt sie, kann sie zuordnen, wenn sie bekannt sind. Spricht nach, ohne die Inhalte zu erfassen. Die intermodalen Leistungen (Integrationsleistungen) sind schlecht. Sabine wiederholt, ohne wirklich die Zusammenhänge zu verstehen. Handlungen sind eher stereotyp. Seriale Leistungen fehlen.

Kognition: Kein eigenständiges Spiel, keine wirkliche Auseinandersetzung mit den Dingen. Macht, wiederholt, was ihr immer wieder gezeigt wird (eingeübte Handlungen), kann diese aber nicht auf neue Situationen übertragen. Kein zielgerichtetes Handeln, gibt auf, wenn sich nicht sofort Erfolg einstellt. Kann Hindernisse nicht überwinden. Spontane Handlungsschemata sind sehr begrenzt: Hin-/herräumen, aus-/einräumen, einstecken, zuordnen, zeigen, ohne die Beziehung der Teile zueinander wirklich zu verstehen. Ihre Sprache begrenzt sich ebenfalls auf die Wiederholung = Echolalie. Kann Fragen nicht beantworten, sondern wiederholt die Frage als solche. Anweisungen werden nicht in die Handlung umgesetzt. Kein Gestalten (Bauen, Malen), kein Symbol oder Rollenspiel.

Therapie: Wichtig sind die Handlungen an sich, die aktive Auseinandersetzung mit den Dingen, um Handlungsschemata aus der Situation zu entwickeln, weniger die Leistung, die am Ende der Handlung steht. Erfahrungen mit Materialien (weiche, raue, klebrige, nasse, haftende, elastische, starre, harte, bewegliche usw.) sind wichtig. Sabine muss die Dinge, die sie haben will, selbst holen und dabei erleben, wie Hindernisse überwunden werden können, wie sie ihre vertrauten Schemata anwenden kann. Das Einüben irgendwelcher Funktionen wird vermieden, bei Wiederholungen werden immer Variationen eingefügt. Einzeltherapie wie auch Kleingruppentherapie sind wichtig, um sie an die Auseinandersetzung bzw. das Zusammenspiel mit anderen Kindern heranzuführen. Hier muss Sabine auf „Überraschungen", Bewegungen der anderen Kinder motorisch reagieren. Sabine wird aktiver, selbstständiger, variationsreicher. Sie kann nun Inhalte besser erfassen und nachvollziehen, ihre Sprache bekommt Inhalt, sie kommentiert ihr Tun und befolgt einfache Anforderungen. Sie wird in die Lernbehinderten-Schule eingegliedert.

Michael, 16 Jahre

Diagnose: Schädel-Hirn-Trauma (nach ca. 4 Monaten Therapie)*

Motorik: Sitzt im Rollstuhl, gute Kopf-Rumpfkontrolle im Oberkörper, Hemisymptomatik. Er kann auch mit Hilfe kurz stehen. Er greift nach Dingen, wobei die Hemihand weniger eingesetzt wird.

Wahrnehmung: Er lokalisiert Berührungen, kann sagen, was es ist. Zuordnen gelingt, ebenso das Einstecken von Formen, Farben, Bildern usw. Er befolgt Aufforderungen, so weit es ihm motorisch möglich ist und es keine Planung erfordert. Kommt bei mehrteiligen Sachen durcheinander, weiß nicht so recht, wo anzufangen, wenn keine Struktur vorgegeben ist. Verliert noch leicht die räumliche Orientierung, obwohl er angeben kann, wo er ist. Erinnerungsvermögen zeigt sich, Wiedererkennen findet statt, kann es auch benennen, wenn er Vertrautes sieht.

Kognition: Wiederholt im Wesentlichen vertraute Tätigkeiten, auch jene, an die er sich erinnert und die motorisch möglich sind. Sprache kommt wieder, er bezeichnet die Dinge, äußert eigene Wünsche in einfacher Weise. Das Zuordnen ist sicher in allen Variationen. Schwierigkeiten hat er bei komplexen, mehrteiligen Aufgaben, er verliert die Orientierung, kommt durcheinander, braucht strukturierten Rahmen.

Therapie: Das Zusammenspiel der Hände ist wichtig, wie auch die damit verbundene Funktionsschulung der Hemiseite. Wichtig ist auch die Verbesserung der Körperbalance, das Wechseln der Haltung. Aufgaben müssen noch übersichtlich sein (Strukturvorgabe). Einfache Konstruktionen lösen das einfache Einstecken und Zusammenfügen ab. Erinnerungen werden genutzt, vertieft, ergänzt. Wichtig ist, dass er im zunehmenden Maße in die Pla-

*Fortsetzung von S. 55, 84

nung der Therapiestunde einbezogen wird, d.h. er soll sich so weit es geht Material selbst aus dem Schrank holen, soll mit überlegen, was er machen will, eigene Ideen zum Ausdruck bringen usw. Auch bei Michael sind Variationen wichtig, um ihm mehr Flexibilität zu geben.

5.3.5 Richtlinien für die Therapie

- Funktionsschulung in Bezug zum Objekt steht noch im Vordergrund
- Wiederholungen, Übungen dienen der Vertiefung, Verinnerlichung, Automatisierung
- Monotone, stereotype Wiederholungen sind zu vermeiden
- Funktionen und Fähigkeiten: Stimulieren, Stabilisieren, Generalisieren, Differenzieren
- Gleiche Handlung mit verschiedenen Materialien
- Mit dem gleichen Material verschiedene Tätigkeiten / Aufgaben durchführen
- Zufall, Situationen, spontane Aktivitäten, Ideen des Kindes nutzen
- Veränderungen, Variationen sind wichtig
- Nicht für das Kind handeln, sondern mit ihm (Führen)
- Nicht zu viel vorgeben, hinstellen, das Kind in den Ablauf einbeziehen, die Situation erarbeiten
- Wichtig ist das WIE (der Weg, Qualität, Zusammenhänge, Beziehungen) weniger das WAS (Leistung)
- Querverbindungen schaffen
- Lernprogramme individuell anpassen, nicht nur nach Anweisung des Buches (Vorschrift) arbeiten
- Spielregeln, Spielablauf entsprechend den Bedürfnissen, Fähigkeiten des Kindes und des Therapieziels ändern
- Nicht der Erwachsene soll sein Wissen zeigen, sondern das Kind soll erfahren und lernen
- Die Integrationsleistung liegt allein beim Kind (Gestaltung der Situation, Aufgabe)

1. Motorisch-funktionelle Förderung

Konzepte:
- Bobath-Therapie
- Führen nach Affolter
- NEPA nach Pörnbacher
- SI-Therapie nach Ayres
- Psychomotorik, Kipphard, Frostig (motorisches Programm)
- Graphomotorik z.B nach Naville

Zu beachten:
- Stabile Haltung (Kopf-Rumpfkontrolle)
- Aufrichtung gegen die Schwerkraft in waagrechter Position
- Gewichtsverlagerung zur Seite, Stützen auf eine Hand
- Rotation, über die Körpermitte greifen, drehen
- Koordination: Hand – Mund, Hand – Hand, Hand – Auge, Hand – Fuß
- Ausrichten der Bewegung nach der Reiz-Rückmeldung
- Taktil-propriozeptive Verstärkung, Widerstand, spürbare Rückmeldung
- Feinmotorik durch verschiedenes Materialangebot und Tätigkeiten üben
- Bewegungsanpassung beachten

2. Sensorische Stimulation

Konzepte:
- Affolter-Konzept (intermodale Leistungen)
- Sensorische Integrationstherapie nach Ayres
- Motorik-Programm nach Frostig (Körperbewusstsein)
- Psychomotorik nach Kipphard, Frostig (motorisches Programm)

Zu beachten:
- Stimulation der Körpersinne (Tastsinn, Tiefensensibilität, Vestibulum)
- Verstärkte Rückmeldung durch Ganzkörperaktivität
- Verstärkte Rückmeldung über „Widerstände des Materials" für die Hände
- Erleben und erfahren lassen, „was passiert wenn ...", auch „Fehler" geschehen lassen
- Alle Reize am besten von einem Material, einer Tätigkeit ausgehen lassen
- Alle Sinne sollten auf die eigene Tätigkeit gerichtet sein
- Das Kind soll die Informationen usw. integrieren, verarbeiten
- Nicht für das Kind handeln, sondern mit ihm, es an allen Abläufen aktiv beteiligen
- In die Planung einbeziehen

3. Emotionale und soziale Förderung

Zu beachten:
- Das Kind in seiner ganzen Persönlichkeit sehen
- Aktive Auseinandersetzung unterstützen, nicht ausweichen lassen

- Die Eigeninitiative des Kindes unterstützen, nicht abblocken
- Daran denken, dass das Kind Menschen wie Gegenstände manipuliert, um Sozialverhalten zu lernen
- Dem Kind entsprechend seiner Fähigkeiten „Eigenverantwortung" übertragen
- Konsequenzen, die aus der eigenen Handlung entstehen, benennen, vorwarnen, dann geschehen und erfahren lassen
- Kontakt zu anderen Kindern noch auf körperlicher, motorischer Ebene
- Selbstständigkeit in den Alltagsverrichtungen über die Wiederholung ermöglichen

4. Kognitive und geistige Förderung

Konzepte:
- Sensomotorische Entwicklung nach Piaget
- Entwicklungstabellen (z.B. Hellbrügge)
- Förderprogramme, die entsprechend individuell angepasst werden müssen

Zu beachten:
- Erweiterung des Handlungsrepertoires des Kindes
- Bezug zu bereits Erlebtem herstellen (Assimilation)
- Wiederholungen mit Variationen
- Aktive Auseinandersetzung mit Dingen, Personen, Situationen
- Nicht für das Kind handeln, sondern mit ihm zusammen
- Die Ideen des Kindes aufgreifen, nutzen
- Nicht nur vorgeben, was das Kind tun soll
- Sich gut überlegen, was dem Kind gesagt wird, welche Aufgaben gestellt werden
- Begonnene Tätigkeiten zu einem sinnvollen Abschluss führen, nicht abbrechen!
- Klare Strukturen, Grenzen, Richtlinien zur Orientierung (Verlässlichkeit)
- Folgen einer Handlung erfahren lassen, um daraus lernen zu können

5.3.6 III. Stadium: Typische Verhaltensweisen und Behandlungsschwerpunkte

Verhaltensweisen / Fähigkeiten	Behandlungsschwerpunkte

• Sichere Kopfkontrolle
• Gute Aufrichtung in der Waagrechten
• Körperschwerpunkt im Bauch-Becken-Bereich
• Gewichtsverlagerung auf eine Seite
• Drehen, Rollen
	• Unterstützung der motorischen Entwicklung:
	  • Aufrichtung aus der waagrechten Position
	  • Seitliche Gewichtsverlagerung, Drehen
	  • Behandlung nach Bobath, Vojta, SI nach Ayres (Tonusregulation, Aufrichtung, motorische Anpassung)

• Gute Haltungsanpassung • Verändert seine Haltung in der Waagrechten aktiv	• Haltungsveränderungen unterstützen, aktivieren • Balance auf instabilen Unterlagen und Schaukeln • Position der Dinge zum Kind beachten (Richtungsänderung, Haltungsänderung) • Zeit geben zur Anpassung
• Greifen nach sichtbaren Gegenständen • Aktives Zugehen auf die Dinge • Objektbezug	• Hände führen, wenn es nicht selbst aktiv ist • Dinge etwas entfernt anbieten, damit das Kind sich bewegen muss • Dinge attraktiv gestalten, Bezug herstellen zum eigenen Körper oder Ich
• Zusammenspiel der Sinne: Integration, intermodale Leistungen • Mit allen Sinnen bei der Tätigkeit oder beim Objekt	• Sinnesreize sollten von einem Objekt oder einer Situation ausgehen (passive Koordination) • Handlungen, Objekte ins Aktionsfeld des Kindes bringen

• Intensive Auseinandersetzung mit dem Gegenstand • Koordination der bisher erworbenen Funktionen und Schemata	• Bei hoher Ablenkbarkeit sich nicht mit dem Kind abwechseln, sondern aktuelle Tätigkeit „betonen" • Zeit lassen, die das Kind braucht, wenn es sich mit etwas beschäftigt, nicht stören, unabhängig von der Leistung • Führen der Hände, Handlungen im Blickfeld des Kindes ablaufen lassen (Affolter-Konzept) · • SI nach Ayres, Sinnessysteme, Integrationsfunktion
• Wiederholen erfolgreicher Handlungen, interessanter Ereignisse und Effekte • Erkunden der Funktion der Dinge über das Hantieren, Differenzierung der Schemata	• Zufallshandlungen provozieren • Aktivitäten des Kindes aufgreifen • Interesse wach halten, Veränderungen einfügen • Hände führen, Schemata erleben (spüren) lassen • Verschiedene Objekte und Materialien, gleiche Tätigkeit und verschiedene Handlungen mit den gleichen Dingen • Wiederholungen aber mit Variationen • Gleichförmiges Antrainieren vermeiden (Gefahr der Stereotypien)

5.4   IV. Stadium: 8 - 12 Monate: „ Anwendung bekannter Schemata auf neue Situationen"

Merkmale:
- Koordination der sekundären Zirkulärreaktionen
- Anwendung bekannter Schemata auf neue Situationen
- Variationen, Modifikationen der Handlungsweisen
- Differenzierung von Mittel und Zweck (Ursache und Wirkung)
- Zielgerichtetes Handeln
- Sich eines Verbindungsgliedes (Hand des Erwachsenen) bedienen
- Überwinden von Hindernissen (Schwierigkeiten)
- Erarbeitung des permanenten Gegenstandes
- Beginnendes Vorstellungsvermögen (Voraussicht, Gedächtnis)
- Suchverhalten
- Erforschen neuer Gegenstände und Ereignisse (Erkunden)
- Erarbeitung der kausalen, räumlichen, zeitlichen Beziehungen
- Beginn der serialen Leistungen (Affolter)
- Nachahmung

5.4.1   Entwicklungsprozesse und Verhaltensweisen im IV. Stadium

Die Assimilation im IV. Stadium

Neue Inhalte werden an die bisher erworbenen Schemata assimiliert. Je mehr Erfahrungen das Kind bisher gemacht hat, desto mehr Kombinations- und Variationsmöglichkeiten können daraus entwickelt werden. Wieder ermöglicht die gegenseitige Assimilation der einzelnen „Glieder" oder Teilhandlungen die Koordination der bisher erworbenen Schemata und dies erweitert das gesamte Handlungsrepertoire des Kindes erheblich.

Im Rahmen der *funktionellen Assimilation* erfolgt noch ein Wiederholen (sekundäre Zirkulärreaktion), um die erworbenen Schemata zu integrieren und zu festigen. Die zunehmende Verinnerlichung ermöglicht die Automatisierung der bisher erworbenen Bewegungsabläufe. Zu häufige Wiederholungen werden langweilig, weil zu bekannt. Das Kind verliert das Interesse daran, die Aufmerksamkeit erlahmt. Sehr vertraute Schemata werden deshalb oft nur noch angedeutet, um sie in „Erinnerung" zu bringen. Dann hört das Kind wieder auf, bricht ab, es „weiß Bescheid", kennt die Situation. Die *wiedererkennende Assimilation* ermöglicht eine gewisse Voraussicht und Erwartungshaltung. Im Rahmen der *generalisierenden Assimilation* ordnet das Kind neue Gegenstände in bekannte Handlungsschemata ein und kategorisiert sie nach dem Gebrauch. Die Handlungsweisen sind die Instrumente des Verstehens, das Kind begreift die Funktion der Dinge im wahrsten Sinne des Wortes, indem es sich die Bedeutungen und Zusammenhänge durch das Handeln erarbeitet (Grundlage für die Begriffe = Worte).

Akkomodation im IV. Stadium

Das Kind untersucht, erkundet, exploriert den Gegenstand an sich (Eigenschaften), es will das Neue an sich verändert entdecken. Dabei entwickelt sich ein primitives „Ausprobieren". Das Kind akkomodiert seine Bewegungen und lernt seine Handlungen bzw. Teilhandlungen zu organisieren. Es ist der Beginn der motorischen Planung bzw. der Handlungsplanung (seriale Leistungen). Das Kind erfasst die Beziehung der Dinge untereinander (räumlich, kausal, zeitlich) und ordnet die einzelnen Teilziele dem Endziel unter. Die ursprünglichen Inhalte werden verändert und den jeweiligen Begebenheiten angepasst. Es begreift, dass es durch sein Handeln auf die Dinge und damit auf seine Umwelt einwirken kann, lernt Dinge zusammenzufügen, Gegenstände zu verschieben und Hindernisse zu beseitigen und beginnt die Wirkung seiner Verhaltens- und Handlungsweisen wahrzunehmen und auszunutzen. Die Akkomodation erfolgt zunehmend im Voraus durch „äußere" Reize (optische und akustische Informationen).

Koordination der sekundären Zirkulärreaktionen

Im IV. Stadium kommt es zu einer Koordination der sekundären Zirkulärreaktionen, die im III. Stadium entwickelt wurden. Das Kind ist nun in der Lage, die einzelnen Teilbereiche (Kettenglieder) aus dem ganzheitlichen Handlungsablauf herauszulösen und neu zu ordnen. Es gelingt dem Kind, diese Teilhandlungen durch gegenseitige Assimilation neu zu verbinden, auszutauschen oder in beliebiger Weise neu anzuordnen und zu koordinieren. Dadurch entstehen Querverbindungen, Neugruppierungen, Variationen und Modifikationen, die vom Kind selbst herbeigeführt werden. Die Teilhandlungen werden beweglicher und dem Zielschema subsumiert, nach dem Ziel geordnet.
Dadurch verlieren die Tätigkeiten ihren ursprünglichen Inhalt, werden verändert und ermöglichen eine enorme Vielfalt an Handlungsmöglichkeiten, die das Kind scheinbar über Nacht entwickelt.

Die Koordinationsleistung umfasst jetzt zwei oder mehrere Aspekte oder Gegenstände. Es kommt zur Ausbildung symmetrischer Beziehungen, zum Beispiel „Greifen, um zu ziehen", oder „Ziehen, um zu greifen".
Die Vorstellung reicht in dieser Entwicklungsphase aber noch nicht aus, um die Tätigkeit im Kopf zu organisieren. Die Elemente müssen sich noch im Handlungsbereich oder Wahrnehmungsfeld des Kindes befinden. Aber das Kind begreift, dass jeder Gegenstand eine Quelle von Geschehnissen sein kann und beginnt zwischen Mittel- und Zweck zu unterscheiden. Es begreift, dass es mehrere Handlungsmöglichkeiten gibt, dass sich die Beziehungen von Dingen, Menschen, Situationen verändern können, wenn sie bewegt werden.

Schema der Koordination der sekundären Zirkulärreaktion
Jeder Kreis stellt eine Handlung dar. Jeder Abschnitt eine Teilhandlung. Neue Zirkulärreaktionen entstehen durch die Kombinationen von Teilelementen vorheriger Zirkulärreaktionen. Dadurch kommt es zu einer Vielfalt von Handlungszyklen, die sich in vielen Teilaspekten überschneiden.

Abbildung 6: Die Koordination der sekundären Zirkulärhandlungen

Anwendung bekannter Mittel (Schemata) auf neue Situationen und deren Variationen und Modifikationen
Die Fähigkeit, Teile aus der Gesamthandlung zu lösen und neu zu kombinieren, ermöglicht dem Kind, die Differenzierung von Mittel und Zweck und das Übertragen auf neue Situationen. Die Schemata werden nun nicht mehr komplett übertragen und wiederholt, sondern den jeweils erforderlichen Gegebenheiten angepasst. Es nutzt seine Fähigkeiten und Funktionen zum Gebrauch (Organisation, Planen). Es liegt eine zunehmende Absicht vor, die der Handlung vorausgeht (Mimik, Blick). Die vertrauten Schemata bilden die „Verbindungsglieder" zwischen dem Kind und dem Handlungsziel. In der neuen Situation sucht das Kind in seinem Repertoire nach den geeigne-

ten Mitteln (findet sie aber nicht immer sofort), um das gewünschte Ziel zu erreichen.

Das Kind muss sich in der aktuellen Situation an diese vertrauten Schemata „erinnern", um sie anzuwenden. Es verwendet die bisher erworbenen Schemata und überträgt seine bekannten Schemata auf die neue Situation (Modifikation, Variation). Diese ständige Neuanpassung (Akkomodation) ist der Motor für die weiter zunehmende Differenzierung der bisher vorhandenen Fähigkeiten.

Differenzierung von Mittel und Zweck

Sie erfolgt dank der sekundären Zirkulärreaktionen. Während bisher nur der Beobachter zwischen Mittel und Zweck unterscheiden konnte und dem Kind damit möglicherweise Erkenntnisse und Hintergrundwissen unterstellte, die das Kind noch nicht wirklich nachvollziehen konnte, kann es nun zwischen Mittel und Zweck unterscheiden. Das bewusste Begreifen von Beziehungen zweier Teile bildet die Voraussetzung dafür. Schemata dieser Fähigkeiten sind zum Beispiel: Der Umgang mit zwei Dingen zur gleichen Zeit (aneinander schlagen, ausräumen, einräumen, erfassen der Beziehung zwischen Gefäß und Inhalt, aufeinander stellen usw.) Das Kind entscheidet, ob der Stab der Zielgegenstand ist und hantiert damit. Es entscheidet, ob es ihn als Mittel zum Klopfen, Schlagen, Rühren einsetzt. Je nach Absicht des Kindes verändern sich die Mittel-Zweck-Beziehungen immer wieder. Der gleiche Gegenstand kann nun also verschiedene Werte oder Funktionen beinhalten: Er kann Zielgegenstand sein, als Verbindungsglied dienen, als Hindernis erlebt werden. Im Rahmen dieser sensomotorischen Aktivitäten erarbeitet sich das Kind nun auch Ursache und Wirkung.

Verhaltensweisen, die auf diese Fähigkeiten hinweisen, sind nach Angaben von Piaget:

- Sich eines Verbindungsgliedes bedienen
- Das Überwinden von Hindernissen
- Suchen nach einem verdeckten Gegenstand

Sich eines Verbindungsgliedes bedienen

Bisher wurde die Hand als Zielgegenstand aufgefasst, das Kind spielt mit der Hand des Erwachsenen. Jetzt bedient es sich der Hand als Mittel, um an Dinge heranzukommen, die es nicht erreichen kann. Die fremde Hand ist mit der eigenen vergleichbar (Assimilation, Analogie). Es versucht die Verhaltensschemata, die es anwenden wollte, auf die fremde Hand zu übertragen.

In gleicher Weise verwendet das Kind nun auch seinen Fuß. Er stellt das erste „Werkzeug" dar bzw. bereitet das Kind darauf vor, sich der Dinge zu bedienen.

Sich einer fremden Hand bedienen

Beispiel von Piaget[1]

8 Monate, 8 Tage: Nachdem Jaqueline in der Lage war, eine fremde Hand wegzuschieben, hat es nicht lange gedauert, bis sie sich umgekehrt „einer fremden Hand bedient hat".

8 Monate, 13 Tage: J. beobachtet ihre Mutter, die einen Stoffsaum hin- und herschwenkt. Als das Schauspiel zu Ende ist, versucht J. die Hand ihrer Mutter vor den Stoffsaum zu ziehen und sie zu stoßen, damit sie die Tätigkeit wieder aufnehme.

10 Monate, 30 Tage: J. packt die Hand ihres Vaters und führt sie zu einer „singenden Puppe", die sie nicht selbst betätigen kann und übt Druck auf den Zeigefinger aus.

Einsetzen des Fußes

Beispiel von Piaget[2]

9 Monate, 24 Tage: Jaqueline versucht sitzend einen Raben zu ergreifen, der neben ihren Füßen liegt. Da sie ihn nicht erreichen kann, bringt sie den Raben mit dem Fuß etwas näher. Es war aber nicht klar, ob es zögernd, probierend, zufällig oder absichtlich geschehen ist.

11 Monate, 21 Tage: Sie sitzt in einem Hängesitz und schwingt hin und her. Einen Zelluloidschwan lässt sie zur Erde fallen. Da sie ihn nicht mehr ergreifen kann, verschiebt sie ihn mit den Füßen und holt ihn sich so auch heran.

11 Monate, 28 Tage: J. schüttelt eine Glocke. Plötzlich unterbricht sie ihr Spiel und stellt die Glocke vorsichtig vor ihren rechten Fuß. Dann versetzt sie ihr mit dem Fuß einen starken Stoß. Da sie die Glocke nicht mehr erwischen kann, nimmt sie eine Kugel und wiederholt die Handlung, usw. Der Einsatz des Fußes erfolgt nun eindeutig mit Absicht.

Überwinden von Hindernissen

Ein Hindernis lenkt die Bewegung des Kindes ab, stoppt sie. Bisher vergaß das Kind das Ziel schnell wieder und wandte sich dem aktuellen Reiz zu. Tritt

---

1   Vgl. „Das Erwachen der Intelligenz beim Kinde", Klett, Stuttgart 1973, S. 228
2   Vgl. „Das Erwachen der Intelligenz beim Kinde", Klett, Stuttgart 1973, S. 230

ein Hindernis auf, wird das Kind in seiner Handlung unterbrochen, wird das Ziel „hinaus geschoben". Das Kind muss erst Mittel finden, um dieses Hindernis zu bewältigen (Widerstand überwinden).

Die Fähigkeit zwischen Mittel und Zweck zu unterscheiden, ermöglicht die Wahrnehmung eines Hindernisses, welches das Ziel verdecken kann und nun als störend empfunden wird. Das ist nur möglich, wenn das Hindernis nicht mit dem Zielschema vereint wird, weil es den Platz des Zieles einnimmt. Das Kind muss sich davon lösen, muss die negative Bedeutung des Hindernisses begreifen, sich von demselben abwenden, es umgehen oder überwinden oder beiseite schieben.

Das „Beiseiteschieben" stellt gewissermaßen das Negativ der Handlung dar. Und um das zu erreichen, wendet das Kind die ihm vertrauten Schemata an. Noch ist das Ziel konkret vorhanden und nur verdeckt und das Kind handelt aufgrund der wahrgenommenen Tatbestände. Ein gedankliches Planen besteht noch nicht.

Loslassen eines bereits ergriffenen Gegenstandes, um einen anderen ergreifen zu können

Beispiel von Piaget[3]

4 Monate:	Sobald Laurent seine Greif- und Sehtätigkeit koordinieren kann (III. Stadium), lässt er die Dinge ohne Absicht los. Sobald er darauf aufmerksam wird, beginnt er mit der Hand nach dem Gegenstand wieder zu suchen.
6 Monate:	L. verfolgt den fallenden Gegenstand mit den Augen, setzt aber das Fallen nicht als Mittel ein. Es ist also bloß ein „Unfall".
6 Monate, 26 Tage:	L. hält eine Klapper, mit der er nichts mehr unternimmt. Ihm wird eine Puppe angeboten, nach der er sofort mit beiden Händen greift. Er packt die Puppe mit der linken Hand, behält die Klapper in der rechten Hand und nähert die beiden Hände einander, um offensichtlich die Puppe fest zu halten. Er gerät in Verlegenheit, betrachtet abwechselnd die beiden Gegenstände. Es gelingt ihm aber nicht, die Klapper loszulassen.
6 Monate, 29 Tage:	L. zeigt ein ähnliches Verhalten. Ihm wird ein drittes Spielzeug angeboten. Er versucht es mit rechts zu ergreifen, die Hand ist aber besetzt und er versteht es

---

3 Vgl. „Das Erwachen der Intelligenz beim Kinde", Klett, Stuttgart1973, S. 226 - 227

	nicht loszulassen, was er schon hält. Natürlich verliert er die Gegenstände, wenn sie ihn nicht mehr interessieren, aber er legt sie nicht absichtlich beiseite.
7 Monate:	L. hält eine kleine Zelluloidpuppe in den Händen, als er eine Schachtel angeboten bekommt. Er ergreift sie mit der linken Hand, möchte sie aber mit beiden Händen packen. Dabei stoßen die Gegenstände aneinander und er trennt sie sogleich wieder sehr überrascht. Er schlägt sie wieder zusammen, weil er die Schachtel fassen will. Nun schlägt er sie mehrmals hintereinander zusammen, ganz offensichtlich aus Vergnügen, was ihn auf die Idee bringt, die Schachtel am Weidengeflecht entlang zu streichen. Dann versucht er noch mal die Schachtel mit beiden Händen zu greifen. Da das wegen der Puppe unmöglich ist, schaut er ganz erstaunt drein und betrachtet beide Gegenstände.
7 Monate, 29 Tage:	L. hält ein kleines Schaf in der linken Hand und eine Klapper in der rechten Hand. Ihm wird eine Schelle angeboten. Er wirft die Klapper weg, um die Schelle zu greifen. Er wiederholt es mehrmals, aber Piaget ist sich nicht sicher, ob er die Klapper absichtlich wegwirft.
8 Monate, 1 Tag:	L. hält eine große Schachtel in beiden Händen und sein Vater bietet ihm die Uhrenkette an. Er legt die Schachtel auf die Decke, um die Kette zu greifen. Dieser Vorgang ist neu. Es leitet sich offensichtlich vom Wegwerfen ab. Er bekommt die Schachtel wieder angeboten, als er die Kette hält, diesmal schiebt er die Schachtel weg.

Hindernisse beiseite schieben / überwinden

Beispiel von Piaget[4]

6 Monate:	Laurent erhält eine Zündholzschachtel, wobei er aber beim Greifen durch die quer gestellte Hand behindert wird. Er versucht über die Hand hinwegzukommen, versucht aber nicht diese wegzuschieben. Als ihm immer wieder der Weg versperrt wird, begnügt er sich, die Schachtel mit den Augen zu fixieren.
7 Monate, 10 Tage:	L. angelt nach einer neuen Schachtel, vor die eine Hand

---

4   Vgl. „Das Erwachen der Intelligenz beim Kinde", Klett, Stuttgart 1973, S. 222 - 224

gehalten wird. Beim Greifen schiebt er das Hindernis beiseite, aber nicht mit Absicht.

7 Monate, 13 Tage: Jetzt reagiert L. anders. Die Schachtel wird hinten auf der Hand angeboten, die Finger versperren den Weg. Zuerst versucht er direkt zu greifen, dann beginnt er plötzlich auf die Hand einzuschlagen und greift die Schachtel. Daraufhin wird ein Hindernis aus Kissen gebaut. L. versucht auch sogleich an die Schachtel zu gelangen und als das Hindernis (= Kissen) den Weg versperrt, schlägt er darauf, sodass er es eindrückt. Er kann nun die Schachtel ergreifen.

8 Monate, 1 Tag: L. schwenkt eine Schachtel hin und her, in der Tabletten sind, die rasseln. Er wird am Arm am Spiel gehindert. Zuerst versucht er dennoch den behinderten Arm weiter zu bewegen, dann aber schiebt er die Hand, die seinen Arm hält, beiseite.

9 Monate, 15 Tage: Wenn die Spielklapper am anderen Ende gehalten wird, stößt L. die Hand mit der linken Hand weg und zieht gleichzeitig mit seiner rechten Hand die Klapper an sich. Versucht man ihm die Klapper wieder wegzunehmen, stößt er die Hand weg, bevor der Erwachsene die Klapper erreichen kann.

Zielgerichtetes Handeln

Mit der Differenzierung von Mittel und Zweck bestimmt das Kind das Ziel seiner Handlung. Die Verhaltensweisen werden nun entsprechend dem Ziel angeordnet oder organisiert und damit beginnt sich das Handlungsplanen zu entwickeln.

Das Kind wird hartnäckiger und lässt sich nicht mehr so leicht ablenken. Die Handlungsschema werden nicht mehr nur durch den Zufall gefunden oder übernommen, sondern vom Kind selbst erarbeitet. Teilhandlungen werden untereinander in Beziehung gebracht, das Kind beginnt Ursache und Wirkung zu verstehen und die Wirkung bzw. die Konsequenzen seiner Handlungsweise bewusster wahrzunehmen. Die Dinge erhalten eine funktionelle Bedeutung (Wozu sind sie zu gebrauchen?).

Beispiel

Wenn das jüngere Kind mit einem Baustein spielt, so hantiert es damit, steckt ihn in den Mund usw. Das Kind zeigt kein anderes Interesse. Das ältere Kind erfasst nun zunehmend auch andere Funktionsmöglichkeiten, es benützt den Baustein, um mit ihm zu klopfen, um zwei Bausteine zusammenzuschlagen, um ihn zu schieben, um ihn zu werfen usw.

Suchen nach einem verdeckten Gegenstand

Das Suchen nach verdeckten Dingen, wenn die Handlung die Aufmerksamkeit entsprechend lenkt, gehört zu dem Schema „Hindernisse überwinden". Es verlangt zusätzlich eine gewisse Vorstellung, um das vorhandene Schema aktualisieren zu können.

Das Teil, welches das Objekt zudeckt, bildet das Hindernis, welches beiseite geschoben wird. Anfangs muss das Kind noch einen Teil des zu suchenden Gegenstandes sehen können, um diese Beziehung zu realisieren. Mit der zunehmenden Vorstellungsfähigkeit (Gedächtnis) kann es gezielter suchen. Eine weitere wichtige Voraussetzung für das Suchen ist die Ausbildung des Objektbegriffes oder der Objektpermanenz. Es muss wissen, dass der Gegenstand noch immer existiert, auch wenn es diesen nicht sehen kann.

Erarbeitung des permanenten Gegenstandes

Durch die aktive sensomotorische Auseinandersetzung mit den Dingen seiner Umwelt erhalten die Dinge eine „eigene Existenz". Die verinnerlichten sensomotorischen Erfahrungen ermöglichen die Ausbildung der Objektpermanenz.

Beginnendes Vorstellungsvermögen, Vorausschau, Gedächtnis

Versteht man darunter die Fähigkeit sich ein Bild, ein Symbol eines abwesenden Gegenstandes oder einer Handlung zu vergegenwärtigen, dann besteht noch kein Vorstellungsvermögen.

Versteht man aber darunter die Fähigkeit, den Dingen im Voraus eine Bedeutung zu verleihen oder ein Ereignis vorauszusehen, dann besteht eine Vorstellung. Das Kind zeigt eine konkrete Erwartungshaltung.

Wenn das Kind etwas Vertrautes wieder sieht, so aktualisiert es die damit verbundenen Erfahrungen, es erinnert sich an diese. Wenn man mit einem Kind immer den gleichen Weg fährt, so bemerkt es sofort, wenn man diesen Weg abändert und protestiert. In diese Zeit fällt auch das Bedürfnis an bestimmten Ritualen festzuhalten, die dem Kind erlauben, sich im Voraus auf eine Situation einzustellen und die ihm somit entsprechende Sicherheit geben.

I. Stadium	Wiedererkennen möglich, wenn die Bedeutung an den „Reflex" gekoppelt ist.
II. Stadium	Erfassen ganzheitlich erlebter Erfahrungen, sie haben eine ganzheitliche Signalbedeutung.
III. Stadium	Das Kind kann sich durch Anblick eines Teils oder durch ein Geräusch einstellen und anpassen.
IV. Stadium	Das Kind kann Ereignisse voraussehen, wenn sie an die aktuelle Handlung gebunden sind.

Beispiel von Piaget[5]

9 Monate, 15 Tage: Jaqueline quengelt, wenn sie die Person, die neben ihr sitzt, aufstehen und sich entfernen sieht (auch wenn diese nur die Andeutung macht, wegzugehen).

9 Monate, 16 Tage: J. beginnt bei den Mahlzeiten auf komplexere Zeichen zu reagieren. Sie liebt Traubensaft aus dem Glas, aber nicht die Suppe aus der Schale. Sie achtet genau darauf, was ihre Mutter macht. Kommt der Löffel vom Glas, öffnet sie den Mund weit, kommt er dagegen aus der Schale, bleibt der Mund geschlossen. Ihre Mutter versucht sie zu überlisten, indem sie den Löffel von der Schale über das Glas führt, aber sie lässt sich nicht überlisten.

9 Monate, 18 Tage: J. braucht den Löffel nicht mehr zu sehen, sie hört, woher der Löffel kommt.

10 Monate, 26 Tage: Ihre Mutter schlägt den Löffel an das Glas. J. lässt sich einmal täuschen, da sie sich auf den Ton verlassen hat und die Bewegung nicht gesehen hat.

Erforschen neuer Gegenstände und Ereignisse („Erkunden")

Das Kind versucht, den (neuen) Gegenstand zu begreifen und „verstehen" zu lernen und diesen neuen Gegenstand in jedes vertraute Handlungsschema einzuordnen (Generalisierung). Es setzt seine vertrauten Weisen als „Instrumente" des Verstehens ein und erkundet die Funktionen der Objekte.

• Der Gegenstand wird zu einer Realität, der man sich auch anpassen muss.
• Mittels der Handlung definiert das Kind (Erfahrungswissen, praktische Intelligenz)
• Das ältere Kind benutzt dazu die Sprache.

Beim Explorieren kann dabei zweierlei passieren:
1. Der Gegenstand entspricht der Erwartung, die Anpassung gelingt.
2. Der Gegenstand leistet Widerstand aufgrund seiner unbekannten Eigenschaften und das Kind wiederholt dann die damit erfahrenen Zufallseffekte.

Beispiel von Piaget[6]

8 Monate, 16 Tage: Jaqueline ergreift einen Zigarettenhalter, den sie nicht kennt. Sie prüft ihn zuerst aufmerksam, wendet ihn um, drückt ihn mit beiden Händen zusammen, macht

---

5   Vgl. „Das Erwachen der Intelligenz beim Kinde", Klett, Stuttgart 1973 S. 254
6   Vgl. „Das Erwachen der Intelligenz beim Kinde", Klett, Stuttgart 1973 S. 258 - 259

„apff". Dann streicht sie ihn am Weidengeflecht entlang. Dann stemmt sie sich auf, schaut ihn als er vor ihr liegt an, dann schwenkt sie ihn über sich hin und her und steckt ihn schließlich in den Mund.

Sie betrachtet ein Wollknäuel, wendet es um, betastet es, drückt es, macht „apff", lässt es fallen. Das Knäuel wird ihr auf den Bauch gelegt. J. stemmt sich hoch, um es zu sehen, betastet es wieder, zieht an der Schnur, schaut dabei gespannt zu, schüttelt, sagt „apff" usw.

9 Monate, 6 Tage: Laurent prüft eine Reihe neuer Gegenstände: Holzmännchen mit beweglichen Beinen, Holzvogel, Zündholzschachtel, Holzelefant, Börse mit Perlen. Dabei können vier konstante Reaktionen beobachtet werden:

1. *Visuelle Exploration*: Betrachtet den bewegungslosen Gegenstand, dann den bewegten, wenn er ihn wendet und von einer Hand in die andere wechselt. Er scheint die verschiedenen Ansichten zu untersuchen. So faltet er die Börse auseinander und wieder zusammen und beobachtet die Veränderung genau. Als er das Drehgelenk bemerkt, dreht er die Börse um und schaut sie von der anderen Seite an.

2. *Taktile Exploration* (geschieht meist gemeinsam mit der visuellen): Er betastet, berührt vorsichtig markante Stellen, gleitet sacht mit den Fingern über die Kanten und Unebenheiten, kratzt an gewissen Stellen.

3. *Handhabung, Bewegung*: Er bewegt den Gegenstand langsam durch die Luft, wobei er vor allem Bewegungen in der waagrechten Ebene ausführt, mit der evtl. schon Verschiebungen in der Tiefe verbunden sind.

4. *Übertragen der vertrauten Handlungsschemata*: Er versucht die verschiedenen Dinge an seine vertrauten Handlungsschemata zu assimilieren (Generalisierung), indem er diese nacheinander mit einer gewissen Voraussicht anwendet, als wenn er deren Effekte studieren wollte. Er schüttelt, schlägt auf sie ein, schwenkt sie hin und her, reibt an der Seitenwand, stemmt sich auf, schwenkt den Kopf hin und her, steckt sie in den Mund usw.

Erarbeitung der kausalen, räumlichen und zeitlichen Beziehungen

1. Kausale Beziehungen
Sie werden durch das direkte Handeln erlebt. Das Kind muss Ursache und Wirkung spüren, um zu begreifen, was warum passiert. Die optischen und akustischen Informationen müssen gleichzeitig wahrgenommen werden können.

- Ich klopfe (spüren, selbst tun) – es entsteht Lärm (hören).
- Ich schreie (hören) – es kommt jemand zu Hilfe – oder auch nicht (erleben).
- Ich drücke (spüren) – es bewegt sich (spüren, sehen, hören).
- Ich schiebe über den Rand, lasse los (spüren, sehen) – es fällt herunter (hören, sehen) – es ist weg (nicht mehr zu sehen, zu fühlen) – es ist kaputt (sehen, hören, fühlen).

2. Das Kind richtet sein Handeln an den erworbenen Erfahrungen aus
Gleich bleibende Erfahrungen helfen dem Kind, sich darauf einzustellen. Da es sie bereits erlebt hat, kann es diese besser „voraussehen". Es kann sich daran aber auch festhalten, sodass es von den Veränderungen irritiert wird (Veränderungsängste, Abwehr, Flucht, Rückzug, Blockade). Dadurch besteht die Gefahr, Stereotypien oder Zwänge zu entwickeln. Wenn es unterschiedliche Erfahrungen macht, können die Orientierungsmöglichkeiten Probleme bereiten. Es kann sich auf das Kommende schlecht einstellen, lässt sich ablenken, wechselt von einem zum anderen und hat Probleme, sein eigenes Handeln zu strukturieren. Die Unsicherheit, die durch mangelnde Orientierungsmöglichkeit entsteht, kann ebenfalls zu Veränderungsängsten mit unzureichender Selbstsicherheit führen. Es ist deshalb wichtig, dass in neuen Situationen auch etwas Vertrautes vorhanden ist, das dem Kind eine ausreichende Sicherheit bietet, damit es seine Neugier und Aktivität entfalten kann.
Die Erfahrungen sind von der eigenen Handlung abhängig. Die aktive Auseinandersetzung, die konkret spürbare Rückmeldung, ermöglicht dem Kind das Begreifen von Zusammenhängen. Es erlebt den Erfolg und den Misserfolg und dies führt zu einer Selbstbestätigung oder zu einer Handlungskorrektur. Das Kind übernimmt nach und nach die Eigenverantwortung für sein Handeln. Wenn Erwachsene dies verhindern, weil sie dem Kind Frustrationen und Misserfolge ersparen wollen, nehmen sie ihm gleichzeitig auch wichtige Erfahrungen weg. Das Eingreifen des Erwachsenen, noch bevor das Kind selbst den Misserfolg oder Fehler wahrnimmt, wird vom Kind oft eher als Eingreifen in seine Handlungskompetenz und nicht als Hilfe erlebt. Das Erfahrungslernen wird auf diese Weise von der Umwelt blockiert und

die Folgen zeigen sich, wenn in der Schule ein selbstständiges Lernen erwartet wird. Wichtig sind kleine Variationen, um eine erhöhte Flexibilität zu erreichen. Erfahrungen ermöglichen mit der Zeit die „Voraussicht" und die „Vorstellung".

3. Räumliche Beziehungen
Durch die eigene Fortbewegung erlebt das Kind verschiedene Perspektiven, Entfernungen, Höhen usw. Es erlebt seine Motorik in Beziehung zu den Dingen und zum Raum und spürt, wie sich der Widerstand durch die eigene Tätigkeit verändert. Das Kind transportiert und bewegt die Dinge im Raum und von einem Ort zum anderen. Durch die Aufrichtung (Hochziehen) orientiert es sich nach oben und es erhält eine ganz neue Perspektive. Beim Hinsetzen und sich wieder runter lassen, Fallen sammelt es Erfahrungen mit der Schwerkraft. Es erkundet Winkel und Ecken und erobert die häusliche Geografie durch Muskelkraft. Es bewältigt Hindernisse und erfährt so die Bedeutung der Präpositionen wie: Auf, unter, über, durch, hinter, in usw., sie wird motorisch erfahren.
Diese Erfahrungen überträgt es auch auf die Objekte. Voraussetzung dafür ist eine gute Haltungskontrolle in der Senkrechten, sodass die Hände nicht mehr zum Stützen gebraucht werden, sondern frei werden für die beidhändige Manipulation der Gegenstände. Es bewegt zwei Dinge, bringt sie in Beziehung zueinander, räumt aus und ein, steckt in Löcher, stellt aufeinander, öffnet und schließt Behälter oder Türen und Schubladen. Schwierig wird es, wenn die Beziehungen von beweglichen Dingen oder Personen erfasst werden müssen (Bewegungsrichtung, Tempo).

4. Zeitliche Beziehungen
Die zeitlichen Abfolgen sind für Kinder schwer zu erfassen. Zeit ist nicht greifbar, nicht sichtbar. Sie setzt das Verstehen der kausalen und räumlichen Beziehungen voraus. Die Voraussicht vertrauter Handlungsereignisse zeigt eine Erwartungshaltung und damit eine zeitliche Abfolge. Dem Kind auf dieser Entwicklungsstufe fällt das Warten noch sehr schwer.

Seriale Leistungen (Affolter)
Affolter versteht darunter Tätigkeiten und Aufgaben, bei denen eine Reihenfolge beachtet werden muss. Die Teile einer Handlung müssen entsprechend dem vorgegebenen Ziel geordnet werden (Serie) und beinhalten das motorische Planen sowie das Handlungsplanen. Auf der sensomotorischen Ebene erfolgt diese Planung zunächst ganzheitlich und direkt körperlich, später ist es auch gedanklich möglich. Diese Grunderfahrung ist für alle gezielten Handlungen und für die selbstständige Organisation und Planung von Abläufen sowie für das Strukturieren von komplexen Aufgaben erfor-

derlich. Probleme zeigen sich beim Verstehen von Konsequenzen (Ursache – Wirkung), beim Verstehen und Befolgen von Regeln, wie auch beim Aneinanderreihen und Einhalten von Rhythmen und Sequenzen (Buchstaben, Zählen) und beim logischen Denken.

Nachahmung

Die Reproduktion einer Bewegung oder Handlung (Modell) setzt entsprechende Erfahrungen voraus. Die „Bewegungsbilder" müssen verinnerlicht sein, um abgerufen zu werden. Die optischen Informationen müssen umgesetzt werden (sofort oder später aus der Erinnerung).
Im IV. Stadium beginnt die eigentliche Nachahmung im allgemein verständlichen Sinne

* Fremdnachahmung (Töne, Bewegungen, Handlungen)
* Nachahmung, auch wenn es die Handlung nicht unmittelbar vorher selbst durchgeführt hat
* Die Modelle müssen aber noch eine Ähnlichkeit mit dem erworbenen Schemata aufweisen
* Es ahmt nun auch Bewegungen nach, die es an sich selbst nicht beobachten kann (Mundbewegungen)

Beispiel von Piaget[7]

8 Monate, 4 Tage: Jaqueline bewegt die Lippen, indem sie auf den Kiefern kaut. Sie wird nachgeahmt. J. schaut aufmerksam zu und hört mit ihren Bewegungen auf. Sobald ihr Vater aufhört, nimmt sie ihre Bewegungen wieder auf. Am nächsten Tag wird ihr dieses Modell vorgemacht und sie beginnt die Bewegung nachzuahmen (vertrautes Modell).

8 Monate, 9 Tage: Das Zungeherausstrecken wird wieder angeboten (bisher erfolgte keine Nachahmung dieses für J. unbekannten Modells). Jetzt schaut sie aufmerksam zu, ohne zu reagieren. Nach dem 8. Versuch beginnt sie, sich auf die Lippen zu beißen. Auch am Abend beißt sie sich auf die Lippen, wenn ihr die Zunge herausgestreckt wird.

8 Monate, 13 Tage: J. streckt die Zunge heraus und beißt darauf. Sie wird imitiert und J. beobachtet mit großer Aufmerksamkeit die Zungenbewegungen. Aber als ihr am nächsten Tag wieder die Zunge gezeigt wird, beißt sie sich nur auf die Lippen.

---

7 Vgl. „Nachahmung, Spiel und Traum" Klett, Stuttgart 1969, S. 53 - 54

9 Monate, 2 Tage:	J. streckt die Zunge heraus und sagt gleichzeitig „baba". Sie wird sofort nachgeahmt, worauf sie lächelnd wieder beginnt. Nach 2-3 Wiederholungen wird ihr die Zunge ohne Lautbegleitung gezeigt. J. schaut aufmerksam zu, bewegt ihre Lippen, beißt einen Augenblick darauf und dann streckt sie mehrmals hintereinander die Zunge raus, ohne einen Laut von sich zu geben. Nach einer Pause wird ihr wieder die Zunge gezeigt und J. beginnt wieder mit anfänglichem Lippenbeißen, bevor sie die Zunge herausstreckt.
9 Monate, 3 Tage:	J. beißt wieder nur auf die Lippen.
9 Monate, 8 Tage:	Sie macht beides zugleich: Lippen beißen und Zunge herausstrecken.
9 Monate, 11 Tage:	Jetzt kann sie endlich beide Schemata trennen. Sie beißt erst kurz auf die Lippen, streckt dann aber mehrmals die Zunge heraus. Nach einer Pause schaut sie zu, indem sie ihre Lippen zusammenbeißt, um dann die Zunge herauszustrecken. Nach einer 2. Pause streckt sie die Zunge heraus, ohne vorher die Lippen zu beißen.
9 Monate, 12 Tage:	Streckt sofort die Zunge heraus, ohne die Lippen zu beißen.

Ähnlich verläuft die Nachahmung von Bewegungen, wie z.B. das Drehen der Hand

Beispiel von Piaget[8]

9 Monate:	Jaqueline wurde das Drehen der Hand häufig gezeigt. Sie hat lebhaftes Interesse gezeigt, ihre Hände oft beobachtet, aber keine Nachahmung gezeigt.
10 Monate, 9 Tage:	J. beobachtet das Drehen der Hand mit großer Aufmerksamkeit. Sie richtet dann plötzlich ihre Hand auf und betrachtet deren Innenfläche. Dann vergleicht sie ihre Hand mit der ihres Vaters.
10 Monate, 18 Tage:	J. lächelt, wenn ihr das Drehen der Hand gezeigt wird. Sie reagiert mit Winken.
11 Monate, 19 Tage:	J. beobachtet, ohne sich selbst zu bewegen. Dann hebt sie die Faust und dreht sie, ohne sie zu betrachten. Kurze Zeit später erfolgt keine Nachahmung.

---

8   Vgl. „Nachahmung, Spiel und Traum" Klett, Stuttgart 1969, S. 69 - 70

11 Monate, 28 Tage: Sie beginnt wieder den Arm hoch zu strecken und mit der Faust leichte Drehungen zu machen. Zwischendurch winkt sie.

11 Monate, 29 Tage: Sie dreht die Hand spontan und ahmt die Bewegung nach.

Spiel im IV. Stadium

Das Kind hat im III. Stadium verschiedene Handlungsschemata kennen gelernt, geübt und gefestigt. Es hat sein Handlungsrepertoire entsprechend dem Materialangebot erweitert.

Mit der Entwicklung der sekundären Schemata verändert sich auch das Spiel des Kindes. Das Kind hat Freude am Handeln. Es variiert sein Tun, entdeckt Möglichkeiten, erkundet Materialien, Gegenstände und Handlungsschemata. Die Beweglichkeit der Schemata ermöglicht eine Vielfalt an neuen Kombinationen.

Durch die Fähigkeit, Teilhandlungen aus einer komplexen Handlung herauszulösen und neu zu ordnen, kann es Beziehungen lösen und neu herstellen. Dadurch kommt es nun auch mit mehreren Dingen zurecht. Es kann nun auch zwei, später auch mehrere Teile in Beziehung bringen. Die Funktionsmöglichkeiten der Dinge finden Interesse.

Die Entwicklung der motorischen Fertigkeiten: Die Aufrichtung von der Waagerechten in die Senkrechte eröffnet ihm den dreidimensionalen Raum. Es beginnt den Raum, die häusliche Geografie zu erkunden. In dieser Entwicklungsperiode wird im Allgemeinen die Krabbelebene mit kurzem Hochstellen kombiniert.

Das Kind vermag in die Dinge von oben hineinzuschauen oder Dinge nach oben zu befördern, auf einen Stuhl zu stellen usw. So wie es sich selbst aufrichtet, kann es auch Gegenstände gezielt aufrichten und hinstellen und damit aufeinander stellen. Ausräumen, einräumen, aufmachen, zumachen, aufeinander stellen usw. stehen zunehmend im Interesse des Kindes.

Mit der stabilen Kopf- und Rumpfkontrolle im Sitzen werden die Hände vom Stützen befreit und können ihre Geschicklichkeit in der Manipulation von Gegenständen weiter differenzieren. Die Entwicklung der Fingergeschicklichkeit oder der Feinmotorik hängt mit diesen Fähigkeiten zusammen.

- Die radialen Finger übernehmen die Vorherrschaft
- Das Kind stochert gerne mit dem Zeigefinger in Löchern
- Greift im Spitz- oder Pinzettengriff
- Greift nach Krümeln oder anderen kleinen Dingen

5.4.2 Einzelleistungen des Kindes im IV. Stadium

Alter	Bauchlage	Rückenlage	Sitzen
8 - 9 Monate	• Drehen um eigene Achse • Robben rückwärts/ vorwärts • Passiver Vierfüßlerstand • Schwerpunkt in LWS, Becken	• Abgeschlossen • Stabile Haltung • Sicheres Gleichgewicht • Gute Aufrichtung aus Rückenlage	• Sicheres „passives" Sitzen • Gutes Gleichgewicht, kann in jeder Hand etwas halten • Stützt nach vorne und zur Seite
9 - 10 Monate	• Kommt aktiv in den Vierfüßlerstand • Schaukelt im Vierfüßlerstand, übt Gleichgewicht • Gewicht auf Hände und Knie • Krabbeln beginnt		• Stützreaktion nach hinten • Setzt sich selbst aus der Bauchlage auf • Schiebt sich von Bauchlage in Fersensitz • Rotation im Sitzen
11 - 12 Monate	• Krabbelt sicher, kommt überall hin • "Bärengang" • Gewicht auf Hände und Füße		• Sicheres Gleichgewicht • Hebt Arme über den Kopf • Kreuzt die Mittellinie • Spielt am liebsten im Sitzen • Wechselt die Sitzhaltung • Fortbewegung im Sitzen

Stehen	Kopf-Rumpfkontrolle	Handfunktion
• Steht gerne gehalten • Auf- Abbewegungen im Stehen: Übt Mobilität unter Belastung	• Sichere Kopfkontrolle in allen Positionen • Sichere Rumpfkontrolle in der waagrechten Position • Rotation in der Waagrechten • Rumpfkontrolle in der Senkrechten bei stabiler Unterlage	• Stützfunktion nach vorne und zur Seite • Hält in jeder Hand einen Gegenstand • Schlägt aneinander • Greifen mit Supination
• Zieht sich aktiv in den Stand hoch • Kommt über Halbkniestand zum Stehen hoch • Kommt noch schwer allein wieder runter	• Sichere Rumpfkontrolle in der senkrechten Position • Rotation im Sitzen • Gleichgewicht im Stand noch unsicher	• Radiales Greifen • Greift in Behälter hinein, räumt aus
• Kommt vom Stand zum Sitzen, lässt sich evtl. noch plumpsen • Steht über Bärenstand auf • Steht kurze Zeit frei • Läuft an Möbeln entlang, läuft mit Anhalt	• Gleichgewicht im Stand wird sicherer • Breitbeinige Gehversuche mit Henkelstellung in Armen, um sich auszubalancieren	• Daumenopposition Spitzgriff, Pinzettengriff • Sammelt kleine Dinge, Krümel auf • Bewusstes Loslassen, Wegwerfen mit Nachdruck • Aus-, Einräumen

Alter	Reflexe	Aktive Bewegungen	Mundmotorik
8 - 9 Monate	• Primitivreaktion und tonische Reaktionen integriert (verschwunden) • Stellreaktionen ausgeprägt	• Rückenlage wird im Allgemeinen abgelehnt • Spielt in Bauchlage oder vorzugsweise im Sitzen • Aktive Bewegung durch den Raum: Rollen, Robben	• Steckt alles in den Mund, beißt darauf • Zahndurchbruch • Akzeptiert gröbere Kost • Vielfältige Lautproduktion • Silbenketten
9 - 10 Monate	• Sichere Ausrichtung von Kopf und Rumpf im Raum • Schutzreaktionen: Sprungbereitschaft sicher nach allen Seiten	• Wechselt Haltung aktiv zwischen der Waagrechten in die Senkrechte • Kommt in Vierfüßlerstand und schaukelt • Rotation im Sitzen • Zieht sich in den Stand, wippt	• Isst allein aus der Hand • Hält beidhändig Becher beim Trinken, verschüttet • Zungenbewegungen differenzieren sich • Doppelsilben
11 - 12 Monate	• Sichere Gleichgewichtsreaktion im Sitzen • Gleichgewichtsreaktion im Stand vorhanden, noch unsicher	• Wechselt Sitzhaltung • Krabbeln im Bärengang • Rutschen im Sitzen • Steht auf (mit Anhalt, über Bärenstand)	• Kaubewegungen • Zungenspiele • Nachahmung von Mund-, Zungenbewegungen • Babysprache, Echolalie • Einwortsätze beginnen

Wahrnehmung	Sozialverhalten	Kognitive Entwicklung
• Seriale Leistungen beginnen • Hält in jeder Hand, vergleicht • Nachahmen von Gesten, auch wenn sie vom Kind nicht direkt vorher durchgeführt wurden	• Fremdeln: Unterscheidet fremde und vertraute Personen • Erwartungshaltung bei täglichen Ereignissen	• Hält in jeder Hand, schlägt aneinander • Beginnt zwischen zwei Dingen Beziehungen herzustellen • Reiches Handlungsrepertoire • Variationen der Schemata
• Beginnende Voraussicht für Ereignisse • Beginnende Raumeroberung • Will wissen, was davor, darunter, dahinter usw. ist • Beachtet Hindernisse	• Nachahmung von Gebärden • Bedient sich fremder Hand als Mittel zum Zweck • Reicht Spielzeug, lässt nicht immer los	• Interesse am Raum, an der häuslichen Geografie • Interesse an Behältern: Aus-, Einräumen • Überwindet Hindernisse
• Zielgerichtetes Handeln • Überwindet Hindernisse • Suchverhalten • Lässt sich weniger leicht vom Ziel ablenken • Untersucht alles Neue	• Befolgt einfache Aufforderungen • Versteht „Nein" oder Signalworte • Wendet sich an Erwachsenen, wenn es Hilfe braucht • Gebärdensprache	• Beginnendes Nachahmungsspiel • Beginnende Symbolhandlungen

5.4.3 Entwicklungsstörungen

Der Schritt vom III. Stadium ins IV. Stadium der Sensomotorik ist ein sehr wichtiger Entwicklungsschritt. Viele Behandlungskinder schaffen diesen Schritt nur teilweise oder auch gar nicht. Sie haben nicht wirklich gelernt, die Schemata in Teilhandlungen aufzuteilen, die Teile untereinander zu bewegen oder neu zu kombinieren. Die Denkstrukturen oder Lernstrategien sind noch an die Vorgaben gebunden und daher wenig flexibel. Es ist denkbar, dass diese Entwicklung durch die Umwelt gehemmt wird:

* Wenn diese zu viele Vorgaben gibt und die Eigeninitiativen des Kindes unterbindet
* Wenn sie dem Kind keine oder nur geringe Strukturierungshilfen zur Orientierung gibt.

Kriterien zur Beurteilung der Verhaltensweisen
Bei der Beurteilung der Fähigkeiten des Kindes müssen die Einzelleistungen der verschiedenen Funktionsbereiche (Motorik, Wahrnehmung, Kognition, Verhalten usw.) immer in Beziehung gebracht werden. Eine isolierte Beurteilung kann zu falschen Interpretationen führen. Um die Fähigkeiten richtig einzuschätzen, muss bekannt sein, welche Schemata dem Kind vertraut sind und möglicherweise eine Wiederholung darstellen und welche Situationen oder Aufgaben neu sind.

Folgende Fragen sollten beantwortet werden:
* Welches sind die Handlungsschemata, die dem Kind zur Verfügung stehen? (spontane Aktivitäten)
* Wie setzt es seine vorhandenen Schemata ein? (Handlungsweise bei der Durchführung)
* Wie weit kann das Kind Erfahrungen übertragen und nutzen? (Querverbindungen, Beziehungen der Teilhandlungen)
* Wie sind die Koordinationsleistungen, Kombinationsfähigkeiten, Variationen?
* Wie ist die Integrationsleistung (intermodale Leistungen)? Versteht es die Inhalte und Zusammenhänge?
* Wie bewältigt es gestellte Aufgaben? (Problemlöseverhalten)
* Wie weit kann es sich auf neue Situationen einstellen? (Flexibilität bei Veränderungen)
* Wo weicht das Kind aus und warum?
* Welche Lernstrategien benutzt das Kind? („Arbeitsverhalten": Selbstständigkeit, Konzentration, Organisation)
* Gibt es Scheinleistungen, antrainierte Fähigkeiten?

Wichtig sind

- Die soziale Umwelt (das häusliche Milieu, Anregungen, Kindergarten, Schule)
- Das Krankheitsbild und die spezifischen Symptome
- Die bisherigen Erfahrungen des Kindes (Persönlichkeit)
- Das Materialangebot (wie weit vertraut, negative oder positive Erfahrungen)
- Die aktuelle Situation (räumliche und zeitliche Gegebenheiten, Interessen, Bedürfnisse)
- Aktuelle Ereignisse, die das Kind noch (innerlich) beschäftigen
- Die momentane physische und psychische Verfassung (Tagesform)
- Die persönliche Beziehung zwischen Kind und „Partner" (Therapeut)

Folgende Reaktionen sind Hinweise auf Probleme im IV. Stadium

- Sensomotorische Grundstörungen und schlechter Bezug zum eigenen Handeln
- Zu wenige Handlungsschemata, die zur Verfügung stehen
- Isolierte Einzelleistungen auf einem höheren Entwicklungsniveau (Scheinleistungen, Dressur)
- Stereotype Handlungen
- Veränderungsängste, Hilflosigkeit in neuen Situationen, Fixierung an Ritualen
- Abhängigkeit von der Vorgabe durch den Therapeuten oder Pädagogen (keine Eigeninitiative)
- Unzureichendes Verstehen der Zusammenhänge und Beziehungen (fehlende Querverbindungen)
- Probleme bei Hindernissen oder auftretenden Schwierigkeiten (gibt auf, läuft weg)
- Probleme im motorischen Planen (Dyspraxien)

Auf welche Kinder treffen die Verhaltensweisen des IV. Stadiums zu?

1. Gesunde Kinder im Alter zwischen 8 - 12 Monaten

2. Kinder mit motorischen Störungen
- Mangelnde aktive Aufrichtung in die Senkrechte (hinsetzen, hinstellen)
- Unzureichende Haltungskontrolle
- Schwierigkeiten im Gleichgewicht bei Verschiebung des Körperschwerpunktes
- Probleme beim aktiven Haltungswechsel
- Probleme in der aktiven Fortbewegung

- Störungen in der Körperrotation und in der bilateralen Koordination
- Hände werden noch zur Haltungskontrolle benötigt (Stützen), sind nicht frei zur Manipulation
- Probleme in der Feinmotorik
- Kein Einsatz der vorhandenen motorischen Fähigkeiten als Mittel zum Zweck
- Probleme im motorischen Planen, dyspraktische Komponenten

Bei körperbehinderten Kindern sollten die Hilfsmittel mit einbezogen werden.

3. Kinder mit Wahrnehmungsstörungen
- Probleme beim Einordnen der Reize und Inhalte entsprechend seines Entwicklungsstandes
- Mangelnde Koordination der Sinneswahrnehmungen, intermodale Probleme
- Die Bedeutung der Dinge ist noch wenig variabel (Wahrnehmungskonstanz)
- Ablenkbarkeit durch Außenreize, Störungen in der Figur-Grund-Wahrnehmung
- Probleme im zielgerichteten Handeln, erfasst Anfang und Ende einer Handlung nicht
- Gibt bei Misserfolg (Hindernissen, Störungen) auf, wendet sich anderen Dingen zu
- Probleme beim Suchverhalten
- Probleme in der Raumwahrnehmung und räumlichen Organisation
- Störungen der räumlichen Beziehungen (zusammenfügen, konstruieren)
- Unzureichende Nachahmungsleistungen (Umsetzen visueller Informationen)
- Probleme bei der Umsetzung verbaler Instruktionen
- Seriale Störungen, Störungen im Handlungsplanen, kann Teilhandlungen nicht ordnen
- Störungen bei der Sequenzierung (Rhythmus, Reihenfolgen)
- Wiederholen noch die vertrauten Schemata, keine richtige Neuanpassung
- Abhängig von Anweisungen, Angaben, wenig eigene Ideen oder Variationen
- Erfassen die Konsequenzen ihrer eigenen Handlungsweise nicht

4. Kinder mit kognitiven Problemen
- Weiß von sich aus wenig mit den Dingen anzufangen

- Wiederholt noch die vertrauten Schemata, keine richtige Neuanpassung
- Abhängig von Anweisungen, Angaben, wenig eigene Ideen oder Variationen
- Erfasst die Konsequenzen der eigenen Handlungsweise nicht
- Mangelndes Interesse an der Raumerkundung. Ziellos, wechselt von einem zum anderen
- Probleme beim Zusammenfügen, Auseinandernehmen, Aus- und Einräumen, Aufeinanderstellen usw.
- Probleme beim Übertragen der Funktionen und Leistungen auf neue Situationen
- Probleme beim Überwinden von Hindernissen, Störfaktoren, ablenkbar durch Außenreize
- Probleme im zielgerichteten Handeln, gibt bei Misserfolg auf, keine Lösungsschemata
- Beeinträchtigte Nachahmungsleistungen (Umsetzen visueller Informationen)
- Störungen im Aufgabenverständnis, beim Befolgen und Umsetzen verbaler Aufforderungen
- Unzureichende Vorstellung, Erwartungshaltung, Suchverhalten
- Beeinträchtigte Selbstständigkeit

Es kann auch sein, dass die Kinder durch die ständige Vorgabe und durch Förderprogramme in ihrer eigenständigen Handlungskompetenz gehemmt werden. Sie haben es nicht gelernt, eigene Ideen zu entwickeln, selbst zu erkunden.

5. Kinder mit folgendem Sozialverhalten

- Unsicherheit bei Veränderungen, weil sie sich auf neue Situationen nicht einstellen können
- Übermäßiges oder fehlendes Fremdeln
- Probleme bei der Nachahmung
- Selbstunsicherheit, weiß mit sich und der Umwelt wenig anzufangen
- Erwartet Anregungen, Aufforderungen, Zuwendung, Bestätigung von anderen
- Wenig Dialoge (Doppelsilben mit Bedeutung) mit anderen Personen

6. Nach einem Schädel-Hirn-Trauma

Das Integrationsstadium entspricht in etwa den Verhaltensweisen im IV. Stadium. Es zeigen sich aber auch noch Elemente, die dem III. Stadium zugeordnet werden können. Die Differenzierung zwischen beiden Stadien liegt in der Qualität der Fähigkeiten.

- Erkennen der eigenen Situation

- Orientierung wird möglich
- Schablonen werden abgebaut
- Sinnvolles Handeln, Planen

5.4.4 Fallbeispiele

Katrin 2,4 Jahre – Fortsetzung vom III. Stadium

Diagnose: Hypotonie, Entwicklungsrückstand (9 Monate Therapie)*

Motorik: Katrin setzt sich auf, sitzt einige Zeit frei, krabbelt, zieht sich in den Stand. Hände sind frei zur Manipulation, setzt die Finger mehr und mehr ein, ist aber noch ungeschickt und braucht teilweise auch noch Handführung.

Wahrnehmung: Katrin braucht immer noch klare, intensive Reize, um eine gute Rückmeldung zu erhalten. Sie ist interessiert an den Dingen, erkundet sie, wendet ihre Schemata an, überträgt die Handlungsweisen auf die verschiedenen Dinge. Sie ist voll bei dem, was sie macht. Sie krabbelt in Ecken und Winkel, erkundet den Raum.

Kognition: Katrin räumt Schubladen aus und Schränke, untersucht die Dinge, die sie da findet, beschäftigt sich eine ganze Weile damit, ohne sich von den umherliegenden Dingen ablenken zu lassen. Sie variiert ihre Handlungsweise, entwickelt Ideen, öffnet Behälter, packt ineinander und auseinander, baut Türmchen, kommt mit den Steckspielen zurecht und beginnt auch bereits Formen, Größen, Farben usw. dabei zu beachten. Einfache Puzzles zum Einsetzen sind ihr ebenfalls möglich. Bilder werden von ihr beachtet, auf Aufforderung gezeigt. Erstes Nachahmen im Spiel, Ansätze zu symbolischen Handlungen sind möglich: Puppe füttern, schlafen legen usw., Sprache fehlt ihr noch.

Therapie: Geräte und Materialien, die eine gute Rückmeldung geben, sind für Katrin noch wichtig. Sie muss direkt erfahren und spüren, wie es funktioniert und wie nicht. Dies gilt sowohl für die Grobmotorik = Einsatz des ganzen Körpers als auch für die Feinmotorik = Einsatz der Hände. Es werden ihr die Dinge angeboten, hingestellt und dann wird abgewartet, was sie damit macht. Sie soll selbst erkunden und sich mit den Dingen auseinander setzen. Wenn sie nicht weiter weiß, werden Anregun-

*Vgl. S. 107

gen angeboten oder auch eine direkte Handführung, um ihr zum Erfolg zu verhelfen. Es wird auch darauf geachtet, dass sie begonnene Tätigkeiten zu einem sinnvollen Abschluss bringt. Sie soll Schwierigkeiten (Hindernisse) überwinden lernen, statt aufzugeben, soll verstehen, dass es Möglichkeiten gibt, auch wenn es so scheint, als ob es nicht gehe. Sie soll die Beziehung der Dinge untereinander erfahren (spüren), wie sich die Bewegung eines Teils auf das Ganze oder auf andere Teile auswirkt. Die Konzepte von Affolter (Führen) und die Sensorische Integrationstherapie nach Ayres werden einbezogen.

Richard, 3,6 Jahre – 6 Jahre Behandlungsverlauf

Richard, 3,6 Jahre – II. / III. Stadium

Diagnose: Entwicklungsrückstand, Autismus

Motorik: Richard läuft, bewegt sich im Raum. Er läuft überall hin, ist aber ziellos. Er ist beim Klettern unsicher, ebenso auf beweglichen Unterlagen. Er weiß mit seiner Motorik wenig anzufangen.

Handfunktion: Funktionen sind vorhanden, er kann im Spitzgriff greifen, hat aber die Dinge nicht wirklich in der Hand und formt die Hände nicht um das Objekt. Dinge rutschen ihm weg, er verliert sie. Er weiß mit den Dingen nicht viel anzufangen, verfügt nur über wenige (stereotype) Handlungsschemata: Drehen von Rädern, hin-/herschieben, werfen, Hände drehen und schütteln.

Wahrnehmung: Er hat Störungen in der Körperwahrnehmung, weiß mit sich nichts anzufangen, verspürt keine Rückmeldung über das eigene Tun, achtet nicht darauf. Richard formt die Hände nicht um die Dinge. Beim Führen rutschen ihm die Hände weg. Er vermeidet Neues und ist im vestibulären System sehr unsicher. Der Blickkontakt ist gestört, er weicht aus, bekommt aber über das optische System doch einiges mit, stimuliert sich: Drehen, wedeln, werfen. Er reagiert nicht immer auf Ansprache, befolgt Aufforderungen nicht, liebt aber Musik und wird aufmerksam dabei. Große Probleme findet man im intermodalen Bereich (Integrationsleistungen), Richard kann die Zusammenhänge nicht erfassen, die einzelnen Sinnesreize nicht einordnen.

Kognition:	Zufallshandlungen, Stereotypien sind beobachtbar, wirkliche Objektbeziehung, aktive Auseinandersetzung mit den Dingen findet nicht statt.
Therapie:	Direkte Führung, er soll sich, die Dinge und sein Handeln spüren. Widerstand ist wichtig zur verstärkten Rückmeldung. Die Auseinandersetzung mit den Dingen ist wichtig. Körperwahrnehmung, Tast-, Tiefensensibilität stehen im Zentrum der Therapie, vestibuläre Reize vorerst nur vorsichtig anbieten in Zusammenhang mit sicherer Haltungskontrolle.

Richard, 4,3 Jahre – III. Stadium

Diagnose:	Entwicklungsrückstand, Autismus (9 Monate Therapie)
Motorik:	Er ist sicherer, braucht klare Rückmeldung und Bodenkontakt.
Handfunktion:	Er kann die Dinge handhaben, kommt mit den Steckspielen zurecht, steckt ein und auf, holt raus, öffnet Behälter, dreht, klopft usw. Stereotypes Schütteln der Hände noch bei Erregung (Freude, Frust) zu beobachten.
Wahrnehmung:	Er braucht noch klare Rückmeldung und sucht auch die Handführung bei neuen Dingen, wenn er nicht zurecht kommt. Er setzt sich vor mich und streckt die Hände aus, zeigt so an, dass ich ihn führen soll. Er übernimmt nach kurzer Führung die Bewegung und macht allein weiter. Richard liebt Materialien wie Linsen, Vibrationsgerät, Nagelbrett usw. Die motorische Anpassung hat sich verbessert, er formt die Hände um die Dinge, kann damit handeln. Die motorische Anpassung erfolgt aber noch verzögert, er muss sie auch am Widerstand noch korrigieren (keine Anpassung im Voraus). Unsicherheit findet sich auch noch auf beweglichen Unterlagen, sie bessert sich, wenn man ihm Sicherheit gibt (gehalten, auf dem Schoß). Blickkontakt ist zeitweise möglich, er achtet auch besser auf sein Tun oder auf das Handeln anderer Personen. Zuordnen von Bildern, Farben und klaren Formen sind möglich. Er befolgt auch mehr einfache, verbale Anforderungen.
Kognition:	Er wiederholt eindeutig erfolgreiche Handlungen. Er kann sich sinnvoll mit den Dingen beschäftigen. Zuord-

nen gelingt, auch das Einsetzen von Puzzleteilen. Er braucht noch Anleitung und Anregungen von außen, Veränderungen verunsichern ihn noch. Der Versuch, ihn in den Regelkindergarten aufzunehmen, ist gescheitert, da die Gruppe zu groß war und er den Überblick verlor. Daher Integration in Sonderkindergarten erfolgt.

Sprache: Kauderwelsch, Lautäußerungen und auch einzelne Silben, Wortfragmente als Bezeichnungen tauchen auf. Sprachverständnis insofern vorhanden, als er einfache verbale Anweisungen befolgen kann. Freude an Musik und ein gutes rhythmisches Gefühl werden beim Spielen mit Trommel, Xylofon usw. deutlich.

Therapie: Körperwahrnehmung steht weiter im Vordergrund, er muss sich spüren, muss spüren, wie die Dinge sich beeinflussen, was man tun kann. Teilweise wird Handführung eingesetzt, aber er soll auch zunehmend allein probieren, was er tun kann. Erfahrungen sammeln lassen, Variationen einfügen, um ein „Auswendiglernen" über das Wiederholen zu vermeiden. Hinführen auch an bewegliche Geräte, ihm hier die Angst nehmen, sodass er motorisch und geistig beweglicher wird.

Richard, 5 Jahre – IV. Stadium

Diagnose: Entwicklungsrückstand, Autismus (1,6 Jahre Therapie) Die grundlegenden Erfahrungen wirken sich auf die höheren Entwicklungsstufen aus. Kann das bisher Gespeicherte verwerten.

Motorik: In differenziertem Gleichgewicht und bei der feinen Bewegungsanpassung findet man noch Unsicherheiten. Ansonsten ist er wendig, flink, beweglich, aktiv. Er springt von der Kommode, klettert die Sprossenwand hoch, kommt überall hin, schaukelt gerne.

Handfunktion: Er ist geschickt im Umgang mit den Dingen, findet Funktion selbst heraus, Handführung ist nicht mehr nötig, er fängt und wirft den Ball, stellt Männchen auf instabile Unterlage (schiefer Turm von Pisa), schraubt, kommt mit Legos zurecht, fädelt, kritzelt, schneidet, reißt, knetet usw.

Wahrnehmung: Tast- und Tiefenwahrnehmung in der feinen Anpassung noch nicht immer sicher, er braucht Zeit, um sich in das Material einzufühlen, aber schafft es allein. Im vestibulären System ist die Angst abgebaut, er schaukelt gerne in allen Positionen oder auf verschiedenen Geräten. Richard dreht sich leidenschaftlich im Kreis, verändert und variiert hier von sich aus Richtung, Rhythmus, Tempo und sagt, welches Gerät er haben will. Beachtet mehr Bilder und erkennt auch Zusammenhänge und Beziehungen. Hört gut, spricht inzwischen in kleinen Sätzen, Artikulation ist noch verbesserungswürdig. Bei den serialen Leistungen ist er noch nicht altersgemäß, was sich im Gestalten zeigt. Hier kommt es noch zu Zufallskonstruktionen, er hat noch wenig Vorstellung und Plan, wenig Erfahrungen.

Kognition: Richard zeigt variationsreiches Handeln, erfasst Beziehungen, solange sie im eigenen Wahrnehmungsfeld sind. Er erkundet die Mechanik der Dinge, findet selbst heraus, wie es funktioniert, vergleicht verschiedene Ansichten, z.B. Vorder- und Rückseite eines Spiels, begreift zunehmend die Auswirkung der Bewegung auf den Gegenstand, kann sie nachvollziehen. Er setzt auch zunehmend seinen Willen durch, wird selbstständiger (An/Ausziehen), sagt Nein. Mit „ich" und „du" ist er noch unsicher. Einfache Regelspiele (Farb- und Zahlenwürfel) sind durchführbar, er zählt auch mit. Bilder, Farben, Grundformen werden bezeichnet, Richard sagt auch, was passiert, was er tut usw. Beginnendes Symbolspiel mit Autos, noch kein Partnerspiel im Rollenspiel. Im Gestalten noch Zufallskonstruktionen oder Bauen mit Anleitung, die schrittweise erfolgt. Er braucht noch jemanden bei sich, um zu spielen (im Raum), beginnt sonst wieder umherzuwerfen, provoziert auch damit, um Aufmerksamkeit zu erlangen. Im Sonderkindergarten ist er gut in die Gruppe integriert.

Sprache: Richard spricht Mehrwortsätze, bezeichnet Dinge, Bilder, Farben, Grundformen, Tätigkeiten. Artikulation ist noch nicht hundertprozentig. Äußert Wünsche, kommentiert sein Tun usw.

Therapie: Selbstständiges Spiel ist weiter zu fördern, damit er sich auch allein im Zimmer beschäftigen kann, ohne dass er ständig Aufmerksamkeit braucht. Konstruktives Handeln z.B. Bauen, Malen, Basteln usw. wird zunehmend einbezogen, Symbol- und Rollenspiel ebenfalls aufgegriffen. Therapie in einer Zweier-Beziehung ist für ihn anzustreben, um die Auseinandersetzung mit Spielpartnern zu ermöglichen und darüber auch mehr Selbstständigkeit zu erreichen. Befolgen und Durchführen von Aufgaben (motorisches Planen, Handlungsplanen), die aber noch überschaubar sein müssen und eine klare Rückmeldung vermitteln, haben Vorrang.

Christine, 8 Jahre

Diagnose: Frühbehandelte Bewegungsstörung, geistige Behinderung

Anamnese: Christine hat lange Physiotherapie und Sprachtherapie erhalten. Sie hat den Kindergarten der Lebenshilfe besucht, Einschulung ist in Geistig-Behinderten-Schule erfolgt. Sie ist in der Gruppe schwer zu lenken, sehr leicht ablenkbar.

Motorik: Sie ist unharmonisch, hektisch, überschießend, unkoordiniert. Probleme gibt es im motorischen Planen, sie weiß nicht, wie sie aus einem zugebauten Raum herauskommen kann.

Handfunktion: Ähnelt der Gesamtmotorik, dadurch passieren ihr viele Missgeschicke. Schlechte motorische Anpassung und Koordination beider Hände herrscht vor. Steckspiele werden nicht sicher, sondern ungeschickt, hektisch, ziellos durchgeführt. Wenn die Teile verkanten, weiß sie nicht weiter, gibt auf. Stiftführung entsprechend ungesteuert, sie kann nicht in der Begrenzung bleiben.

Wahrnehmung: „Fließt auseinander", Christine ist überall und nirgends, wird durch äußere Reize gelenkt, achtet nicht auf das eigene Tun (Figur-Grund-Wahrnehmung). Das Einordnen der Einzelreize klappt nicht, hängt vom Zufall ab. Sie redet viel, was ihr in den Sinn kommt, zusammenhanglos. Bei Handführung, ohne dass gesprochen wird, kann ihre Aufmerksamkeit auf ihre Hände gelenkt werden. Seriale Leistungen fehlen ihr, sie gibt auf bei Misserfolg, wendet sich anderen zu, dadurch verstärkt sich ihre Unruhe.

Kognition: Einzelleistungen sind vorhanden, aber von Situation und von der Übung abhängig. Sie ist sehr leicht ablenkbar und irritierbar. An-/Ausziehen ist ihr möglich, wenn Klei-

	der geordnet werden. Buchstaben schreiben, einfaches Kopfrechnen, Bilder benennen, einige Lernspiele sind durchführbar.
Sprache:	Sie spricht ohne Zusammenhang, sprunghaft, so wie es ihr einfällt. Sie redet viel und lenkt sich so selbst vom Handeln ab.
Therapie:	Körperliche Auseinandersetzung mit Geräten, Materialien im Raum. SI-Therapie nach Ayres, Barrieren, Hindernisse überwinden, Wege suchen, mit Einsatz des ganzen Körpers, ohne Vorgaben werden angeboten. Die direkte, spürbare Rückmeldung ist wichtig (Führen nach Affolter). Verbalisierung auf ein Minimum begrenzen, wenige, aber klare Worte, kurze Sätze verwenden.
Ergebnis:	Sie ist ruhiger geworden, aufmerksamer, weniger stark ablenkbar. Bewegungen werden harmonischer. Sie hat gelernt, zwei Teile in Beziehung zu bringen, ist selbstständiger und entwickelt mehr Eigeninitiative und Ideen, kann mit dem geübten Wissen mehr anfangen. Sie wechselt in eine Schule für Lernbehinderte.

Stefan, 8 Jahre

Diagnose:	Hyperaktivität, Konzentrationsstörungen, Aggressivität
Motorik:	Stefan ist immer in Bewegung, auch am Tisch kann er nicht ruhig sitzen. Er tobt, rennt bis zur Erschöpfung, kennt seine physischen Grenzen nicht, er stürzt oft, verletzt sich, lernt aber nicht daraus.
Handfunktion:	Er ist fahrig, hat keine Geduld, fährt über die Linien, schreibt unleserlich. Er verkrampft sich, wenn er sich „anstrengt". Wenn es nicht so klappt, wie er will, wirft er es hin.
Wahrnehmung:	Es gibt Probleme in der Tast-/Tiefenwahrnehmung und im vestibulären Bereich, er spürt und erlebt sich nicht, sondern nur das Ergebnis, die Reaktion der Umwelt auf sein Verhalten. Er kann sich nicht steuern, wird erst aufmerksam, wenn er anstößt, fällt oder wenn es nicht funktioniert. Er schaukelt wild, gerät auch hier in Gefahr und kann seine Bewegungen räumlich nicht ab- oder einschätzen. Er achtet nicht richtig auf optische Informationen, hört nicht richtig zu.
Kognition:	Überdurchschnittlicher IQ, er hat viel Wissen angesammelt, hat viel zu viel im Kopf und bringt dies nicht auf

die Reihe. Lesen klappt, wenn er sich Zeit lässt, er lernt aber eher „auswendig" und täuscht so ein Lesen vor. Er achtet nicht richtig auf die Laute, macht daher viele Fehler. Er lässt einfach weg, wenn er es nicht weiß, macht was anderes. Er schlägt sein Heft irgendwo auf, schreibt neue Aufgaben irgendwo dazwischen, wo Platz ist. Im Kopfrechnen ist er gut, in der Heftführung schlecht wegen seiner Schrift, räumliche Orientierung auf dem Blatt (Zahlen richtig nebeneinander oder untereinander schreiben) klappt nicht.

Sprache: Keine besonderen Probleme.

Verhalten: Zu beobachten sind geringe Frustrationstoleranz, Ablenkbarkeit, Konzentrationseinbrüche. Bei Misserfolgen hört er auf, schmeißt es hin, weicht aus. Er stellt sich nicht dem Problem, schaut auch gar nicht nach, warum es nicht funktioniert. Er gerät in Aggression, wenn er unter Druck steht.

Therapie: Wichtig sind auch hier zunächst die sensomotorischen Grundfunktionen (SI-Therapie nach Ayres). Klare Rückmeldung bei der Auseinandersetzung mit dem Material, den Geräten muss gegeben werden. Er soll sich spüren, soll sich als Ursache erleben, damit er die Folgen nachvollziehen kann. Angebote sind Rollbrett fahren, dabei Begrenzung beachten, auf der Schaukel Tätigkeiten durchführen, z.B. Zielwerfen, Angeln, zunächst mit Magnetstab dann auch mit Schnur, Kegeln usw. Die Aufmerksamkeit soll auf sein eigenes Handeln gerichtet sein. Konstruktives Material, handwerkliche Tätigkeiten ergänzen die Gesamtkörpererfahrungen, übertragen sie auf die Hände. Aufgaben müssen für ihn übersichtlich sein, eine klare Rückmeldung haben, sodass er prüfen und erkennen kann, warum es nicht geht, und auch Ideen entwickeln kann, was er tun kann. Hilfestellungen sind wichtig, um die Schwierigkeiten zu überwinden, sodass er zum Ziel kommen kann (Wegweiser an unübersichtlichen Kreuzungen). Er soll Tätigkeiten beenden, damit er Anfang und Ende erlebt und ihm beim nächsten Mal die Erinnerung helfen kann. Er soll lernen, wie man Probleme (Hindernisse), die auftreten, bewältigen kann. So kann er auch die Frustrationstoleranz erweitern. Stefan hat drei Jahre Therapie gemacht und die Erfahrungen nach und nach auf das Lernen in der Schule übertragen können. Er kommt auf dem Gymnasium jetzt so weit zurecht, dass eine Therapie nicht mehr erforderlich ist.

5.4.5 Richtlinien für die Therapie

- Motorische Voraussetzung für die aktive Raumerkundung (Aufrichtung, Fortbewegung) schaffen
- Beziehung zum eigenen Handeln herstellen
- Integrationsleistungen beachten (Einordnen der Einzelreize in das Gesamtbild)
- Inhalte, Beziehungen und Zusammenhänge sollen verstanden und nachvollzogen werden
- Beobachtung sollte sich auf den Handlungsweg konzentrieren, weniger auf das Endergebnis
- Grenzen zur Orientierung sind wichtig (Strukturhilfe ohne einzuengen)
- Das selbstständige Erkunden unterstützen (Material, Raum, Funktionen)
- Eigeninitiative des Kindes nicht durch zu viel Vorgabe hemmen
- Hilfestellung zur Problemlösung (Überwinden von Hindernissen), nicht ausweichen lassen, führen
- Ursache - Wirkung, d.h. die Konsequenz seiner eigenen Handlungsweise erfahren lassen
- Kind in die Gestaltung der Therapiestunde (Vorbereitung, Aufräumen) einbeziehen
- Dem Kind nicht nur „Fertiges" vorsetzen, bei der Planung einbeziehen (selbst holen, aufbauen, aufräumen)
- Ganzkörperaktivitäten und damit eine direkte Rückmeldung ermöglichen
- Manuelle Tätigkeiten – noch viel spürbare Rückmeldung, Übertragen der körperlichen Erfahrungen ermöglichen
- Handwerkliche Tätigkeiten (Planen, Handfunktion) anbieten
- Bauen, Malen, Gestalten
- Regelspiele unter den Aspekten Reihenfolgen, Zählen, Regeln einhalten, warten, Strategien entwickeln usw. anbieten
- Bei Schulkindern auf schulische Inhalte übertragen
- Lern-Programme individuell abändern
- Dem Kind Zeit lassen zur Anpassung, zur Planung und zum Nachdenken (Zeitdruck vermeiden)
- Leistungsdruck vermeiden
- Der Therapeut sollte sich selbst zurücknehmen

1. Motorisch-funktionelle Förderung

Konzepte:
- Bobath-Therapie
- Führen nach Affolter
- Sensorische Integrationstherapie nach Ayres
- Psychomotorik nach Kiphard, Frostig
- Edu-Kinästhetik

Zu beachten:
- Stabile Haltungskontrolle in allen Positionen auch bei Bewegung
- Aufrichtung gegen die Schwerkraft (Aufsetzen, Aufstehen)
- Haltungswechsel und Bewegungsübergänge in allen Variationen
- Rotation innerhalb der Wirbelsäule in der Waagerechten und Senkrechten
- Aktive Fortbewegung (Krabbeln), den Raum einbeziehen
- Aktivitäten mit dem gesamten Körper (sich als Ursache erleben, spüren)
- Zusammenspiel beider Körperseiten, Kreuzen der Mittellinie
- Hindernisse, große Geräte, verschiedene Widerstände, räumliche Beziehungen erkunden
- Nutzen der motorischen Fertigkeiten (Anpassung, Koordination, Variation, Steuerung, Planung)
- Förderung der Handgeschicklichkeit durch Materialangebot
- Aktive Auseinandersetzung mit den Gegebenheiten (Grob- und Feinmotorik)

Materialien:
- Geräte zur Psychomotorik, SI-Geräte

2. Sensorische Stimulation

Konzepte:
- Affolter-Konzept
- Sensorische Integration nach Ayres
- Körpermotorik / Körperwahrnehmung nach Frostig

Zu beachten:
- Sinnesqualitäten weiter differenzieren durch geeignete Reize
- Das Kind soll sich in Bezug spüren (Körpersinne)
- Spiele, die das Gleichgewicht herausfordern
- Darauf achten, dass die Reize für das Kind einen Sinn ergeben
- Reize in Alltagshandlungen, Spiele, Tätigkeiten „einbetten"

- Variationen, Übertragen auf neue Situationen (monotone Stimuli vermeiden)
- Das Kind selbst erkunden lassen; Zeit, Raum und Möglichkeit dazu geben
- Auf eine gute Rückmeldung der eigenen Handlungen und Bewegungen achten
- Raumwahrnehmung, Raumerfahrungen in allen Ebenen
- Hindernisse motorisch, handelnd bewältigen
- Konsequenzen der eigenen Handlungen erfahren lassen (positive und negative)
- Tätigkeiten, Aufgaben müssen für das Kind noch überschaubar sein
- Hilfestellung zur Orientierung geben (Führen, Wegweiser, Hinweise)
- Mehrteilige Handlungen: Anfang – Zwischenstation(en) – Ende (Handlungsplanung)
- Suchspiele aller Art (im Raum, Dinge verstecken, heraussuchen lassen)
- Einen Schritt nach dem anderen machen (planen), nicht zu viel auf einmal
- Reihenfolge beachten (Steckspiele, Fädeln, Muster)
- Räumliche Beziehungen der Dinge untereinander erfahren lassen (auf, in, unter usw.)
- Nachahmungsleistungen
- Seriale Wahrnehmungsleistungen

Materialien:
- Geräte zur Psychomotorik, SI-Geräte, Materialien, Gegenstände aller Art
- Haushaltsgeräte, Werkzeuge

3. Emotionale und soziale Förderung

Zu beachten:
- Klare Rückmeldung (Verhalten, Körpersprache, Handlung, verbal)
- Selbstständigkeit unterstützen (Sicherheit, Ruhe, Zeit, Geduld)
- Das Kind „eigene Wege" ausprobieren lassen, gehen lassen (eigene Erfahrungen)
- Nicht für das Kind handeln, sondern mit ihm gemeinsam (aktive Prozessbeteiligung)
- Nicht überbehüten oder vor jedem Misserfolg bewahren

- Helfen, die Probleme zu bewältigen
- Es ist wichtig, dass das Kind Fehler als etwas ganz Natürliches erlebt
- Das Selbstwertgefühl aufbauen (Körperimago)
- Abgebrochene Aufgaben (zu schwer) hinterlassen ein schlechtes Selbstwertgefühl
- An der Reaktion der Umwelt lernen lassen (Konsequenzen)
- „Gefühlsausbrüchen" des Kindes standhalten
- Nicht mit der Ambivalenz des Kindes schwanken (Orientierungsverlust)
- Ich-Entwicklung unterstützen
- Der Therapeut sollte sich selbst zurücknehmen

4. Kognitive Förderung

Konzepte:
- Entwicklungspsychologische Konzepte
- Lerntheorien
- Pädagogische Konzepte, schulische Lehrpläne

Zu beachten:
- Die aktive Auseinandersetzung beachten, fördern (Ausdauer, Konzentration)
- Das Erkunden der Dinge und deren Handlungsmöglichkeiten unterstützen
- Die Ideen des Kindes nutzen, erweitern, in Aufgaben einbauen
- Variationsbreite im Handeln anstreben
- Begonnene Tätigkeiten zu einem sinnvollen Abschluss führen
- Hindernisse, Schwierigkeiten bewältigen helfen (Führen, Wegweiser, Hinweise)
- Aufgaben nur stellen, wenn man sicher ist, dass sie zu Ende geführt werden können
- Komplexe Aufgaben in überschaubare Abschnitte unterteilen
- Einen Schritt nach dem anderen machen, nicht gleichzeitig mehrere auf einmal
- Beziehungen zwischen den Dingen erfahren lassen: auf, in, unter, rein, raus usw.
- Auseinandersetzung mit mehrteiligen Spielmaterialien (Steckspiele, Behälter – Inhalt)
- Nachahmung
- Regelspiele

	• Bauen, Malen, Gestalten, Basteln
	• Zählen mit Bewegung kombinieren
	• Aneinander reihen von Perlen, Steckern, Farben, Formen, Buchstaben usw.
Materialien:	• Steckspiele
	• Zuordnungsspiele: Lotto, Memory, Domino, Farben, Formen
	• Konstruktive Materialien: Werkstoffe, Baumaterial, Zeichenmaterial
	• Haushaltsgeräte und Lebensmittel
	• Regelspiele: Würfelspiele, Kartenspiele

Mundfunktion / Sprachentwicklung

Konzepte:	• Konzepte zur Mund-Esstherapie, Orofaziale Therapie
	• Mundsensibilität, akustische Wahrnehmung
	• Konzepte zur Sprachentwicklungstherapie
Zu beachten:	• Mundschluss
	• Zungenspiele
	• In Mund stecken noch erlaubt
	• Isst mit der Hand
	• Isst gröbere Kost
	• Trinken aus Tasse
	• Nachahmung von Mundbewegungen
	• Reiche Mimik und Gestik
	• Variationsreiche Lautbildungen (Silbenketten)
	• Doppelsilben (teilweise mit Bedeutung)
	• Dialoge
Materialien:	• Esswaren, Dinge, die in den Mund gesteckt werden können
	• Blasutensilien, Spiegel
	• Musikinstrumente, Tonkassetten

5.4.6 IV. Stadium:
Typische Verhaltensweisen und Behandlungsschwerpunkte

Verhaltensweisen / Fähigkeiten	Behandlungsschwerpunkte
• Stabile waagerechte Haltung, Rotation • Aktive Aufrichtung in die Senkrechte • Fortbewegung (Rollen, Robben, Krabbeln, Sitzen)	• Unterstützung der motorischen Fertigkeiten • Umgang mit Geräten, die den Einsatz des gesamten Körpers verlangen
• Hände frei zur Manipulation, beginnende Feinmotorik, radiales Greifen, Fingergeschicklichkeit, kommt mit kleinen Dingen zurecht, stochert in Löchern	• Um die Feinmotorik zu differenzieren, verschiedene Objekte anbieten: Große, kleine, dicke, dünne, lange, weiche, elastische, bewegliche, starre usw.
• Mundfunktion differenziert sich, kauen, differenzierte Zungenbewegungen	• Kaukost, Dinge zum Beißen, Lecken, Lutschen, Saugen usw. • Essen aus der Hand
• Erkundet die Dinge, erforscht deren Details, dringt in den Raum ein, spielt zunehmend mit dem Gleichgewicht • Erkundet die Beziehung der Dinge untereinander, verschiebt sie	• Die Sinne ansprechen und differenzieren. Zeit zum Erkunden, Forschen lassen. • Zeit geben, um die Beziehungen zu erarbeiten. Variationen sind wichtig • Rückmeldung muss noch direkt erfolgen (taktil, visuell, auditiv)
• Zielgerichtetes Handeln, überwindet Hindernisse, Handeln mit Voraussicht, beginnt Suchverhalten, kann erfahrene Schemata in aktueller Situation reaktivieren, motorisches Planen und Handlungsplanen, seriale Leistung	• Hilfestellung beim Überwinden von Hindernissen oder Problemen, aber das Kind mit einbeziehen, Ursache - Wirkung erfahren lassen, bei der Gestaltung der Therapieeinheit mit einbeziehen (holen, aufbauen, aufräumen)
• Lautdifferenzierung, Silbenreihen, Doppelsilben mit Bedeutung, Babysprache	• Mit dem Kind sprechen, singen, es aber nicht „zuschütten", ruhig bleiben, wenn sich das Kind auf etwas konzentriert

5.5 V. Stadium: 12 - 18 Monate: „Problemlösung durch aktives Ausprobieren"

Merkmale:	• Entdecken neuer Mittel durch aktives Ausprobieren
	• Tertiäre Zirkulärreaktionen
	• Experimentierverhalten
	• Versuch – Irrtum Verhalten
	• Vorstellungsvermögen auf den nächsten Handlungsschritt
	• Sensomotorische Intelligenz
	• Beginnender Gebrauch von „Werkzeugen" oder Instrumenten

5.5.1 Entwicklungsprozesse und Verhaltensweisen im V. Stadium

Entdecken neuer Mittel durch aktives Ausprobieren

Um das gewünschte Ziel zu erreichen, muss das Kind geeignete Mittel (Handlungsschemata) finden, welche zur „Problemlösung" geeignet sind. Das Kind „schaut" im vorhandenen Handlungsrepertoire nach und überträgt diese auf die neue Situation. Das erfordert die Akkomodation des vorhandenen Schemas an die neue Situation, d.h. an die jeweiligen (räumlichen, funktionalen, situativen) Gegebenheiten. Das Kind probiert die verschiedenen Mittel aus, bis es das richtige Schema gefunden hat. Es handelt, sieht, ob es funktioniert, zögert, korrigiert sich im Verlauf der Handlung, orientiert sich am Erfolg. Damit meistert das Kind die neue Situation aktiv, es setzt sich mit dem Problem auseinander. Die Schemata dienen jetzt der „instrumentalen" Anwendung („instrumentale Mittel"). Durch Variation und Veränderung der Schemata findet es neue Möglichkeiten. Die Problemlösung erfolgt durch das Ausprobieren und Kombinieren von Handlungsschemata, wenn es sich der vertrauten Schemata bedient. Je mehr Erfahrungen das Kind bisher gesammelt hat, desto schneller findet es auch die Lösung. Das Kind setzt auch Objekte ein, um an entfernte Gegenstände zu gelangen. Es bedient sich der Dinge als Hilfsmittel (beginnender Werkzeuggebrauch) und wirkt auf entfernte Dinge mittels eines „Instrumentes" ein.

Beispiel von Piaget[1]

1 Jahr, 1 Monat, 23 Tage:	Lucienne schaut zu, wie ihr Vater einen Ring in ein Brillenetui steckt.
	Sie betrachtet den Gegenstand im Inneren des Etuis, schüttelt und lässt den Ring herausfallen. Sie versucht noch sogleich den Ring wieder zurück zu tun. Dabei werden folgende Beobachtungen gemacht.
1. Phase:	1. Sie hält den Ring mit drei Fingern gegen das Etui und lässt los – der Ring fällt auf den Boden.
	2. Sie versperrt mit den eigenen Fingern die Öffnung.
	3. Sie hält den Ring an das geschlossene Ende.
	4. Sie hält das Etui verkehrt herum und steckt den Ring von unten her in die Öffnung.
	5. Sie legt den Ring auf den Boden und drückt das Etui darüber.
2. Phase:	Jetzt beginnt L., die Versuche zu korrigieren. So legt sie das Etui nicht mehr auf den Ring. Wenn sie den Ring an das geschlossene Ende hält, dreht sie vorher das Etui um. Sie lässt den Ring erst los, wenn er sich im Inneren befindet. Dazu lässt sie ihn bis zu den Fingerspitzen gleiten.

Die tertiäre Zirkulärreaktion

Die Zirkulärreaktionen (primär, sekundär und tertiär) helfen dem Kind das Neue zu erfassen und durch die Wiederholung zu festigen. Die primären Zirkulärreaktionen bringen Reiz und Reaktion in Beziehung, die sekundären Zirkulärreaktionen führen zu komplexen Handlungszyklen (Regelkreisen), die auch die Umwelt (Gegenstände) einbeziehen und untereinander in Beziehung bringen. Mit der Fähigkeit des Kindes, die einzelnen Glieder oder Teilstücke der sekundären Zirkulärreaktionen untereinander neu zu ordnen, kann das Kind die Beziehungen lösen und wieder herstellen. Die Teilaspekte werden aber noch von der Umwelt vorgegeben. Veränderungen und neue Kombinationen erfolgen noch in Abhängigkeit von der Umwelt.

Die tertiären Zirkulärreaktionen entstehen aus der Differenzierung der sekundären Reaktionen. Sie werden nicht mehr durch die Umwelt aufgezwungen. Sie werden um ihrer selbst willen entwickelt. Das Kind entwickelt aus einer Handlung viele Variationen „fortlaufende Wiederholung", während es bewusst die Ausgangsstellung, die Richtung, den Kraftaufwand, den Ablauf oder Teilhandlungen geringfügig verändert. Es beobachtet die Er-

---

1 Vgl. „Das Erwachen der Intelligenz beim Kinde", Klett, Stuttgart 1973, S. 321 - 322

gebnisse seiner Handlungsweise genau, vergleicht sie und variiert sie. Das Interesse orientiert sich am äußeren oder entfernten Ergebnis und weniger an der eigenen Handlung, d.h. es verändert die Handlungsweise, um das Ergebnis zu verändern. Dies ist die Voraussetzung für das „Finden" der richtigen Mittel, um ein Problem lösen zu können. Dabei wechseln sich Akkomodation und Assimilation im Rhythmus ab und verändern dadurch den Verlauf und die Geschwindigkeit.

Das Bedürfnis löst die Handlung aus, die ausprobierende Akkomodation führt zur Ausbildung neuer Möglichkeiten, die wiederum an die bereits vorhandenen Schemata assimiliert werden und so ihre Bedeutung erhalten.

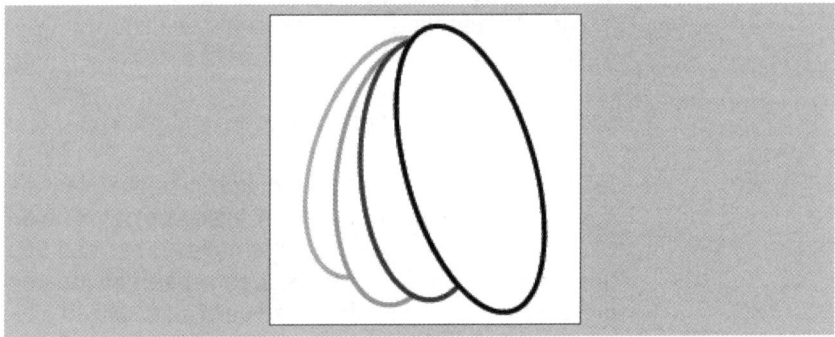

Abbildung 7: Die tertiären Zirkulärreaktionen

Beispiel von Piaget[2]

Laurent hat mit 10 Monaten und 2 Tagen entdeckt, Dinge los und fallen zu lassen. Dabei hat ihn zunächst nur die Handlung des Loslassens interessiert und nicht der „Weg des Fallens". Er wiederholte einfach die entdeckte Handlung.

| 10 Monate, 10 Tage: | Jetzt verändern sich die Zirkulärreaktionen, sie werden tertiär. Laurent manipuliert ein Stück weiches Brot (er hat keinen Hunger, will gar nicht essen). Er lässt das Brot unaufhörlich fallen. Er löst sogar einzelne Stücke aus dem Brot heraus, um sie nacheinander fallen zu lassen. Jetzt wendet er seine Aufmerksamkeit der Fallbewegung zu und nicht mehr der eigenen Handbewegung. Er schaut lange zu dem Punkt hin, wo das Brotstück gelandet ist und liest es wieder auf, wenn er es erreichen kann. |

2   Vgl. „Das Erwachen der Intelligenz beim Kinde", Klett, Stuttgart 1973, S. 272

10 Monate, 11 Tage:	L. lässt verschiedene Gegenstände fallen. Er liegt auf dem Rücken und variiert deutlich die Stellung seiner Hand, ehe er loslässt. Bald streckt er den Arm senkrecht hoch, bald hält er ihn schräg, dann wieder mehr nach vorne oder nach hinten. Fällt der Gegenstand auf einen neuen Ort, wiederholt er es 2-3-mal hintereinander, wie um die spezielle Relation zu studieren, dann verändert er die Situation wieder.
10 Monate, 12 Tage:	L. sitzt in einem Korb und lässt Gegenstände über den Rand fallen. Bald nach rechts, bald nach links und an ganz verschiedenen Stellen. Er versucht jedes Mal, den Gegenstand wieder zu erwischen und beugt sich weit vor über den Rand. Oder er versucht ihn direkt am Rand des Korbes wieder zu holen, obwohl er hier den Gegenstand nicht sehen kann (Blickwinkel).
10 Monate, 29 Tage:	L. betrachtet prüfend die Uhrkette, die am Zeigefinger seines Vaters hängt. Zuerst berührt er sie ganz sachte, ohne danach zu greifen, und bringt sie in leichtes Schwingen. Er wiederholt das Schwingen und beginnt dann mit Variationen. Er ergreift die Kette mit der rechten Hand und versetzt ihr mit der Linken einen Stoß. Dann lässt er sie an seinem linken Handrücken heruntergleiten. Dann hält er das Ende der Kette mit Daumen und Zeigefinger fest und lässt sie zwischen den Fingern der linken Hand hindurchgleiten. Er beobachtet aufmerksam was passiert und wie die Kette über seiner Hand die Richtung ändert. Dann, nach einigen Wiederholungen dieser Handlungsweise, schüttelt er die Kette, sodass sie eine Reihe von Bahnen und Linien in die Luft zeichnet. Dann verlangsamt er die Bewegung und sieht zu, wie die Kette auf der Unterlage kriecht. Schließlich lässt er sie von verschiedenen Höhen hinunterfallen.
1 Jahr, 1 Monat, 24 Tage:	L. entdeckt einen Blumenständer, bei dem sich jede rundliche Plattform um die eigene Achse dreht. L. fasst ein Plateau und zieht daran, es bewegt sich aber nicht in gerader Linie, wie er erwartet hatte, sondern dreht sich. Nun schlägt er darauf und entwickelt daraus weitere Variationen, wobei er den Klang vergleicht. Er schlägt nicht mehr nur auf das Plateau, sondern auch auf den Tisch, den Boden, die Stuhllehne usw.

Experimentierverhalten / Versuch – Irrtum Verhalten

Das Experimentierverhalten zeigt sich in dem Bedürfnis nach der Akkomodation, deren aufeinander folgende Versuche fortlaufend assimiliert werden: „Fortlaufende Wiederholung" = tertiäre Zirkulärreaktionen mit Variationen, die vom Kind bestimmt werden.

Das Interesse für das Neue an sich wird immer größer, je besser das Kind assimilieren (integrieren) kann. Je zahlreicher die Schemata sind, umso größer ist die Möglichkeit eine Lösung zu finden. Diese Fähigkeit ermöglicht die Objektivierung der Kausalität (Ursachen). Das Kind ordnet die Dinge nicht mehr nur in die vertrauten Handlungsschemata ein, sondern ergründet zunehmend die funktionellen Eigenschaften und Möglichkeiten. Es setzt sich bei diesen Aktivitäten auch mit der Schwerkraft und den räumlichen Beziehungen auseinander.

Beispiel von Piaget[3]

Mit 1 Jahr 3 Monaten und 12 Tagen sitzt Jaqueline in ihrem Laufstall (senkrechte Stäbe). Es wird draußen ein längerer Stab quer hingelegt (20 cm lang) = eine Länge von 3 Zwischenräumen: Links - Mitte - Rechts.
Das Problem besteht darin, den Stab durch die Stäbe zu bekommen.

1. Versuch:	Jaqueline greift durch den mittleren Zwischenraum und ergreift den Stock. Der Stab liegt horizontal zu den Gitterstäben. Je mehr sie zieht, desto weniger lässt er sich bewegen. Sie greift nun mit der anderen Hand durch den linken Zwischenraum, hält ihn aber weiter waagerecht und lässt ihn los.
2. Versuch:	J. ergreift den Stock sofort wieder, als er wieder hingelegt wird. Sie greift durch den linken Zwischenraum. Während sie ihn aufhebt, kommt er in eine schräge Position und sie versucht sofort daraus Nutzen zu ziehen. Sie steckt auch die andere Hand durch den gleichen Zwischenraum und richtet den Stab senkrecht auf. Zufall? Voraussicht?
3. und 4. Versuch:	Greift wieder durch den linken Zwischenraum, zieht den Stab waagerecht heran. Als sie den Widerstand der Stäbe spürt, richtet sie den Stab auf. Dieser Anpassungsvorgang erfolgt sehr schnell, da sie den Stab am Ende ergriffen hat.

3   Vgl. „Das Erwachen der Intelligenz beim Kinde"; Klett, Stuttgart 1973, S. 307 - 308

5. Versuch:	Greift den Stock wieder in der Mitte, hebt ihn hoch und prallt gegen die Stäbe. Sie scheint über ihren Misserfolg überrascht zu sein. Es dauert längere Zeit, ehe sie den Stab aufrichtet.
6.-10. Versuch:	Jedes Mal zieht J. den Stab zuerst waagerecht heran, sie richtet ihn immer erst nach dem Misserfolg auf.
11. Versuch:	Sie richtet den Stock schneller auf.
12.-15. Versuch:	Zieht wieder vermehrt, richtet ihn verzögert aus.
16. Versuch:	Dreht den Stock beim ersten Misserfolg.
17. Versuch:	Zum ersten Mal richtet sie den Stab auf, bevor sie anstößt, obwohl sie in der Mitte durchgegriffen hat.
18.-19. Versuch:	Zieht ihn wieder an die Stäbe heran, ehe sie ihn aufrichtet.
20. Versuch:	Richtet den Stab systematisch auf, bevor er die Gitterstäbe berührt.

Beim Experimentieren handelt es sich um ein allmähliches Erarbeiten und Verstehen der verschiedenen Beziehungen und Zusammenhänge. Die Lösung wird erst „ahnungsweise" erfasst. Das Kind macht sich aber die günstigen Zufälle zu Nutze, leitet sie aber nicht direkt ab. Durch die Misserfolge begreift das Kind, dass es das Schema verändern muss (= Akkomodation). Ist der Lösungsversuch häufiger falsch, so heißt das, dass der Entwurf zur richtigen Lösung noch zu schwach ist. Sobald die Lösung aber undeutlich erfasst wurde, verstärkt sich die richtige Lösung mit jeder Wiederholung. Es handelt sich dabei um eine strukturierende Assimilation. Erst das Handeln ordnet das Wahrnehmungsfeld, nicht umgekehrt.

Vorstellungsvermögen
Die Vorstellung ist die Verinnerlichung der handelnden Erfahrung. Im V. Stadium ist sie noch an die direkte sensomotorische Erfahrung gebunden. Das Kind erfasst und betrachtet die Dinge so, wie sie ihm aufgrund der eigenen Handlungsweise erscheinen und nicht so, wie sie wirklich sind. Seine Sicht der Dinge hängt von den eigenen sensomotorischen Erfahrungen ab. Die Erfahrung ermöglicht die Vorstellung, nicht umgekehrt, und es besteht eine „Vorstellung" in Bezug auf den nächsten Handlungsschritt. Beim Experimentieren orientiert sich das Kind am Handlungserfolg. Die Voraussicht wird durch die zunehmende Beweglichkeit der Schemata möglich. Die optische Wahrnehmung allein kann auf dieser Entwicklungsebene noch keine geistigen Kombinationen aktivieren. Die „Umwandlung" des „Bildes" erfolgt nur in Abhängigkeit der Handlung. Nicht die Vorstellung führt zum Objektbegriff, sondern die aktive Auseinandersetzung.

Zwei Bedingungen müssen erfüllt werden, um die Welt so zu sehen, wie sie ist und nicht wie sie uns erscheint.

1. Die Ausbildung des permanenten Gegenstandes (Wahrnehmungskonstanz)
2. Die Überwindung der Illusionen, die durch den eigenen Standpunkt entstehen
   - Wenn der Standpunkt verändert wird, ändert sich die Ansicht – das Bild
   - Niemals kann man einen Gegenstand von allen Seiten zugleich sehen
   - Wir sind uns selbst das Hindernis, welches wir am schwersten wahrnehmen

Beispiel von Piaget[4]

1 Jahr, 6 Monate, 15 Tage:	Jaqueline steht auf einem Wäschestück, welches sie aufheben will. Sie zieht daran und ist erstaunt über den Widerstand. Sie kommt nicht auf den Gedanken, sich auf die Seite zu stellen.
1 Jahr, 7 Monate:	Sie steht auf einem Taschentuch. Nachdem sie vergeblich gezogen hat, nimmt sie ihre Beine weg, sodass es frei wird. Beim zweiten Versuch stellt sie sich gleich daneben. Beim dritten Versuch zieht sie wieder lange Zeit, ehe sie ihren Fuß als Hindernis wahrnimmt und beseitigt.
1 Jahr, 3 Monate, 14 Tage:	J. versucht ein Schmuckkästchen zu öffnen. Mit einer Hand hält sie den Deckel und drückt gleichzeitig dabei den Deckel zu. Mit der anderen Hand versucht sie das Kästchen zu öffnen. Nachdem sie das Kästchen mehrfach von einer Hand in die andere gewechselt hat, gelangt die eine Hand zufällig an den äußeren Rand, sodass sie es öffnen kann.
1 Jahr, 3 Monate, 15 Tage:	Nach zwei vergeblichen Bemühungen das Kästchen zu öffnen, stellt sie es schließlich auf dem Boden ab und öffnet es ohne Schwierigkeiten. Diese Handlung entstand, weil sie einfach eine Hand frei haben wollte.

---

4   Vgl. „Das Erwachen der Intelligenz beim Kinde", Klett, Stuttgart 1973, S. 317

Sensomotorische Intelligenz
I. Das Ziel der Handlungsweisen wird von der Umwelt bestimmt
I. Stadium: Der Reiz bildet die Nahrung für die Funktion.
II. Stadium: Zufallsreaktionen werden durch den Kontakt ausgelöst.
III. Stadium: Das interessante Ereignis aktiviert das Schema, wird wiederholt.

II. Das Ziel entspringt nun der Absicht des Kindes
IV. Stadium: Es wendet erworbene Mittel an, überträgt.
V. Stadium: Es richtet sein Handeln am Erfolg aus.
VI: Stadium: Es handelt aus der Vorstellung heraus.

Das äußere Ereignis lässt mehrere Handlungsmöglichkeiten zu, die nun vom Kind auch wahrgenommen werden können. Das Kind unterscheidet zwischen Ziel und Mittel bzw. Hilfsschemata: Es variiert, ändert ab, passt an. Eine Handlung ist umso intelligenter, je mehr Verhaltensweisen sie umfasst. Um das gewünschte Ziel zu erreichen, muss das Kind geeignete Handlungsschemata finden. Es schaut im vorhandenen Handlungsrepertoire nach und wendet die bekannten Mittel an. Es überträgt sie auf die neue Situation und passt die vertrauten Schemata neu an, probiert die verschiedenen Mittel aus und passt sie an die Situation an. Bei Misserfolg korrigiert das Kind sich im Verlauf der Handlungsweise und erarbeitet sich so die richtige Vorgehensweise.

Beispiel von Piaget[5]

1 Jahr, 7 Monate, 25 Tage:	Jaqueline erhält die Uhrenkette und eine 3/4 geöffnete Streichholzschachtel. Sie hält die Schachtel in der einen Hand, die Kette in der anderen Hand.
1.-15. Versuch:	Sie steckt ein Ende der Kette in die Schachtel, ergreift sie dann ca. 5 cm weiter und führt ein weiteres Stück ein. Als sie ein drittes Stück hineinschieben will, gleitet ihr die Kette aus der Hand.
16. Versuch:	J. hat die Kette mehr in der Mitte ergriffen, sodass sie nicht mehr so lang ist. Sie besteht aus zwei ineinander verschlungenen Schnüren. J. nützt es aus und führt beide Enden zugleich in die Schachtel ein. Sie lässt aber los, sobald die Enden in der Schachtel sind, sodass die Kette wieder etwas zurückfällt. J. schiebt nun sachte die restliche Kette in die Schachtel.

5   Vgl. „Das Erwachen der Intelligenz beim Kinde", Klett, Stuttgart 1973, S. 319 - 321

17. Versuch:	Sie versucht die Handlung zu wiederholen, fasst die Kette in der Mitte, schiebt sie zusammen und führt die Enden zugleich in die Schachtel ein.
18. Versuch:	Wie bisher, aber ohne Erfolg.
19. Versuch:	Hat Schwierigkeiten, das zweite Ende in die Schachtel zu bekommen, gibt auf, nimmt wieder nur ein Ende, greift dann die erfolgreichen Versuche wieder auf.

Eine Stunde später:

1. Versuch:	J. greift die Kette mit beiden Händen (Zufall?) dann prüft sie die so entstandene Form (hält im ersten und zweiten Drittel der Kette). J. steckt nur ein Ende in die Schachtel, lässt los, als ob der Rest von alleine folgen würde. Die Kette fällt heraus.
2. Versuch:	Greift in der Mitte, schiebt die Enden sogleich ineinander und führt sie in die Schachtel ein.
3. Versuch:	Ergreift die Kette am Ende, korrigiert sich, als sie sieht, dass nur ein Ende in die Schachtel gelangt. Sie verschiebt ihre Hand mit Absicht zur Mitte. Dabei geraten die Enden auseinander, die sie ebenfalls sofort wieder zusammenfügt. Sie ergreift die Kette am Ende, korrigiert sich, als sie sieht, dass nur ein Ende in die Schachtel geht. Sie verschiebt ihre Hand mit Absicht zur Mitte. Dabei geraten die Enden auseinander, die sie ebenfalls sofort wieder zusammenfügt.
4. Versuch:	J. formt die Kette zum Knäuel, als sie sieht, wie die Enden auseinander weichen und lässt sie dann in die Schachtel gleiten.

Beginnender „Werkzeuggebrauch", Einsatz von Instrumenten
Um Distanzen zu überwinden und um an entfernte Dinge heranzukommen, bedient sich das Kind zunehmend verschiedener Hilfsmittel oder „Werkzeuge".

Voraussetzung für den Werkzeuggebrauch sind
- Das Erfassen der räumlichen Beziehungen zwischen zwei Dingen
- Das Erfassen der Auswirkung der eigenen Bewegungen
- Bei der Bewegung der Hand, die einen Stock hält, bewegt sich das andere Ende
- Das Kind kann Nutzen aus der Situation ziehen

Die einfachste Form des Werkzeuggebrauches ist die Verwendung der Unterlage als Instrument.

Beispiel von Piaget[6]

Bis zum Alter von 10 Monaten und 16 Tagen war Laurent nicht in der Lage, das „Schema der Unterlage" systematisch zu verwenden. Mit 7 Monaten 29 Tagen gelang es ihm zwar, ein Kissen heranzuziehen, auf dem eine Schachtel lag, aber er zog das Kissen nur als „Ersatz" zu sich heran, weil er die Schachtel nicht erreichen konnte. Er hatte damals noch keinen Nutzen aus der „Unterlage" ziehen können.

1. Versuch:	Die Uhr wird auf ein großes rotes Kissen gelegt, welches direkt vor dem Kind liegt. L. versucht, die Uhr direkt zu erreichen. Da es ihm nicht gelingt, packt er das Kissen und zieht es zu sich heran. Statt dann aber die Unterlage loszulassen, um erneut zu versuchen die Uhr zu erreichen, beginnt er jetzt sichtbar interessiert, das Kissen zu bewegen, während er die Uhr beobachtet. Dies geschieht in einer Art und Weise, die den Eindruck erweckt, als ob L. zum ersten Mal die Relation zwischen dem Gegenstand und der Unterlage wahrnimmt und nur untersuchen wolle.
2. Versuch:	Nun legt Piaget (als Gegenbeweis) zwei Kissen in gleicher Form, Größe und Farbe vor L. Das erste Kissen liegt unmittelbar vor dem Kind, das zweite Kissen liegt etwas weiter weg und ist so gedreht, dass es mit der Ecke auf dem ersten Kissen ruht und zum Kind zeigt. Die Uhr wird auf das gegenüberliegende Ende des zweiten Kissens gelegt. Sobald L. die Uhr wahrnimmt, streckt er die Hände aus und bemächtigt sich des ersten Kissens, um es sich heranzuziehen. Als er feststellen muss, dass sich die Uhr nicht bewegt (er entfernt keinen Augenblick den Blick davon), wendet er seine Aufmerksamkeit der Stelle zu, wo die beiden Kissen übereinander liegen. Er packt es dann an der Ecke und zieht es über das vordere Kissen hinweg an sich heran.
3. Versuch:	Jetzt werden die beiden Kissen hintereinander gelegt, wobei das hintere teilweise unter dem ersten zu liegen kommt. Die Uhr wird auf das hintere Ende des zweiten Kissens gelegt. L. zieht sogleich am ersten Kissen. Als er feststellen muss, dass sich die Uhr nicht bewegt, versucht er das erste Kissen hochzuheben, um an das an-

---

6   Vgl. „Das Erwachen der Intelligenz beim Kinde", Klett, Stuttgart 1973, S. 285 - 286

dere Kissen zu gelangen. Es gelingt ihm schließlich auch und L. eignet sich die Uhr an.

Die Verwendung einer Schnur als Instrument

Dieses Verhalten entwickelt sich aus der ausprobierenden Akkomodation. Die Beziehung zwischen der Schnur und dem Zielgegenstand muss das Kind erfassen. Das Kind muss auch an den Zusammenhängen selbst interessiert sein und den einzelnen Elementen eine funktionelle Bedeutung geben.

Beispiel von Piaget[7]

11 Monate, 7 Tage: Jaqueline sitzt auf einem Lehnstuhl und begnügt sich mit einer Bürste. Sie wird vor ihren Augen an einer Schnur festgebunden und anschließend auf den Boden zu Füßen des Lehnstuhls gelegt, sodass sie die Bürste nicht mehr sieht. Das Ende der Schnur wird über die Armlehne gelegt. J. beugt sich über die Lehne in Richtung der Bürste und streckt die Arme aus. Da sie nur die Schnur sieht, ergreift sie diese und zieht daran. Darauf erscheint ein Ende der Bürste. J. lässt sofort die Schnur los, um die Bürste direkt zu ergreifen. Natürlich fällt die Bürste zurück. Dieses Verhalten wiederholt sich mehrmals und endet mit dem Misserfolg, weil J. jedes Mal die Schnur loslässt, um die Bürste zu greifen. Während sie an der Schnur zieht, zeigt sich aber eine deutliche Erwartungshaltung. Sie sieht ganz deutlich in Richtung der Bürste und wartet auf ihr Erscheinen. Noch kennt das Kind die Rolle der Schwerkraft nicht. Wenn es die Schnur loslässt, verhält es sich so, als ob sich die Dinge auf einer horizontalen Ebene befänden.

1 Jahr, 7 Tage: J. sitzt in ihrem Wagen, dessen Griff gegen den Tisch gelehnt ist. Ein Schwan, um dessen Hals eine Schnur gebunden wurde, wird ihr gezeigt und auf den Tisch gesetzt, während die Schnur ihr in den Wagen gelegt wird. J. ergreift sofort die Schnur und zieht daran, indem sie auf den Schwan blickt. Da die Schnur lang ist, wird sie nicht beim ersten Ziehen gespannt und J. begnügt sich damit, sie hin und her zu bewegen. Jede Erschütterung der Schnur setzt aber auch gleichzeitig den

---

7   Vgl. „Das Erwachen der Intelligenz beim Kinde", Klett, Stuttgart 1973, S. 292 - 294

	Schwan in Bewegung, ohne dass er sich allerdings nähert. Nach zahlreichen Versuchen wird der Schwan weiter weg gesetzt, sodass die Schnur gespannt wird. J. schüttelt, zieht nicht daran, sodass der Schwan umfällt.
1 Jahr, 8 Tage:	Auch diesmal schüttelt sie zuerst die Schnur, dann beginnt sie zu ziehen. Der Schwan kommt etwas näher, sie versucht zu greifen, als sie keinen Erfolg hat, gibt sie auf.
1 Jahr, 19 Tage:	Jetzt zieht J. den Gegenstand vollständig an sich heran, nachdem sie vorher geschüttelt hat, so als ob es dazu gehört.
1 Jahr, 26 Tage:	Die Uhr wird außerhalb ihrer Reichweite auf den Boden gelegt, die Uhrenkette in gerader Linie zum Kind hin. Auf die Kette wird ein Kissen gelegt. Zuerst streckt sich J. direkt nach der Uhr aus. Als sie diese nicht erreicht, schaut sie die Kette an und stellt fest, dass sie unter dem Kissen verschwindet. Darauf nimmt sie das Kissen mit einem Ruck weg, zieht an der Kette und schaut gleichzeitig auf die Uhr. Sobald sich die Uhr in Reichweite befindet, lässt sie die Kette los, um die Uhr zu greifen. Die Handlung ist genau angepasst und läuft schnell ab.

Die instrumentale Verwendung des Stockes

Das Schema entwickelt sich ähnlich wie das Schema „der Unterlage" oder „der Schnur". Es beruht auf der Differenzierung früherer Schemata. Beim Versuch auf die Dinge zu schlagen, lernt das Kind die Möglichkeiten des Stabes kennen. Im Rahmen der Akkomodation muss das Kind herausfinden, wie es der Bewegung die gewünschte Richtung gibt. Das Mittel „Schlagen" differenziert sich in Abhängigkeit zum Zielschema. Dabei ist das Ausprobieren keine Abfolge zufälliger Handlungen, der Zufall spielt die gleiche Rolle wie beim wissenschaftlichen Experiment, der Zufall nützt nur dem Wissenden etwas, sonst bleibt es ein Zufall ohne Bedeutung. Auch die Nachahmung führt nicht zum Verständnis des „Instrumenten-Gebrauchs". Im Rahmen der Nachahmung wird zwar oftmals die Handlung wiederholt, aber das bedeutet nicht, dass das Kind die Bedeutung des Stockes als Instrument begreift. Es muss selbst die Erfahrung machen, um die Bedeutung zu begreifen. Die Entdeckung der neuen Mittel erfolgt in erster Linie über die direkte aktive Auseinandersetzung. Das Zuschauen und Wiederholen beinhaltet nicht automatisch ein Verstehen der Beziehungen. Die visuellen Elemente der Situation werden nach und nach an die bestehende Handlung assimiliert, sodass eine Voraussicht möglich wird.

Beispiel von Piaget[8]

1 Jahr, 5 Tage: Lucienne verfügt bereits über das Schema der „Unterlage". Sie spielt mit einem länglichen Deckel, der als Stab dienen könnte. L. schlägt damit auf den Tisch, die Armlehne usw. ein. Nun wird eine kleine grüne Flasche vor sie auf den Tisch gestellt, die sie auch sogleich haben möchte. Sie gebärdet sich wie wild, seufzt, stöhnt, streckt die Arme aus, kommt aber nicht auf die Idee, den Deckel zu benutzen. Nun wird der Deckel zwischen das Kind und die Flasche gelegt, sie zeigt dasselbe Unverständnis. Dann wird die Flasche auf den Deckel gesetzt und L. zieht den Deckel und mit ihm die Flasche zu sich heran. Die Flasche wird wieder entfernt, der Deckel dazwischen gelegt, aber sie gebraucht den Deckel nicht.

1 Jahr, 2 Monate, L. macht zufällig eine Entdeckung. Sie vergnügt sich mit einem Eimer, auf den sie mit einem Stab einschlägt. Sie verfolgt kein bestimmtes Ziel. Schließlich fällt ihr auf, dass sich der Eimer bei jedem Schlag bewegt und nun versucht sie, ihn durch ihr Schlagen zu verschieben. Sie

7 Tage: schlägt mehr oder weniger schräg, um die Bewegung des Eimers zu verstärken und wiederholt es oftmals hintereinander. Als der Eimer weiter weg gestellt wird, benutzt sie diese neue Entdeckung aber nicht; weder um den Eimer heranzubringen noch um seinen tanzenden Bewegungen eine Richtung zu geben.

1 Jahr, 4 Monate: L. sitzt vor einem Sofa, auf dem eine kleine kürbisförmige Aluminiumflasche steht. Neben ihr liegt derselbe Stock, mit dem sie sich in der letzten Zeit beschäftigt hat. Zuerst bemüht sie sich darum, die Flasche direkt zu erreichen. Da es ihr nicht gelingt, greift sie nach dem Stock. Dies ist neu. Der Stock wird nicht nur benutzt, er wird mit Absicht gesucht. L. erwischt ihn in der Mitte und stellt beim ersten Versuch fest, dass er nicht lang genug ist und so wechselt sie ihn in die linke Hand, um ihn wieder mit rechts an seinem Ende zu ergreifen. Der weitere Fortgang zeigt aber, dass sie den Stock nicht gesucht hat, um die Flasche gezielt zu stoßen, sondern um damit wieder auf den Gegenstand einzuschlagen. Die Flasche fällt dennoch herunter und L. hebt sie auf,

---

8   Vgl. „Das Erwachen der Intelligenz beim Kinde", Klett, Stuttgart 1973, S. 300 - 301

sie hat aber noch nicht verstanden, wieso es passiert ist. Sie steuert die Bewegung nicht gezielt, ihre Handlungsweise war nicht mit Absicht geplant. Einen Augenblick später wird die Flasche vor sie auf den Boden gestellt. Sie streckt sich zuerst wieder direkt nach dem Gegenstand aus, ohne ihn zu erreichen. Sie nimmt nun den Stock und schlägt auf die Flasche ein, die sich darauf ein wenig bewegt. Nun beginnt L. mit großer Aufmerksamkeit das Zielobjekt mit dem Stock von links nach rechts zu stoßen, wodurch es sich nähert. Nach einem Zwischenversuch, die Flasche direkt zu ergreifen, packt L. wieder den Stock und stößt diesmal von links nach rechts, sodass sich die Flasche zu ihr hinbewegt. Entzückt ergreift sie die Flasche und hat auch bei den weiteren Versuchen sofort Erfolg.

Nachahmung im V. Stadium der Sensomotorik
Es kommt nun zu einer systematischen Nachahmung neuer Modelle, die auch dann gelingt, wenn die Bewegungen nicht am eigenen Körper direkt sichtbar sind. Die Nachahmungsweisen entsprechen den Verhaltensweisen des V. Stadiums. Mit den tertiären Zirkulärreaktionen, dem zunehmenden Interesse für das Neue an sich und dem Erkunden und Entdecken von Zusammenhängen und Auswirkungen usw. kann es die Beziehungen der Dinge untereinander besser begreifen und die beobachteten Bewegungsabläufe besser umsetzen und nachahmen. *Bei der Nachahmung überwiegt grundsätzlich die Akkomodationsleistung.* Das Kind bemüht sich bei der Nachahmung sichtlich darum, seine Bewegungsschemata so zu organisieren, dass sie dem Modell entsprechen. Es ist bestrebt, ein bestimmtes Ziel zu erreichen. In der Nachahmung liegt das Bedürfnis zu „Lernen".

1 Jahr, 20 Tage:	Jaqueline sieht zu, wie ein Deckel aufgehoben und wieder hingelegt wird. Der Gegenstand ist in ihrer Reichweite und sie kann versuchen, das gleiche Resultat zu reproduzieren. Aber sie begnügt sich damit, die Hand hochzuheben und wieder sinken zu lassen. Sie imitiert die Handbewegung, nicht aber den äußeren Effekt.
1 Jahr, 21 Tage:	Sie imitiert die Handlung des Zeichnens. Es wird ihr ein Blatt Papier hingelegt. Mit einem Bleistift werden vor ihren Augen einige Linien gemalt, dann wird der Bleistift hingelegt. Sie bemächtigt sich des Stiftes und ahmt die Bewegung mit der rechten Hand nach und zeichnet einige Linien. Sie wechselt den Stift in die linke Hand, dreht dabei den Stift um und versucht mit dem falschen Ende zu malen. Sie stellt den Misserfolg fest, wechselt ihn wieder in die andere Hand – ohne ihn aber wieder umzudrehen. Um sie zu veranlassen weiterzumalen, wird die Bewegung des Stiftes mit dem Finger vorgemacht. Sie imitiert die Bewegung sofort mit dem Finger.
1 Jahr, 28 Tage:	Ein Korken wird auf den Rand ihrer Wiege gelegt und mit dem Stock herunter gestoßen. J. wird der Stock gereicht, während der Korken zurückgelegt wird. Sie ergreift den Stock und schlägt sofort auf den Korken ein, bis er herunterfällt.
1 Jahr, 1 Monat, 23 Tage:	Lucienne betrachtet aufmerksam, wie die Uhr an der Kette hin und her pendelt. Sie wird am Ende der Kette gehalten. Sobald die Uhr hingelegt wird, imitiert sie die Handlung. Erst greift sie die Kette nahe bei der Uhr, dann legt sie alles noch mal hin, ergreift die Kette aufs Neue, passt aber auf, dass sie sie weiter hinten hält, sodass der Abstand größer ist.
1 Jahr, 1 Monat, 19 Tage:	J. sitzt gegenüber, als mit dem Zeigefinger die Zungenspitze berührt wird. Sie versucht es sofort nachzuahmen und tut dies in drei Etappen. Zunächst berührt sie mit ihrem Zeigefinger ihre Lippe (bekanntes Schema). Dann streckt sie ihre Zunge heraus, ohne sie mit dem Zeigefinger zu berühren. Schließlich führt sie ihren Zeigefinger in Richtung des Mundes, sie sucht offensichtlich die Zunge und berührt sie schließlich auch.

---

9   Vgl. „Nachahmung, Spiel und Traum", Klett, Stuttgart 1973, S. 76 - 78

Spiel im V. Stadium
Beim Spiel überwiegt nach Aussagen Piagets die Assimilationstätigkeit. Das Kind hat während des Spiels kein wirkliches Interesse daran, seine Handlungsweise an die Gegebenheiten anzupassen. Es „will nichts lernen", kein bestimmtes (vorgegebenes) Ziel erreichen oder ein bestimmtes vorgegebenes Schema nachahmen, sondern ordnet viel mehr die Gegebenheiten der Umwelt seinem Spiel unter. Objekte werden im Spiel umfunktioniert, erhalten ein vom Kind bestimmtes „Eigenleben". Im Vordergrund steht in diesem Alter noch das Funktionsspiel, bei dem das Kind sich mit der Funktion der Dinge beschäftigt und durch die Assimilation übt, wiederholt, vertieft und generalisiert. Allerdings ist der Anteil von Assimilation und Akkomodation nicht bei allen „Spielen" gleich.

Bei den *Übungsspielen* ist der Anteil an Akkomodation gering, wenn dem Kind die Handlung sehr vertraut ist und es keinerlei Interesse zeigt, etwas lernen zu wollen. Wenn das Kind dagegen eine neue Funktion einübt, dann ist der Anteil an Akkomodationsleistung größer und es will etwas lernen. Wenn ein Kind einfach vor sich hinplappert, spielt es mit der Sprache, den Worten, ohne sich um wirkliche Kommunikation zu bemühen. Hier überwiegt wiederum das Spiel und die Assimilation.

Wenn das Kind vor sich hinhüpft, einfach aus der Freude sich zu bewegen, so hat es keine bestimmte Absicht, kein Ziel und der Anteil der Akkomodation ist sehr gering, begrenzt sich nur darauf, die Körpersinne zu integrieren und die motorischen Reaktionen darauf abzustimmen. Die Bewegungen aber an sich verlangen von ihm keine bewusste Akkomodation mehr.

Wenn das Kind einen Behälter einfach ausleert, um ihn wieder zu füllen, obwohl diese Tätigkeit keinerlei Anforderungen an das Kind stellt, so handelt es einfach aus Freude am Handeln, ohne ein konkretes Ziel vor sich zu haben. Es überwiegt die Assimilation. Kostet das Einräumen aber noch Mühe in der motorischen Organisation, so ist der Anteil der Akkomodation deutlich größer.

Folgende Verhaltensweisen können im Spiel beobachtet werden:
• Experimentierverhalten im Rahmen der tertiären Zirkulärreaktionen
• Wiederholungen (sekundäre Zirkulärreaktionen) bei neuen Effekten
• Eine gewisse Ritualisierung
• Variationen und Kombinationen verschiedener Handlungen
• Spiele unter Einsatz des ganzen Körpers
• Erkundung des Raumes („häusliche Geografie") in allen Ebenen
• Erste, einfache Nachahmungsspiele
• Übergangsphase zwischen dem Übungsspiel und dem Symbolspiel

Im V. Stadium werden aber auch bereits *Symbol- und Nachahmungsspiele* sichtbar, z.B. wenn das Kind die Dinge umfunktioniert, ihnen eine Stimme verleiht usw. überwiegt die Assimilation.

Beispiel von Piaget[10]

1 Jahr, 3 Monate, 12 Tage:	Jaqueline bemerkt ein Wäschestück, dessen Fransen sie vage an die Fransen ihres Kopfkissens erinnern. Sie bemächtigt sich dessen, hält den Zipfel in der rechten Hand, saugt am Daumen und legt sich lachend auf die Seite. Sie hält die Augen offen, aber schließt sie von Zeit zu Zeit.
1 Jahr, 3 Monate, 13 Tage:	Sie bedient sich eines Mantelzipfels zum gleichen Zweck.
1 Jahr, 3 Monate, 30 Tage:	Nun stellt der Schwanz ihres Esels das Kopfkissen dar.

Wenn das Kind im Spiel seine Umwelt nachahmt, ist der Anteil der Akkomodation wieder größer. Die *Nachahmungsspiele* enthalten daher – je nachdem, welche Anstrengungen sie dem Kind abverlangen, mehr Akkomodation. Symbolspiele und Nachahmungsspiele können sich sehr leicht vermischen. Das Kind tut so als ob, und nur das Kind selbst bestimmt, wie weit es sich anstrengen will (sich um Akkomodation bemüht). Aus den Symbolspielen entwickelt sich später das Theaterspielen.

Bei *Regelspielen* werden vom Kind, vor allem wenn ihm die Regeln Verhaltensweisen abverlangen, die ihm unangenehm sind, mehr Akkomodationsleistungen verlangt, als wenn es die Regeln willkürlich immer wieder nach seinen Bedürfnissen abändert. Regelspiele entwickeln sich im Allgemeinen aus den Übungsspielen und treten erst zu einem späteren Zeitpunkt auf. Erst in der präoperationalen Periode, am Ende der Symbolphase, wenn das Kind beginnt, mit anderen Kindern zusammen zu spielen, werden Regeln benötigt. Die Fortsetzung der Regelspiele zeigt sich in den sportlichen Wettkämpfen.

Die *Konstruktionsspiele* haben einen hohen Anteil an Akkomodationsleistung. Hier setzt sich das Kind ein Ziel (oder es wird ihm ein Ziel vorgegeben) und muss nun auch die Teilhandlungen entsprechend organisieren und dem

---

10 Vgl. „Nachahmung, Spiel und Traum" Klett, Stuttgart 1973, S. 128

Ziel unterordnen. Denkbar ist aber auch ein einfaches (zielloses) Aufeinanderstellen von Klötzen, einfach aus der Freude heraus, dieselben dann umzustoßen und umfallen zu sehen. Auch die Konstruktionsspiele gehören in die Zeit des anschaulichen Denkens.

Heute spielen *Lernspiele* eine zunehmend größere, ja fast überdimensionale Rolle. Der Anteil an Akkomodationsleistung bei den verschiedenen Übungsspielen, Nachahmungsspielen, didaktischen Spielen, Lernspielen, Regelspielen, Konstruktionsspielen wird vonseiten der Erwachsenen (Pädagogen, Therapeuten) zunehmend in den Vordergrund gebracht. Die Leistungsfähigkeit des Kindes soll gesteigert werden, entsprechend dem „Wachstumsdenken" und „Leistungsdenken" unserer Gesellschaft. Dem kindlichen Spiel, bei dem die Assimilation überwiegt, wird immer weniger Spielraum gegeben. Es ist erschreckend, wie immer mehr Kinder Probleme beim Symbol- und Rollenspiel haben.

5.5.2 Einzelleistungen des Kindes im V. Stadium

Alter	Körpermotorik	Handfunktion	Wahrnehmung
12 - 13 Monate	• Kommt in alle Körperpositionen allein • Krabbelt noch gerne • Krabbelt über, durch • Schiebt Stühle • Läuft frei noch etwas unsicher • Plötzliches Stehen bleibt schwer • Um Ecken gehen noch schwer • Großer Bewegungsdrang • Will Laufen üben	• Greift mit Daumen und Zeigefinger: Spitz-Pinzettengriff ist sicher • Stochert gerne in Löchern • Dosierung der Fingerbewegung noch nicht sicher angepasst - Kraftaufwand noch groß • Aus-, Einräumen • Einstecken runder Teile • Aufeinanderstellen • Steckt weniger in den Mund (Neues bevorzugt) • Wirft gerne, holt wieder	• Gute Integration der Sinnesreize differenziert Sinnesfunktion weiterhin • Erfasst die Beziehung der Teile untereinander: Aus-, Einräumen, Einstecken runder Teile, Aufeinanderstellen • Bewegungsdrang, erprobt seine körperlichen Möglichkeiten • Spielt mit seinem Gleichgewicht • Raumerkunden wichtig • Wirft weg, holt wieder
15 - 18 Monate	• Freies Laufen wird immer sicherer • Kann frei aufstehen • Kann sich bücken • Geht in Hockstellung • Spielt in der Hocke • Klettert, schaukelt gerne • Großer Bewegungsdrang • Will seine Grenzen und Möglichkeiten erkunden	• Beginnender Werkzeuggebrauch: Mit Löffel ungeschickt, kleckert noch • Kritzelt mit Stift • Zieht Dinge auf Unterlage • Zieht an Schnur • Klopft mit Stock	• Zunehmendes Interesse an Bildern • Streichelt Katze auf Bild • Zunehmendes Interesse am Auseinandernehmen und Zusammenfügen in allen Variationen • Beachtet die Auswirkung seiner Handlungsweise

Sozialverhalten	Kognitive Entwicklung	Sprache
• Hilft bei täglichen Verrichtungen: Isst mit Löffel, kleckert • Zieht Schuhe / Socken aus • Beobachtet das Tun anderer • Nachahmungsspiele: Ahmt tägliche Verrichtungen nach • Gleichaltrige werden eher noch wie Objekte behandelt • Versteht einfache Ge- / Verbote	• Will seine motorischen Fähigkeiten und Grenzen erproben • Erkundet den Raum im Haus und ums Haus • Räumt aus und ein • Steckt runde Teile ein, eckige fallen noch schwer • Stellt aufeinander • Nachahmungsspiele • Experimentierverhalten • Versuch – Irrtum Verhalten	• Steckt weniger in den Mund, vorwiegend Neues • Gute Mundmotorik • Kaut • Gute Zungenspiele • Seitliche Zungenbewegungen • Trinken aus Tasse • Reiche Gebärdensprache • Versteht Ge- / Verbote • Befolgt einfache Aufforderungen • Spricht viel nach • Echolalie, Doppelsilben mit Bedeutung, Babysprache, Einwortsätze
• Bringt Ärger, Zuneigung, Eifersucht, Gefühle mit dem ganzen Körper zum Ausdruck • Liebt Publikum: Wiederholt Handlungen über die gelacht wird • Kleinkinderkunststücke • Befolgt kleine Aufträge	• Bilderbücher werden betrachtet • Streichelt Bilder • Beginnendes Zuordnen • Will wissen, wie die Dinge heißen, bezeichnet Dinge • Handlungen zur aktiven Problemlösung über das Ausprobieren	• Einwortsätze • Wortschatz nimmt sichtlich zu • Erstes Fragealter, es will Namen der Dinge wissen

5.5.3   Entwicklungsstörungen

Kriterien zur Beurteilung der Verhaltensweisen

Die Einzelleistungen können bei älteren Kindern durchaus vorhanden sein. Es kann möglicherweise einstecken, einen Turm bauen, sprechen, aber man muss hinterfragen, ob das Kind diese Leistung gelernt oder geübt hat, d.h. nur wiederholt, was ihm gezeigt wurde, oder ob es wirklich die Zusammenhänge erfasst. Eine eigentliche Problembewältigung ist nur dann vorhanden, wenn das Kind vor einer neuen (aber ähnlichen) Situation steht und es aus seinem vorhandenen Repertoire die Schemata auswählt, die für eine mögliche Lösung infrage kommen, diese systematisch einsetzt und so über das Ausprobieren zur Lösung kommt. Es geht hier um die aktive Erarbeitung der Lösungsstrategien. Wenn das Kind die Handlung kennt, weil es diese oft gemacht und gezeigt bekommen hat, muss es ja die Lösung nicht mehr suchen. Das Hantieren und die sekundären Zirkulärreaktionen können ein Experimentieren vortäuschen.

Folgende Fragen sollten beantwortet werden:
*   Was macht das Kind spontan?
*   Wie setzt es sich mit den Dingen auseinander?
*   Wie sieht es mit Variationen aus? Variationsvielfalt?
*   Welche Handlungsschemata stehen ihm zur Verfügung?
*   Wie verhält es sich in einer neuen Situation oder im Umgang mit neuen Dingen?
*   Versucht es, Hindernisse oder Probleme zu bewältigen?
*   Motorisches Planen? Handlungsplanen?
*   Wie systematisch geht das Kind vor, wenn es die Lösung über das Ausprobieren sucht?
*   Wie sieht es mit der Vorstellung aus?
*   Überprüft das Kind sein Handlungsergebnis und korrigiert es sich dementsprechend?
*   Orientiert es sich in seiner Handlungsweise am Erfolg?

Folgende Reaktionen sind Hinweise auf Probleme im V. Stadium
Basisfunktionen / Motorische Probleme
*   Undifferenzierte sensomotorische Basisfunktionen
*   Noch instabile Haltungskontrolle, Aufrichtung und aktive Fortbewegung
*   Unsicherheit im Gleichgewicht bei Richtungswechsel
*   Mangelndes Körperbewusstsein, unselbstständig im Rahmen seiner Möglichkeiten
*   Störungen in der motorischen Planung
*   Kennt seine eigenen Möglichkeiten und Grenzen nicht

- Störungen in der Raumwahrnehmung (räumliche Beziehungen)

Basisfunktionen / Kognition
- Verfügt über angelernte Funktionen, setzt sie aber nicht ein
- Handelt aus Gewohnheit (wiederholt), ohne die Zusammenhänge zu verstehen
- Unzureichende Auseinandersetzung mit den Dingen
- Entwickelt wenig eigene Spielideen, wartet auf „Vorgaben"
- Probleme zwei oder mehr Dinge (Teile) in Beziehung zu bringen
- Probleme in der Vorstellung

Probleme bei der Planung und Problemlösung
- Gibt auf, wenn es nicht klappt, keine aktive Problemlösung
- Probleme beim systematischen Ausprobieren, Erkunden der Dinge, des Raumes, der Umwelt
- Kommt mit neuen Situationen nicht zurecht
- Wird schnell verunsichert, hat keine Schemata zur Verfügung, um ein Problem zu bewältigen
- Probleme im zielgerichteten Handeln (wechselt von einem zum anderen)
- Das Kind verlässt sich darauf, dass schon jemand „einspringt", „warnt", ihm Probleme abnimmt
- Sucht Lob und Bestätigung beim Erwachsenen, findet keine Selbstbestätigung durch das Tun
- Zu viel Rückmeldung über den Erwachsenen, nicht durch die eigene Wahrnehmung
- Achtet zu wenig auf das, was durch sein Handeln „passiert", in Bewegung gerät usw.

Auf welche Kinder treffen die Verhaltensweisen des V. Stadiums zu?

1. Gesunde Kinder zwischen 12 - 18 Monaten

2. Kinder mit motorischen Störungen
- Motorische Funktionen sind an sich vorhanden, aber die Qualität der Bewegungsabläufe ist noch auffällig
- Probleme bei der selbstständigen Fortbewegung (unsicheres Laufen)
- Unsicherheiten im Gleichgewicht
- Unsicherheiten in der motorischen Anpassung (Bewegungsdosierung)
- Braucht noch Zeit und „Übung" zur Anpassung an die neue Situation
- Probiert seine motorischen Möglichkeiten und Grenzen nicht aus, wenig Freude an motorischen Aktivitäten

- Bewegungsdrang ist groß, unruhig, ungezieltes Herumrennen
- Fällt leicht, stolpert, Unfälle nicht selten (Erfahrungen)
- Probleme in der Feinmotorik: Setzt oft nur eine Hand ein, unzureichende Geschicklichkeit
- Mangelnde Visuomotorik, Probleme bei Bewegungen mit Voraussicht

3. Kinder mit Wahrnehmungsstörungen
- Kinder, die auf die konkrete, direkt spürbare, sofortige Rückmeldung angewiesen sind
- Kinder, welche noch Probleme bei der direkten Rückmeldung haben
- Wenig Interesse an dem Neuen, an Details, wenig eigene Ideen
- Noch kein verinnerlichtes Planen, muss direkt probieren, wirkt dadurch umständlich, braucht Zeit
- Probleme vor allem im serialen Bereich
- Kommt mit der Reihenfolge der Handlungsschritte noch durcheinander, korrigiert sich am Erfolg
- Probleme in der Raumwahrnehmung
- Braucht für das Verstehen der räumlichen Beziehungen noch den direkten spürbaren Bezug
- Visuelle Rückmeldung reicht nicht aus, muss es direkt spüren und erleben
- Kinder mit sensorischen Integrationsstörungen bei guter Intelligenz
- Unüberlegtes Handeln, unsystematisches sprunghaftes Vorgehen
- Probleme beim Konstruktionsspiel (Bauen, Malen)
- Hyperaktivität

4. Kinder mit kognitiven Problemen
- Kein Handeln mit Variationen, sondern Wiederholen vertrauter Schemata
- Störungen im Funktionsspiel, wenig oder kein Interesse am Detail, am Neuen
- Wenig Interesse an Behältern und Inhalten aller Art, kein Erkunden der Funktionen
- Beziehungen der Teile untereinander werden nicht wirklich beachtet (räumliche Beziehungen)
- Versuch – Irrtum Verhalten überwiegt noch, aber das Vorgehen ist noch sehr unsystematisch
- Unzureichendes, unsystematisches aktives Ausprobieren, geringe aktive Problemlösungsstrategien
- Orientiert sein Handeln nicht am Erfolg, verliert die Orientierung
- Verliert den Überblick über mehrere Teilschritte

- Noch kein Planen komplexer Abläufe aus der Vorstellung heraus
- Unzureichendes Nachahmungs- oder Symbolspiel

5. *Kinder mit folgendem Sozialverhalten*
- Geringe Neugier
- Kann sich noch schwer von der Mutter lösen, um den Raum zu erkunden
- Deutliche Unsicherheit oder auch Angst im Kontakt zu Fremden
- Wenig Interesse an anderen Kindern
- Wiederholt Verhaltensweisen und prüft die Reaktion immer wieder
- Geringe Nachahmung von Handlungen, Tätigkeiten, Verhaltensweisen
- Unzureichende Kommunikation (Mimik, Gebärde, Lautsprache: Töne, Doppelsilben mit Bedeutung, Einwort-Sätze)
- Wenig oder auffällige Symbolhandlungen
- Beeinträchtigte Selbstständigkeit

5.5.4 Fallbeispiele

Michael, 3 Jahre

Diagnose:	Down Syndrom
Motorik:	Er hat sich mit 2 Jahren zum Sitzen aufgerichtet und ist zum Krabbeln gekommen. Jetzt kann er laufen und ist sehr bewegungsfreudig und bleibt nur noch kurz bei jemand sitzen. Er dringt in Ecken und Winkel, versucht überall hinzukommen. Klettert auch auf niedrige Möbel usw. Motorische Aktivitäten stehen im Vordergrund. Die Bewegungsanpassung ist noch unzureichend, oft noch zu schwungvoll, sodass er leicht über das Ziel hinaus schießt, Dinge umstößt usw. Das Werfen ist beliebt, erfolgt mit vollem Arm-Einsatz. Beim Hantieren mit Gegenständen hat er die Dinge noch nicht richtig im Griff. Einstecken, Turm bauen usw. klappt daher noch nicht so recht, er trifft nicht immer, setzt zu viel Kraft ein, hat die Teile nicht richtig unter Kontrolle, d.h. sie rutschen ihm auch weg, er beginnt dann sie wegzuwerfen.
Wahrnehmung:	In der Körperwahrnehmung noch undifferenziert, was sich in der motorischen Anpassung spiegelt. Aber er setzt sich und seine motorischen Möglichkeiten immer mehr ein. Im visuellen Bereich erkennt er schon oft, wohin

etwas gehört, einfache Zuordnungsaufgaben sind möglich, aber nur für kurze Zeit. Infolge seiner unzureichenden Feinmotorik trifft er nicht immer richtig, sodass er die Lust verliert. Er hört, reagiert auf kurze „Kommandos", bildet Doppelsilben, lautiert.

Kognition: Wiederholt erfolgreiche Handlungen, fügt auch schon zwei Teile zusammen und variiert seine Handlungsweisen. Im grobmotorischen Bereich experimentiert er mit seinen Möglichkeiten, was er alles erreichen kann, wo er hinkommt usw. Er erkundet den Raum, ist daher viel in Bewegung. Bewegungsspiele, z.B. mit dem Ball, mit Autos usw. stehen im Vordergrund seiner Bedürfnisse. Im feinmotorischen Bereich hat er wenig Geduld – hier wirken sich die Probleme der motorischen Anpassung aus. Er will die Dinge einfügen, weiß z.T. auch, wohin sie gehören, probiert eine Weile und gibt auf, wenn er keinen Erfolg hat. Bilder betrachtet er kurze Zeit, zeigt auch vertraute Dinge, wenn man ihn auffordert.

Sprache: Befolgt einfache Aufforderungen und „Kommandos". Die aktive Sprache beginnt in Form von Doppelsilben mit Bedeutung. Er lautiert viel, untermalt sein Handeln mit Tönen (Brummen beim Autofahren usw.).

Therapie: Da Michael gerade das Laufen erlernt hat, muss sein Bedürfnis nach Bewegung im Raum unterstützt werden. Ihn jetzt zu längerem konzentrativen Spiel anzuhalten wäre kontraindiziert. Allerdings werden begonnene Tätigkeiten zu einem Abschluss geführt, um eine gewisse Struktur zu erhalten. Aufgaben sind jetzt auf Bewegung im Raum konzentriert: Klettern, Schaukeln, Durchkriechen, über Hindernisse steigen usw. (= Inhalte der Sensorischen Integrationstherapie von Ayres). Auch das Verstecken, Holen von Dingen, Bildern usw. macht er gerne mit und hier können auch die kognitiven Inhalte einbezogen werden. Kommt er im feinmotorischen Bereich nicht zurecht, werden seine Hände geführt, um ihm zum Erfolg zu verhelfen und um gleichzeitig die Rückmeldung über die Tast- und Tiefenwahrnehmung zu verstärken. In dieser Situation akzeptiert er die Führung auch, andermal lehnt er sie deutlich ab, will es allein machen.

Diagnose:	MCD, Hyperaktivität, SI-Störung
Motorik:	Funktionen sind vorhanden, aber er ist ständig irgendwo in Bewegung, kann nicht ruhig stehen oder sitzen, tänzelt auf den Zehenspitzen. Er liebt motorische Aktivitäten, klettert, schaukelt, kriecht unter etwas durch, usw. Koordination, Anpassung usw. erfolgen immer konkret am Material, d.h. er korrigiert sich nachträglich und stellt die Bewegung noch nicht im Voraus darauf ein. Dadurch passieren ihm oft viele Missgeschicke.
Wahrnehmung:	Er hat eine schlechte Körperwahrnehmung, spürt sich nicht gut, tastet sich nicht voran, sondern „überrennt" die Dinge und stößt sie um. Die Bewegungsanpassung ist schlecht, er schießt oft über das Ziel hinaus, kann die Bewegung nicht rechtzeitig stoppen, schaukelt wild, hat die Schaukel nicht wirklich unter seiner Kontrolle. Im visuellen und auditiven Bereich ist er deutlich besser, solange er keine Bewegung koordinieren und steuern muss. Zuordnen, Puzzles, Memory, Farben usw., Tätigkeiten im zweidimensionalen Bereich bereiten ihm keine Schwierigkeiten. Buchstaben sind ihm vertraut, Lesen und Schreiben klappt, wenn man von der Stiftführung absieht. Probleme bestehen in der Raumwahrnehmung (im dreidimensionalen Raum), im Erfassen der räumlichen Beziehungen der Einzelteile untereinander, welche Auswirkungen auf weiterführende Teile bestehen. Er erfasst oft nur das momentane aktuelle, konkrete Geschehen, kann sich weitere Schritte schwer vorstellen. Dies zeigt sich bei räumlichen Konstruktionen, bei Strategiespielen und beim Rechnen.
Kognition:	Er besucht die Lernbehindertenschule und kommt da gut mit. Er braucht bei den Hausaufgaben Führungshilfe, verzettelt sich leicht. Das Ausprobieren zeigt sich deutlich bei Aufgaben, bei denen eine Planung verlangt wird (motorisches Planen, Handlungsplanen, Bauen). Er handelt unüberlegt bzw. versucht das Vertraute anzuwenden, zu wiederholen und ist irritiert, wenn es nicht funktioniert, dann sucht er fragend Hilfe beim Erwachsenen. Nutzt die Dinge nicht, die vorhanden sind, sieht sie nicht. Er weiß z.B. beim Bauen eines Hauses nicht, was er als

Dach verwenden kann. Er nimmt erst ein großes weiches Tuch, das zu groß ist, das ganze Haus verdeckt und außerdem das Gebaute zum Einsturz bringt. Dann faltet er das Tuch mehrfach zusammen, probiert neu – ohne Erfolg. Es rutscht in das Haus hinein, bei mehr Druck fallen die Mauern, ist es größer, hängt es über usw. Danach versucht er es mit einem kleinen Blatt Papier. Es ist zu klein, rutscht rein, hält nicht – ähnlich wie das Tuch. Er hat die Bücher, die neben dem Papier stehen, nicht wahrgenommen. Er sieht auch nicht die leere Bausteinkiste, die sich als Dach anbieten würde. Er fragt nach den großen Bausteinen, die er von früher her kennt, die aber zurzeit nicht verfügbar sind. Erst als ich ihn auffordere, sich genau im Schrank umzuschauen, dort wo er das Blatt Papier gefunden hat, sieht er die Bücher und holt einen Spielplan, den er als Dach verwenden kann.

Sprache: Keine Probleme vorhanden.

Therapie: Wichtig ist für ihn die direkte Rückmeldung über die Körpersinne. Einsatz von Materialien, bei denen er die räumlichen Beziehungen und deren Auswirkungen spüren kann, und Einsatz der großen Geräte zum Einsatz des gesamten Körpers, wie auch konstruktive Materialien und handwerkliche Techniken sind günstig. Peter werden Aufgaben gestellt, die ihn direkt und spürbar konkret erleben lassen, ob es funktioniert oder nicht. Es wird abgewartet, sodass er Zeit erhält, selbst zu prüfen, warum es nicht funktioniert, was er anders machen kann usw. Um ihn zum Ausprobieren anzuleiten, werden hin und wieder Tipps gegeben, als Ideen, die er probieren kann. Diese Ideen sind nicht immer die richtige Lösung. Wichtig sind Erfahrungen, damit er sich beim nächsten Mal daran erinnern kann und so die Folge einer Handlung besser im Voraus einschätzen kann. Nicht immer gelingt es, er braucht einfach immer wieder ähnliche Erfahrungen. Um mehr Eigenverantwortung zu übernehmen, wird er auch zeitweilig mit einer kleinen Aufgabe allein im Raum gelassen oder es wird ihm gesagt, dass er selbst Bescheid geben soll, wenn er Hilfe braucht. Hilfestellung erfolgt auch, indem man mit ihm die Situation, was passiert ist, warum es nicht geht usw. durch

Frage und Antwort erarbeitet, sodass er seine Wahrnehmung besser schult und nutzt, statt sich auf das zu verlassen, was ihm vorgegeben wird. Das selbstständige Arbeiten steht im Vordergrund und weniger das Leistungsergebnis am Ende der Handlung. Letzteres wird nur als Rahmen und als Bestätigung für Peter genutzt.

5.5.5 Richtlinien für die Therapie

- Das Kind machen lassen; Zeit, Raum und Möglichkeiten für eigene Erfahrungen geben
- Nicht ständig vorgeben, bestimmen, was es machen soll und vor allem, wie es dies durchführen soll
- Grenzen, innerhalb derer sich das Kind frei entfalten und probieren kann, klar „abstecken"
- Auch negative Erfahrungen zulassen, wenn sie keine wirkliche Verletzungsgefahr beinhalten
- Begonnene Tätigkeiten zu einem Abschluss bringen, damit Anfang und Ende erlebt werden können
- Anforderungen so stellen, dass das Kind sie in dieser Situation bewältigen kann
- Ausweichverhalten (keine Auseinandersetzung mit dem Problem) verhindern
- Hilfestellung beim Umgang mit schwierigen Situationen (aktive Auseinandersetzung, Beteiligung) anbieten
- Körperlich, ganzheitlich konkret erleben und spüren lassen: „So funktioniert es (nicht)!"
- Die Zusammenhänge und Hintergründe über das Handeln erarbeiten, um zu verstehen
- Nicht für das Kind handeln oder denken, sondern mit ihm
- Führung geben (direkte Bewegungs-, Handführung, indirekt durch Halten des Objektes, „Wegweiser")
- Fehler machen lassen, abwarten, ob und wie es darauf reagiert
- Bei Provokationen daran denken, dass es auch hier ausprobiert: Klare Haltung, Ruhe, Konsequenz
- Das Kind muss Lob und Tadel in Bezug zum Handeln bringen können
- Mut zum Probieren vermitteln: Angebote, Tipps, Ideen, die das Kind probieren kann
- Nicht perfekt vormachen, sondern so, dass das Kind eine Chance hat, es auch zu schaffen
- Es selbst auch mal bewusst falsch machen und das Kind beobachten lassen

- Bei älteren Kindern kann man vereinbaren, dass man abwartet, bis das Kind selbst um Hilfe bittet
- Eigenverantwortung im Rahmen seiner Möglichkeiten übergeben
- Evtl. sogar aus dem Zimmer gehen, um zu demonstrieren, dass es dies wirklich allein geschafft hat
- Das Kind muss für sich etwas gelernt haben und aus der Stunde „mitnehmen"

Anforderungen an den Therapeuten
- Ein hohes Maß an Disziplin, Zurückhaltung seiner eigenen Person
- Geduld und ein hohes Maß an Aufmerksamkeit trotz eigener Passivität
- Dem Hilfe suchenden Blick des Kindes standhalten
- Konsequentes, für das Kind nachvollziehbares Verhalten
- Konflikte mit dem Kind durchstehen (Geschrei und Theater ertragen)
- Sich gut überlegen, was (in dieser Situation) verlangt werden kann
- Situationen zu einem „guten" Abschluss bringen
- Probleme nicht an „Dritte" weitergeben (Zeitmangel, eigene Schwierigkeit)

1. Motorisch-funktionelle Förderung
Konzepte:
- Sensorische Integrationstherapie nach Ayres
- Psychomotorische Verfahren (Kiphard, Frostig)

Zu beachten:
- Bewegungsabläufe, Bewegungsqualitäten beobachten (Pathologische Bewegung?)
- Probieren lassen (Material, Raum, Zeit geben)
- Ganzen Körper einbeziehen
- Aktivitäten im Raum (nicht zu viel am Tisch)
- Materialien anbieten mit klarer Rückmeldung
- Handfunktion differenzieren über das Ausprobieren: Material und Funktionen erkunden
- Handwerkliche Techniken
- Variationen, Neuanpassung (möglichst kein gleichförmiges Wiederholen)
- Selbstständigkeit, wenig oder gar nicht eingreifen
- Lerninhalte in die Bewegung übertragen oder mit Bewegung kombinieren

2. Sensorische Stimulation
Konzepte:
- Sensorische Integrationstherapie
- Körperwahrnehmung (Frostig)
- Psychomotorik

Zu beachten:
- Braucht noch konkret spürbare Rückmeldung
- Aktive Auseinandersetzung
- Probieren lassen, wenig vorgeben
- Geschehen lassen, um eigene Erfahrungen zu ermöglichen
- Körperwahrnehmung, Selbstbewusstsein, allein machen lassen
- Raumwahrnehmung, Grenzen spüren, innerhalb der Grenzen Freiraum
- Räumliche Beziehungen zwischen den Dingen, als Ursache für Ereignisse
- Dem Kind Zeit geben, die Zusammenhänge wahrzunehmen, zu beobachten
- Auseinandersetzung mit Material, Raum, Situation, Spielpartner
- Planen, Organisation, seriale Leistungen
- Begonnene Tätigkeiten zu einem sinnvollen Abschluss bringen
- Handwerkliche Arbeiten, Konstruktionen bauen
- Reihenfolge erfahren, probieren
- Das Kind die Konsequenz der eigenen Handlungsweise erleben lassen, bewältigen lassen
- „Wegweiser" (Orientierungshilfen) an unübersichtlichen Stellen geben
- Nachahmung

3. Emotionale und soziale Förderung

Konzepte:
- Psychologische Konzepte

Zu beachten:
- Selbstvertrauen, Selbstständigkeit unterstützen
- Auseinandersetzung mit dem Gegenüber
- Klare Grenzen geben zur Orientierung, klare Aussagen, Verhalten des Erwachsenen
- Daran denken, dass das Kind auch mit Verhaltensweisen experimentiert
- Emotionale Rückmeldung beachten und bedenken
- Emotionale „Ausbrüche" des Kindes verstehen, annehmen, ertragen
- Persönlichkeit des Kindes anerkennen (da sein, mitmachen, nicht auslachen, belächeln)
- Mit Lob und Tadel sparsam sein, Wichtiges hervorheben, Situation wirken lassen

- Konsequenzen der eigenen Handlungsweise erleben lassen, ertragen helfen
- Fehler als „normal" erleben lassen, als Teil des Lernens

4. Kognitive Förderung

Konzepte:
- Lernspiele, Lernprogramme, die individuell angepasst werden, Entwicklungstabellen, Entwicklungspsychologie

Zu beachten:
- Aktive Beteiligung bei der Problemlösung
- Probieren lassen
- Rückmeldung Erfolg / Misserfolg über die Handlungsergebnisse
- Vorlagen zum Vergleichen, zur Kontrolle (visuelle Rückmeldung)
- Lerninhalte auf Bewegungsspiele / manuelle Tätigkeiten übertragen
- Über Fragen / Antworten Orientierungshilfen und „Wegweiser" geben
- Zeit lassen
- Lösungen nicht vorgeben, selbst den Weg suchen lassen
- Hinterfragen, warum das Kind es so macht, was es sich denkt
- Wenig vorgeben, bestimmen, sondern die Aktivitäten des Kindes aufgreifen und nutzen
- Vor- / Nachmachen im Wechsel, das Kind Fehler suchen lassen
- Vorher fragen: Was meinst du, was passiert? Wie viele schaffst du? usw. (kleine Wetten)

5.5.6   V. Stadium:
Typische Verhaltensweisen und Behandlungsschwerpunkte

Verhaltensweisen / Fähigkeiten	Behandlungsschwerpunkte
• Kind verfügt über alle motorischen Grundfunktionen, kann sich frei bewegen • Übt seine Motorik im Umgang, erobert die häusliche Geografie durch Muskelkraft, starker Bewegungsdrang • Dosierung noch schwer.	• Bewegungsfreiraum geben, motorische Aktivitäten, Bewegungen im Raum in die Aufgaben einbeziehen • Weniger Tätigkeiten am Tisch • Theorien, schulisches Lernen in Bewegung umsetzen • Geräte anbieten zum Klettern, Rutschen, Schaukeln, Fortbewegen usw. • Psychomotorik, SI nach Ayres
• Zusammenspiel der Hände differenziert sich, Handgeschick nimmt zu, radiale Finger dominieren • Fügt zusammen, nimmt auseinander, steckt ein, greift kleine Dinge • Feine Anpassung in Bezug auf Dosierung, Kraftaufwand usw. noch schwer	• Tätigkeiten und Objekte anbieten, die die Handgeschicklichkeit fördern • Materialien mit unterschiedlichen Anforderungen. Steckspiele, Konstruktionsmaterialien, verschiedene Behälter mit verschiedenen Öffnungen und Deckeln, Werkmaterial, Werkarbeiten
• Das Kind braucht noch die direkte (spürbare, sichtbare, hörbare) Rückmeldung	• Dinge und Tätigkeiten anbieten, an denen das Kind seinen Handlungserfolg erlebt und sein Handeln danach ausrichten kann • Bastel- und Werkarbeiten sollten in der gleichen Einheit fertig werden
• Erfasst Zusammenhänge und Beziehungen (kausale, räumliche und zeitliche Beziehungen) und Folgen und deren Bedeutung aus der eigenen Handlungsweise	• Dem Kind die Möglichkeit geben, die Folgen seiner Handlungen zu erfahren, Zeit lassen, sich die Beziehungen zu erarbeiten, vorher sagen, das Kind informieren, warnen, ältere Kinder vor-

	hersagen (raten, wetten) lassen, was wohl passieren wird
• Zeigt deutlich zielgerichtetes Handeln mit Voraussicht (Vorstellung, Planen), seriale Leistung	• Fehler, die das Kind macht, nicht sofort korrigieren, abwarten, ob es diesen Fehler selbst bemerkt und korrigiert. Hilfestellung aber geben, wenn es ausweicht • Bei der Planung und beim Aufbau der Stunde einbeziehen
• Problemlösung durch aktives Ausprobieren, Versuch – Irrtum Verhalten	• Zeit lassen zum Probieren, diese Zeit von vornherein mit einplanen • Mit dem Kind arbeiten, dem Kind Lösungen (zur Auswahl) anbieten, nicht für das Kind Probleme lösen, „Wegweiser" an unübersichtlichen „Kreuzungen" sein
• Neugierverhalten. Erkundet Dinge, die neu sind. Erkundet und beachtet Details	• Dem Kind Möglichkeiten anbieten, die Dinge zu erkunden, nicht zu viel vorgeben, Therapeut sollte hier mehr im Hintergrund sein und beobachten und auf das Kind eingehen
• Variationsreiches Handeln, verändert sein Handeln aus sich heraus, probiert und vergleicht verschiedene Handlungen und ihre Wirkungsweise	• Durch ähnliche Materialien die Variationen einleiten, dem Kind auch andere Handlungsschemata zeigen • Das Interesse an den Dingen wach halten, durch neue Aspekte oder andere Perspektiven
• Nachahmungsspiele und beginnende Symbolspiele	• Nachahmungsspiele oder Symbolspiele fördern: „So tun als ob"-Spiele
• Plappert viel, spielt mit Lauten oder der eigenen Stimme, begleitet Spiel mit Tönen • Doppelsilben mit Bedeutung, „Babysprache"	• Zu Lautproduktionen anregen, Dinge benennen • Logopädin zur Beratung vorstellen

5.6 VI. Stadium: 18 – 24 Monate: „Verinnerlichung der sensomotorischen Erfahrungen"

Merkmale:
- Erfinden neuer Mittel durch geistige Kombinationen
- Handlungsplanen aus der Vorstellung heraus
- Übergang zum Symbolverhalten

5.6.1 Entwicklungsprozesse und Verhaltensweisen im VI. Stadium

Erfinden neuer Mittel durch geistige Kombinationen (Verinnerlichung)
Das Kind probiert nicht mehr ausschließlich direkt, sondern geht die Schemata in Gedanken durch. Manchmal deutet es das Ausprobieren noch an. Das Erfinden, die geistigen Kombinationen entwickeln sich auf der Basis der gemachten und verinnerlichten sensomotorischen Erfahrungen, welche einen hohen Grad an Bewusstsein erlangt haben. Es ist nur eine überlegte Voraussicht bzw. ein Handlungsplanen aus der Vorstellung heraus möglich. Damit erreicht das Kind sein Ziel schneller. Es beginnt nun zu denken und erreicht damit den Übergang zum symbolischen Denken.

Beispiel von Piaget[1]

1 Jahr, 4 Monate, 0 Tage:	Lucienne wird zum 1. Mal die Schachtel mit der Kette gezeigt. Sie wird herumgedreht, bevor sie den Inhalt sieht, die Kette fällt heraus und breitet sich am Boden aus. L. versucht sogleich die Kette in die Schachtel zurückzubringen. Sie hat noch nie so etwas gesehen oder gemacht. Sie beginnt damit, ein Ende der Kette in die Schachtel zu legen und versucht dann, den Rest nachfolgen zu lassen. Dieses Vorgehen, welches auch Jaqueline angewandt hatte, gelingt durch Zufall beim ersten Mal, da das erste Ende sich verklemmt hat. Beim zweiten und dritten Versuch hat sie keinen Erfolg. Beim vierten Versuch beginnt L. wie bisher, unterbricht dann aber ihre Tätigkeit, hält inne und legt dann die Kette auf ein daneben stehendes Tablett. Sie legt die Kette sorgfältig

---

1 Vgl. „Das Erwachen der Intelligenz beim Kinde", Klett, Stuttgart 1973, S. 338 - 339

	zu einem Knäuel zusammen, nimmt sie zwischen die Finger und führt sie auf einmal in die Schachtel ein.
1 Jahr, 8 Monate, 9 Tage:	Mit einer Pflanze in jeder Hand kommt Jaqueline vor eine geschlossene Tür. Sie streckt die rechte Hand gegen die Tür, sieht aber, dass es ihr nicht möglich ist, diese zu öffnen, ohne die Pflanze loszulassen. Sie legt sie auf den Boden, öffnet die Tür, ergreift die Pflanze wieder und tritt ein. Als sie das Zimmer verlassen will, wird es komplizierter. Sie legt die Pflanze auf den Boden und greift nach der Türklinke, bemerkt aber, dass sie die Pflanze beim Schließen der Tür wegschieben und zerdrücken wird, denn sie hat sie zwischen Tür und Schwelle gelegt. Sie hebt sie wieder auf und bringt sie außer Reichweite des Türflügels.

Das Anwenden des Stockes als Instrument durch geistige Kombination

Beispiel von Piaget[2]

4 Monate, 20 Tage:	Zu Beginn des III. Stadiums behandelt Laurent einen Stab wie jeden anderen Gegenstand auch. Er schüttelt, streicht am Weidengeflecht entlang usw.
4 Monate, 21 Tage:	L. stößt zufällig mit dem Stock, den er in der Hand hält, an eine aufgehängte Spielklapper und wiederholt dies sofort. Später reproduziert er dieses Verhalten nicht mehr, er hat in das Verhaltensschema „Schlagen" nur ein weiteres Element eingebaut, das sich aus dem Zufall ergeben hat. Er hat zu diesem Zeitpunkt den Stab nicht als Instrument verstanden, wenn es auch so aussah.
8 Monate, 9 Tage:	L. bedient sich des Stockes nur, um zu schlagen. Er benützt den Stock als Mittel, um zu schlagen, aber noch nicht als Instrument, um Gegenstände heranzuholen.
1 Jahr:	Im V. Stadium ist es Jaqueline und Lucienne gelungen, die Verwendung des Stockes als Instrument über das Ausprobieren einzusetzen. Laurent spielt längere Zeit mit dem Lineal und gelangt zu drei verschiedenen Reaktionen:

---

2   Vgl. „Das Erwachen der Intelligenz beim Kinde", Klett, Stuttgart 1973, S. 335 - 337

	1. Er dreht den Stab systematisch um, indem er ihn von einer Hand in die andere wechselt.
	2. Er schlägt damit auf den Boden, auf Schuhe, auf Gegenstände.
	3. Er verschiebt ihn sachte mit den Fingern auf dem Boden. Wird ihm ein Gegenstand hingestellt, um zu sehen, ob er den Stock einsetzt, ergreift er den Gegenstand direkt.
1 Jahr, 5 Tage:	L. spielt mit einem Spazierstock (zum ersten Mal). Er ist sichtlich erstaunt über die Interdependenz, die zwischen den beiden Enden des Stockes besteht. Er bewegt den Stock in alle Richtungen, indem er das freie Ende über den Boden streifen lässt, und studiert mit großem Interesse das Hin und Her des freien Endes in Abhängigkeit von den Bewegungen, die er am oberen Teil vornimmt. Er lernt den Stock als Ganzes zu erfassen. Aber dies führt noch nicht zum „instrumentalen Gebrauch". Nachdem er zufällig mit dem Stock an eine Blechdose stößt, schlägt er darauf ein, ohne auf die Idee zu kommen, die Dose zu verschieben oder heranzuholen.
1 Jahr, 2 Monate, 25 Tage:	Inzwischen hat L. gelernt, Dinge aufeinander zu schichten, in eine Tasse hineinzulegen und umzukippen usw., Beziehungen die normalerweise auf der Ebene der instrumentalen Verwendung des Stockes auftreten. L. ergreift den Stock und schlägt damit auf den Boden und auf verschiedene Gegenstände ein. Er bewegt sie dadurch ein wenig, kommt aber nicht auf die Idee, dieses Ergebnis systematisch zu verwenden. Einmal verwickelt sich sogar ein Wäschestück und er zieht es bei den Bewegungen, die er macht, einige Augenblicke an sich, aber er bedient sich nicht des Stockes, um an Gegenstände zu kommen, die ihm sehr wertvoll sind.
1 Jahr, 4 Monate, 5 Tage:	L. sitzt vor einem Tisch. Vor ihm, außerhalb seiner Reichweite, liegt eine Brotrinde, die er haben will. Es wird ein Stab neben ihn gelegt. Zuerst versucht L. das Brot direkt zu ergreifen, dann gibt er auf. Nun wird der Stab zwischen ihn und die Brotrinde gelegt. Es entsteht dadurch eine visuelle Suggestion. L. betrachtet das Brot von neuem, ohne sich zu rühren. Er schaut dann einen kurzen Augenblick den Stab an, ergreift ihn plötzlich und hält ihn gegen das Brot. Er hat den Stab aber in

der Mitte ergriffen und das reicht nicht. Er lässt ihn fallen, streckt wieder die Hand nach dem Brot aus. Es dauert nicht lange und er ergreift wieder den Stab, diesmal am Ende (Zufall? Absicht?) und schiebt das Brot zu sich heran. Zuerst berührt er das Brot nur ein wenig, wie wenn die Berührung allein schon genügen würde, um den Gegenstand in Bewegung zu setzen, aber nach höchstens 1-2 Sekunden beginnt er die Rinde mit Absicht zu schieben. Eine Stunde später wird ein Spielzeug außerhalb seiner Reichweite hingelegt und ein neuer Stock angeboten. Er versucht nicht einmal mehr, zuerst nach dem Gegenstand zu greifen, sondern nimmt sogleich den Stock und schiebt den Gegenstand zu sich heran. Er hat die Verwendung des Stockes fast ohne Ausprobieren gelernt.

Assimilation und Akkomodation im VI. Stadium
Assimilation und Akkomodation sind wichtig für die Strukturierung und Organisation der Handlungen. Bei Misserfolgen (Hindernissen) ist das Kind gezwungen, seine Handlungsweise zu verändern. Die Umstrukturierung der Schemata auf der gedanklichen Ebene gelingt, wenn der „Geist" über ausreichend fertig ausgebildete Verhaltensschemata verfügt. Dazu muss das Kind den Beziehungen eine Bedeutung geben können. Im VI. Stadium zeigt sich eine deutliche Zunahme innerhalb der Kombinationen, der Beweglichkeit und in der Differenzierung. Der Ablauf wird flüssiger, harmonischer, schneller und sicherer. Die bisher erfahrenen Schemata verharren in „latenter Aktivität", um sie jederzeit abzurufen. Die Anfänge des Denkens bilden die direkte Weiterführung von Assimilation und Akkomodation.

Assimilation im VI. Stadium
Die Handlungsschemata werden noch durch die konkrete Situation, durch das konkrete Ziel aktiviert. Durch die Wiederholung wird der Handlungsablauf verinnerlicht und gefestigt. Beim Experimentieren vollzieht sich die strukturierende Assimilation nur schrittweise und kann daher beobachtet werden. Beim Erfinden ist die Assimilation auf den ersten Blick nicht mehr sichtbar. Beim Ausprobieren im VI. Stadium wird die Geschwindigkeit durch die Misserfolge und Hindernisse verlangsamt, beim Erfinden wird der Prozess durch die bisherige Übung beschleunigt. Das Kind bedient sich mehr und mehr stellvertretender Symbole. Um die Assimilation zu erkennen, muss man wissen, über welche Schemata das Kind verfügt.

Akkomodation im VI. Stadium

Bei der Akkomodation differenzieren sich die Verhaltensweisen weiterhin in Abhängigkeit der Situation. Die Zunahme der Geschwindigkeit führt zu einer größeren Differenzierung. Anfangs ist der Prozess sichtbar, ruckweise in einzelnen Schritten. Wenn das Kind auf ein Hindernis stößt, muss es sein Handeln neu anpassen, neu organisieren, mit der Verinnerlichung erkennt es das Hindernis oft schon im Voraus und muss deshalb nicht mehr jeden Schritt ausprobieren, um die richtige Lösung zu finden. Die Reorganisation braucht sich nicht mehr fortwährend an den aktuellen Gegebenheiten zu orientieren, manchmal genügt es, wenn die Schemata nur kurz angedeutet werden. Um die Lösung zu finden, bedient sich das Kind verschiedener „Hilfsschemata" (= Denkhilfe). Die Ähnlichkeit der Situationen unterstützt die Anpassung (neue Kombinationen, Koordination) und die Handlungsabläufe werden fließender, harmonischer und schneller. Es folgt eine Kombination von erfahrenen Relationen (kausale und räumliche Beziehungen, Zeitfaktor) und dies ermöglicht die konstruktive Tätigkeit (Zusammenfügen: aufeinander, nebeneinander, ineinander, Reihenfolge). Die Anpassung erfolgt bereits im Voraus, es nimmt Widerstände schon optisch wahr und kann diese deuten. Die Akkomodation zeigt sich zunehmend in Form einer „inneren Organisation" und Problembewältigung.

Vergleich: Experimentieren und Erfinden

- Der Unterschied im Verhalten hängt mit dem Entwicklungsniveau zusammen
- Im V. Stadium erarbeitet sich das Kind die Lösung nur mühsam und schrittweise
- Auf der Stufe des „Erfindens" gelingt ihm die Lösung sehr viel schneller
- Der Unterschied zwischen beiden besteht vor allem in der Geschwindigkeit

V. Stadium / Experimentieren	VI. Stadium / Erfinden
Probiert systematisch die bisher erworbenen Schemata	Deutet Schemata nur noch an, „überlegt"
Lösungsstrategien sind für die Umwelt sichtbar	Lösungsversuche laufen unsichtbar ab
Das Kind braucht Zeit zum Probieren	Findet die Lösung schneller
Voraussicht für den nächsten Handlungsschritt vorhanden	Vorstellung mehrerer Schritte, Handlungsplanen erfolgt
Widerstand des Hindernisses wird erst wahrgenommen, wenn das Kind denselben gespürt hat oder wenn der Erfolg ausbleibt	Widerstand des Hindernisses wird im Voraus wahrgenommen (visuelle Voraussicht)
Wahrnehmung der räumlichen Beziehungen über die Körperwahrnehmung, das direkte Spüren (Nahsinne)	Wahrnehmung der räumlichen Beziehungen über das visuelle System bzw. Fernsinne
Anpassungsleistungen erfolgen nach Spüren, (Korrektur) in Bezug und Richtung des nächsten Schrittes	Die motorische Anpassung erfolgt im Voraus durch die visuelle Information

Beispiel von Piaget[3]

| 1 Jahr, 4 Monate, 0 Tage: | Unmittelbar nachdem Lucienne gelernt hat, die Kette in die Schachtel zu stecken (siehe oben), wird ihr die Schachtel mit der Kette angeboten. L. kippt sie um und lässt die Kette herausgleiten. Diese Handlungsweise ist ihr bereits vertraut und daher keine „Erfindung". Daraufhin wird die Kette in eine leere Streichholzschachtel gelegt und bis auf 10 mm zugeschoben. L. kippt zuerst die Schachtel um, dann versucht sie die Kette |

---

3   Vgl. „Das Erwachen der Intelligenz beim Kinde", Klett, Stuttgart 1973, S. 339

durch den Spalt zu ergreifen. Als es ihr nicht gelingt, steckt sie den Finger in den Spalt und kann ein Stück der Kette herausbekommen. Nun zieht sie an der Kette und die Aufgabe ist gelöst. Die Kette wird wieder in die Schachtel gelegt, der Spalt auf 3 mm verkleinert. L. kennt den Vorgang des Öffnens und Schließens der Schiebeschachtel nicht. Sie verfügt nur über die Verhaltensschemata: „Ausleeren", „Finger in Spalt stecken". Sie probiert auch beides, aber ohne Erfolg. Es erfolgt eine Unterbrechung, sie betrachtet den Spalt aufmerksam, dann öffnet und schließt sie den Mund mehrmals hintereinander. Dann steckt L. den Finger in den Spalt und zieht an der Schachtel, statt wie bisher nach der Kette zu angeln. Das Mundöffnen (beim Öffnen der Streichholzschachtel) hilft dem Kind, die Bedeutungen zu verstehen:

1. Was der Spalt bedeutet, den es sieht.
2. In welcher Art er ein Hindernis darstellt (zu eng).

Frühere Erfahrungen helfen dem Kind, die geeigneten Mittel zu finden, die dann die Bemühungen des Kindes lenken, z.B.:

- Hand in Öffnung stecken
- Dinge durch Löcher schieben
- Schieben von Dingen
- Öffnen (Mund, Hand) usw.

Vorstellung / Planen

Im VI. Stadium beginnen sich die Signale loszulösen, sie sind nicht mehr an die bisher erlebte Handlung gebunden. Die Signale erhalten langsam eine mehrfache Bedeutung (Veränderung je nach der gegebenen Situation). Eine immer bessere Voraussicht von „äußeren" Ereignissen (unabhängig von der eigenen Handlung) geben den Dingen, Handlungen und räumliche Beziehungen eine größere Unabhängigkeit. Beim Erfinden besteht eine Vorstellung oder Voraussicht, ohne diese ist das VI. Stadium nicht möglich. Bilder lösen sich mehr und mehr von der direkten Wahrnehmung und erhalten eine Symbolfunktion. Optische Informationen können entsprechend gedeutet werden und so entstehen Erinnerungsbilder bzw. Bedeutungsträger. Die visuelle Erinnerung kombiniert die „Erinnerungsbilder" und Bilder begleiten die Handlungen des Kindes und erhalten mit der Erfahrung ihre Bedeutung. Das Kind korrigiert seine direkte Wahrnehmung (Stellungen, Ortsveränderungen, Funktionen, Ziel), indem es sich Dinge, Bewegungen oder frühere Erfahrungen vergegenwärtigt.

Die aktuelle Wahrnehmung wird durch die Vorstellung ergänzt: „Was passiert, wenn...?"
Handlungen werden angedeutet und als Symbole genutzt.

Nachahmung
Die Nachahmungsleistungen erfolgen zunehmend aus der Vorstellung heraus. Die Bewegungen (auch die für das Kind nicht direkt sichtbaren Mund- und Zungenbewegungen) werden ohne Probleme nachgeahmt. Sie können auch komplexer und in Handlungen eingebettet sein.

Jetzt beginnt auch die *„verzögerte Nachahmung"*, die sich während der nächsten Entwicklungsphase (symbolisches Denken) noch weiter differenziert und ins Nachahmungsspiel integriert wird.

Das Kind macht jetzt Handlungen nach, die es zu einem früheren Zeitpunkt beobachtet hat, d.h., die Verhaltensweisen müssen nicht mehr direkt vorgemacht werden.

- Das Kind macht nach, auch ohne dazu aufgefordert zu werden
- Es macht Verhaltensweisen und Handlungen anderer Kinder nach, die es auf dem Spielplatz oder in der Krabbelgruppe usw. erlebt und beobachtet hat und die in diese Situation passen
- Es macht Tätigkeiten Erwachsener nach, wenn irgendein Gegenstand, eine Teilhandlung ihm dieses Ereignis wieder in Erinnerung bringt

Spiel

1. Funktions- und Übungsspiele
Sie bestehen weiterhin. Das Kind erprobt seine Fähigkeiten und Möglichkeiten, erkundet seine Grenzen im Spiel. Die verschiedenen Bewegungsspiele sind lange Zeit ein wesentlicher Bestandteil. Bei Bewegungsspielen führt es die verschiedenen motorischen Aktivitäten aus Freude an der Bewegung selbst durch, ohne dabei auf korrekte Durchführung zu achten. Das Kind lernt zwar im Spiel (aus der Sichtweise des Erwachsenen), aber es selbst strengt sich nicht an, um ein bestimmtes Ziel zu erreichen.
Diese Bewegungsspiele werden beim älteren Kind in Bewegungsspiele (Sportwettkämpfe) und Regelspiele integriert, wobei die Regeln vom Kind selbst aufgestellt werden und nicht unbedingt vorgegeben werden.

2. Nachahmungs- und Symbolspiele
Sie treten in Erscheinung. Das Kind „tut so als ob". Es führt die von ihm beobachtete Handlung mit und ohne entsprechende (symbolische) Mittel durch. Beide Spielformen gehen ineinander über. Beim reinen Symbolspiel hat das Kind kein Interesse dem Modell wirklich zu entsprechen, während

es sich beim Nachahmungsspiel stärker um die „Kopie" bemüht und sich daher auch stärker um die Anpassung bemüht. Im Nachahmungs- oder Symbolspiel stellt das Kind einzelne kurze Handlungen (Szenen) dar. Es ist aber noch nicht in der Lage, komplexe Handlungsabläufe, wie es später im eigentlichen Rollenspiel erfolgt, darzustellen. Man kann auch von einem gewissen Übungsspiel mit sozialem Hintergrund sprechen, bei dem sich das Kind soziale Verhaltensweisen aneignet, zum Beispiel: Zeitung lesen, kochen, rühren, aus-, um-, einschöpfen, Puppe oder Tiere drücken, schlafen legen, füttern, eine andere Person füttern, Schuhe des Erwachsenen anziehen, Autos ein-, ausladen, fahren lassen.

- Es sind einfache Handlungen, noch kein eigentliches Rollenspiel
- Es wiederholt die Tätigkeiten, die es bei anderen beobachtet hat
- Es verarbeitet für sich die damit verbundenen Handlungen
- Es bevorzugt Dinge, die andere gebrauchen, z.b. Küchengeräte
- Es macht mit, „läuft mit", „will auch"
- Die Kommunikation erfolgt noch weitgehend über die Handlung
- Es überwiegt das Parallelspiel: Die Kinder spielen in der Gruppe, aber für sich, nebeneinander

5.6.2 Einzelleistungen des Kindes im VI. Stadium

Alter	Körpermotorik	Handfunktion	Wahrnehmung
18 - 20 Monate	• Bewegungsdrang ist noch groß • Übungsspiele • Rennt herum, teilw. noch etwas steif • Kann rückwärts gehen • Kann stehen bleiben, kommt evtl. noch aus dem Gleichgewicht • Kann in die Hocke gehen und spielen • Kann sich bücken, um etwas aufzuheben und wieder aufstehen • Klettert hoch • Schiebt Stühle auch zum Hochsteigen • Spielt mit seinem Gleichgewicht • Freude an schiefer Ebene	• Handfunktionen sind vorhanden • Handgeschicklichkeit nimmt zu • Beim Einstecken eckiger Formen verkanten diese noch leicht • Feine Bewegungsanpassung noch nicht sicher (Kraft, Steuerung im Voraus) • Zunehmender Werkzeuggebrauch • Beobachtet eigene Kritzelbewegungen • Isst mit Löffel, kleckert • Schließen und Öffnen von verschiedenen Behältern noch ungeschickt	• Erfasst Zusammenhänge einfacher vertrauter Situationen und Handlungen • Nachahmungsleistungen, Nachahmungsspiele • Deutliches Interesse an Bildern, Bilderbüchern • Zeigt gewünschtes Bild • Streichelt Bilder • Trägt Dinge umher und weiß, wohin sie gehören • Kann eigene Fähigkeiten noch nicht sicher einschätzen, überfordert sich noch leicht • Beobachtet die Auswirkung seiner Handlungsweise auf die Dinge sehr genau
2 Jahre	• Motorische Funktionen vorhanden, spielt mit seiner Motorik, variiert, experimentiert • Erprobt die eigenen Möglichkeiten und Grenzen	• Geschicklichkeit nimmt zu • Beginnt eine Hand zu bevorzugen • Beidhändiges Zusammenfügen: Fädeln, Schrauben, Hämmern	• Zuordnen gleicher Teile (Bilder, Gegenstände) beginnt • Benutzt Hilfsmittel, um an die Dinge zu gelangen • Zunehmendes Symbolverständnis

Sozialverhalten	Kognitive Entwicklung	Sprache
• Ahmt Verhalten Erwachsener und anderer Kinder nach • Entfernt sich kurze Zeit von Mutter - Hörkontakt genügt • Hilft bei täglichen Verrichtungen mit • Bringt eigene Emotionen zum Ausdruck • Kleinkinderkunststücke • Befolgt kleine Aufträge, Ge- / Verbote • Empfänglich für Lob und Tadel • Experimentiert mit dem Verhalten der anderen	• Interesse an Steckspielen nimmt weiter zu • Probiert aus, ob es passt oder nicht • Beginnt Formen und Farben zu beachten • Nachahmungsspiele, „So tun als ob" Symbolspiele • Turm bauen • Kritzeln • Handelt zunehmend aus der Vorstellung heraus • Absichtsvolles Handeln	• Sprachverständnis schon recht gut • Befolgt Aufforderungen, einfache Ge- / Verbote • Zeigt auf Bilder • Bringt Gegenstände • Plappert viel, begleitet Spiel mit Lauten, Tönen Kauderwelsch, ahmt Tonfall der Erwachsenen nach • Doppelsilben, mit Bedeutung, Babysprache • Spricht viel nach, Echolalie • Einwortsätze
• Kennt seinen Namen, nennt sich evtl. selbst beim Namen • Weiß, wem die Dinge gehören • Ist Fremden gegenüber zurückhaltend	• Kann sich allein beschäftigen • An neuen Dingen und Situationen interessiert • Neugierverhalten • Zuordnungsspiele • Symbolverständnis	• Gutes Sprachverständnis • Einwortsätze, Begriffszuordnung • Zwei und Mehrwortsätze • Wortschatz nimmt stetig zu

5.6.3   Entwicklungsstörungen

Wenn die basalen sensomotorischen Erfahrungen nur unzureichend ausgebildet wurden oder gar fehlen, wenn die grundlegenden Handlungsschemata vom Kind nicht erarbeitet und angewandt wurden, dann wirken sich
diese Defizite häufig (aber nicht grundsätzlich) auf die höheren Denkstrukturen und das Problemlöseverhalten aus.

Viele Kinder haben Probleme in der Planung und selbstständigen Durchführung der gestellten Aufgaben. Die Probleme reichen weit in die Grundschul-
zeit herein. Viele der Kinder können die Aufgaben im Einzelnen durchaus
lösen, aber sie kommen immer wieder leicht aus dem Konzept, brauchen
die Anleitung durch den Erwachsenen, können nicht alleine planen.

Kriterien zur Beurteilung der Verhaltensweisen
- Was macht das Kind spontan?
- Wie setzt es sich mit den Dingen auseinander? Handlungsschemata, Va-
  riationsvielfalt?
- Wie verhält sich das Kind in einer neuen Situation?
- Wie ist sein Verhalten in Problemsituationen?
- Was passiert, wenn der Erfolg sich nicht einstellt?
- Motorisches Planen? Handlungsplanen?
- Wie weit kann es mögliche Folgen seiner Handlung voraussehen?

Folgende Reaktionen sind Hinweise auf Probleme im VI. Stadium
- Defizite in den motorischen Funktionen
- Defizite in der Sensorischen Integration
- Das Kind weiß sich in neuer Situation oder bei Problemen nicht zu hel-
  fen, probiert nicht aus
- Probleme in der Planung (motorische Planung, Handlungsplanung, seri-
  ale Leistungen)
- Unzureichende oder fehlende Verinnerlichung der sensomotorischen Er-
  fahrungen
- Unzureichende, fehlende Vorstellungsfähigkeit
- Das Kind kann die inneren Bilder noch nicht jederzeit aktualisieren oder
  kombinieren

Mögliche Ursachen
- Sensomotorische Erfahrungsdefizite (zu viel Vorgabe, zu viele Probleme
  abgenommen)
- Leistungs- oder Zeitdruck, dadurch Anspannung, Blockade der Akkomodation

- Es kann die Erfahrungen nicht stabilisieren und verinnerlichen (Leistung-, Zeitdruck)
- Probleme in der Deutung der verschiedenen Stimuli (Einordnen, Integration, intermodale Störung)

Auf welche Kinder treffen die Verhaltensweisen des VI. Stadiums zu?

1. Gesunde Kinder bis zu 2 Jahren

2. Kinder mit motorischen Störungen
- Probleme in der differenzierten motorischen Anpassung
- Probleme in der motorischen Planung aus der Vorstellung heraus
- Braucht noch den konkreten spürbaren Widerstand, um die Bewegungen zu steuern
- Unzureichende visuelle „Führung" und Kontrolle der eigenen Bewegungen (VM)
- Probleme bei der Bewegungseinstellung gegenüber äußeren Bewegungen
- Minimale CP
- MCD, Hyperaktivität, Dyspraxien

3. Kinder mit Wahrnehmungsstörungen
- Störungen in den basalen Körpersinnen (Tast-, Tiefenwahrnehmung, vestibuläres System)
- Benötigt immer noch ausschließlich die direkte, spürbare, konkrete, körperliche Rückmeldung
- Reagiert vorwiegend, agiert zu wenig
- Verliert Überblick, Probleme mit der Figur-Grund-Wahrnehmung, verliert das „Handlungsziel" aus den Augen
- Probleme beim Handlungsplanen und in den serialen Leistungen, Organisationsprobleme
- Probleme in der Raumwahrnehmung
- Orientierungs-, Steuerungsprobleme
- Schwierigkeiten in der Einstellung auf das äußere, bewegliche, wechselnde Umfeld, mangelnde Flexibilität
- Unzureichende visuelle „Führung" und Kontrolle der eigenen Handlungsweise
- Mangelndes Vorstellungsvermögen
- Sensorische Integrationsstörungen, Dyspraxien

4. Kinder mit kognitiven Problemen

- Kann sich vom konkreten Material noch nicht lösen
- Führt Tätigkeiten durch, weil sie ihm aufgetragen wurden, ohne sie zu begreifen oder zu verstehen
- Schwierigkeiten beim Befolgen verbaler Anweisungen (Umsetzen in Handlung)
- Das Denken ist noch an die konkrete praktische Handlung gebunden
- Mangelnde Vorstellung und unzureichendes Gedächtnis
- Verstehen von Zusammenhängen, Beziehungen an die praktische Tätigkeit gebunden
- Problemlöseverhalten deutlich beeinträchtigt
- Sprachprobleme, Wortschatz, Mitteilungsmöglichkeiten, Kommunikation, Satzbau
- Legasthenie, Dyskalkuli, Teilleistungsstörungen
- Weiß nicht, was und warum etwas richtig oder falsch ist
- Intellektuelle Beeinträchtigung

5. Kinder mit folgendem Sozialverhalten

- Schwierigkeiten bei der Einstellung auf den Spielpartner, Gruppenprobleme
- Kann Konsequenzen seines Verhaltens nicht voraussehen
- Impulsiv, reagiert unüberlegt
- Geringe Frustrationstoleranz bei Misserfolgen
- Abhängig vom Lob des Erwachsenen, kann sich selbst nicht bestätigen
- Selbstständiges Arbeiten (Schule) schwer, gerät durcheinander

5.6.4   Fallbeispiele

Michael, 7,3 Jahre

Diagnose:	MCD
Motorik:	Er ist auffällig plump, schwerfällig in den Bewegungen, kann sich nicht sicher ausbalancieren, rennt mit viel Vorlage, braucht Zeit zur motorischen Anpassung (neue Situation, neues Material), um die Dinge unter seine Kontrolle zu bekommen. Er will „komplizierte Turnübungen" vorführen, um Anerkennung zu erhalten, überfordert sich (Nachahmung, Turnverein).
Feinmotorik:	Er ist ungeschickt, tollpatschig, fahrig im Umgang mit Bleistift, Schere, Werkzeugen usw., hat Misserfolge beim Basteln, seine Produkte werden nicht so gut wie bei den

anderen Kindern (wird ausgelacht). Er hat Mühe, in den Linien oder Begrenzungen zu bleiben, kann die Bewegung nicht rechtzeitig stoppen. Malt nicht gerne.

Wahrnehmung: Es gibt Defizite in den basalen Körpersinnen. Er ist zu schnell woanders (abgelenkt), hat daher eine oberflächliche, lückenhafte Wahrnehmung. Teilweise gibt es Abwehrreaktionen, er hat Probleme mit Körperbalance, Aufrichtung aus der Bauchlage, aber er schaukelt gerne. Die direkte körperlich spürbare Rückmeldung ist wichtig, er muss ganzheitlich erleben, was passiert, wenn ... Die visuelle Führung oder Kontrolle fehlt noch weitgehend, er schaut nicht richtig hin, stolpert, verliert Überblick und Orientierung (Figur-Grund-Wahrnehmung). Er hat Probleme im Blickpunktwechsel, findet die richtige Stelle nicht. Es gibt Störungen in der Planung, den serialen Leistungen, bei mehrteiligen Aufgaben. Verbale Anweisungen, die an die Klasse gerichtet sind, kann er schwer umsetzen. Er vergisst Hausaufgaben oder macht andere. Er schlägt sein Buch oder Heft auf und arbeitet dort – ohne zu prüfen, ob es die richtige Seite ist. In seinem Heft sind daher die Aufgaben nicht in der richtigen Reihenfolge, manchmal irgendwo zwischendrin – er merkt dann, dass der Platz nicht reicht und schreibt woanders weiter. Wenn das Heft beim Aufschlagen auf dem Kopf liegt, schreibt er es „auf den Kopf". Er überprüft sein Handeln nicht, überlegt, plant nicht. Kann nicht vorausschauend arbeiten.

Kognition: Er ist in der ersten Klasse der Grundschule. Wenn er jemanden neben sich hat, kann er die Aufgaben lösen. Die Wahrnehmungsstörungen wirken sich negativ aus. Aufgrund seiner Impulsivität passieren ihm „Unfälle", er weiß nachher nicht unbedingt, was genau passiert ist, kann es nicht rekonstruieren. Er hat keine Freunde, leidet unter seinen Missgeschicken, resigniert, flippt auch aus.

Sprache: Keine Probleme beobachtbar.

Therapie: Sensomotorische Grunderfahrungen werden ermöglicht, er soll sich selbst spüren und die Wirkung seiner Handlungsweise erleben. Ganzkörperliche Aktivitäten (sensorische Integration), bei denen die Rückmeldung direkt und sofort erfolgt, sind wichtig, aber ebenso entsprechende feinmotorische Tätigkeiten. Ihn seine Fehler erleben lassen, mit ihm prüfen, warum etwas geschieht, ihm vermitteln, dass Fehler zum Lernen dazugehören sind wichtige Erfahrungen. Es wird nicht zu viel vorgegeben und geholfen, sondern mit ihm zusammen überlegt was wohl passieren wird, wenn ...

5.6.5 Richtlinien für die Therapie

Es ist wichtig, dass die Probleme, die das einzelne Kind hat, genau analysiert und hinterfragt werden.

- Was kann das Kind alleine, wo braucht es Hilfestellung?
- Was kann es nicht und warum? (Angelernte isolierte Leistung, Behinderung, Erfahrung, Funktionsstörungen?)
- Wann kann es die Dinge bewältigen, wann nicht? (Situation, Tagesform, Überblick, Material, Aufgabe, Zusammenhänge, Interaktion)
- Welche Probleme liegen vor?
- Wie verhält es sich neuen Situationen und Aufgaben gegenüber?
- Wie groß ist die Selbstständigkeit im Umgang mit den Dingen?
- Wie geht es mit Hindernissen, Schwierigkeiten, Problemen, Konflikten um?
- Wie weit kann sich das Kind organisieren? (Planung)

Der Weg ist das Ziel

Je nachdem, welche Probleme vorhanden sind, sollte sich auch der Schwerpunkt in der Therapie daran orientieren. Von daher ist weniger das Material und die einzelne Aufgabe oder Tätigkeit von Bedeutung als vielmehr die Durchführung, d.h. der Weg zum Ziel.

Ein möglicher Aufbau der Therapie (oder einer Therapieeinheit) kann folgendermaßen aussehen:
- Ganzkörperaktivitäten im Raum (ganzheitliche Rückmeldung)
- Manuelle Tätigkeiten mit konkret spürbaren Widerständen noch im dreidimensionalen Raum: z.B. Steckspiele, konstruktive Materialien, Werken, Haushaltstätigkeiten (manuelle taktil-propriozeptive Rückmeldung)
- Arbeiten im zweidimensionalen Raum, aber noch mit spürbarer Rückmeldung: Steckbretter, Legematerial, Puzzles (manuelle taktil-propriozeptive und visuelle Rückmeldung)
- Arbeiten mit Papier und Bleistift oder mit Bildern (vorwiegend optische oder akustische Rückmeldung)
- Tätigkeiten aus der Vorstellung heraus nach verbaler Aufforderung oder nach Aussagen des Kindes (Rückmeldung über frühere Erfahrungen und innere Bilder)
- Tätigkeiten mit zunehmender eigener Verantwortung

Erfolgserlebnisse vermitteln
Kinder, die aufgrund ihrer bisherigen Erfahrung viele Misserfolge erlebt haben und daher wenig Selbstvertrauen entwickelt haben, benötigen zuerst einmal „Erfolgserlebnisse". Hierzu ist Folgendes zu beachten:

Erfolg sollte von vornherein gewährleistet sein
- Therapeut sollte sicher sein, dass das Kind diese Aufgabe selbstständig und in kurzer Zeit erfüllen kann
- Aufgaben anfangs einfach strukturieren und übersichtlich gestalten
- Bei Tätigkeiten, die das Kind selbst wählt, vorwarnen, vorstrukturieren, helfen
- Hilfestellung schnell geben, um Erfolg zu sichern: Handführung, Dinge so hindrehen, dass es gelingt
- Erfolg sollte bald (spätestens innerhalb der Therapieeinheit) erreicht werden
- Zeitaufwand und Schwierigkeiten dann schrittweise steigern

Begonnene Tätigkeit zu Ende führen
Dies ist wichtig für das Selbstvertrauen, denn Misserfolge erzeugen das Gefühl des Versagens.
- Das Kind soll den Handlungsweg erst einmal kennen lernen
- Bei der Wiederholung kann es dann immer mehr allein machen
- Bei auftretenden Schwierigkeiten helfen, Möglichkeiten aufzeigen, wie es sein Ziel erreichen kann
- Strukturierungshilfen geben, Wegweiser spielen
- Zeitaufwand und Schwierigkeiten dann schrittweise steigern, zunehmend allein probieren lassen

1. Motorisch-funktionelle Vorgehensweisen

Konzepte:
- Sensorische Integrationstherapie nach Ayres, Bobath, Affolter, Edu-Kinästhetik, Psychomotorik, Reittherapie
- Haushaltstraining, handwerkliche Techniken, Graphomotorik
- Verschiedene Sportarten: z.B. Reiten

Zu beachten:
- Ganzkörperaktivitäten, Spüren der Grenzen, Widerstände des Raumes
- Direkte, klare spürbare Rückmeldung der eigenen Handlungen
- Direktes Ausprobieren, Handlungswege erfahren, spüren lassen
- Führen, wenn das Kind nicht alleine weiter weiß
- Zeit lassen zur motorischen Anpassung
- Motorisches Planen

Materialien:	• Große Geräte, SI-Geräte, Werkzeuge, Werkmaterialien aller Art, Steckspiele und Puzzles, konstruktive Materialien (Bausteine, Lego, Baufix, Matador, Quadro, usw.), Haushaltsgeräte

2. Sensorisch / perzeptive Vorgehensweisen

Konzepte: • Sensorische Integrationstherapie nach Ayres, Affolter-Konzept, Frostig-Therapie, Basteln und Werken, Haushaltstraining, Selbsthilfetraining

Zu beachten: • Materialien, Objekte, Tätigkeiten, Aufgaben sollen bestimmte Schemata stimulieren
- Der Weg ist wichtiger als das Ziel: Das Kind muss nachvollziehen können, warum etwas passiert
- Vorwarnen: Information, was passieren wird, damit sich das Kind darauf einstellen kann
- Fehler machen lassen, abwarten, ob es sie selbst bemerkt und korrigiert
- Hilfestellung dann, wenn das Kind keine Lösung weiß, aufgeben will
- Darauf achten, dass das Kind nicht zu viele Teile hat (Figur-Grund-Wahrnehmung) und die Übersicht behalten kann
- Beim Aufbau der Therapiestunde mit einbeziehen, gemeinsam planen
- Bauen, Werken, Malen nach Vorlagen zur Orientierung und planungsfreies Gestalten aus der Vorstellung heraus
- Werkstücke sollten möglichst fertig werden oder nur wenige Therapieeinheiten andauern
- Einbeziehen von Bildmaterialien
- Der Therapeut muss sich die Aufgaben überlegen, sie sollten bewältigt werden können

Materialien: • Materialien aller Art, die die verschiedenen Sinne ansprechen
- SI-Geräte, Psychomotorik-Geräte
- Alle möglichen Objekte, Spiele, Steckspiele, Puzzles, konstruktive Materialien usw. Haushaltsgeräte, Werkzeuge, Werkmaterialien, Bastelmaterialien

3. Emotionale und soziale Faktoren

Konzepte: • Entwicklungspsychologische Konzepte

Zu beachten:	• Persönlichkeit des Kindes respektieren
	• Bedürfnisse und Ideen des Kindes aufgreifen, einbeziehen, unterstützen
	• Mit Lob und Kritik sparsam umgehen
	• Die Anstrengungen des Kindes vor allem bewerten, weniger das Ergebnis
	• Eigenverantwortung übergeben, entsprechend den Fähigkeiten des Kindes Konsequenzen der eigenen Handlungen erleben lassen
	• Dem Kind helfen, Konflikte durchzustehen, Probleme zu lösen, statt ihnen auszuweichen
	• Dem Kind Sicherheit geben (Struktur, stabile Haltung, Klarheit, Konsequenz, Regeln)
	• Nicht mehr verlangen als möglich, lieber mit einfachen Aufgaben beginnen und dann steigern
	• Daran denken, dass der Erwachsene „Vorbild" ist
	• Zusammenspiel mit Partner, Gruppe, gemeinsames Planen, Kommunikation
	• Psychomotorische Spiele, körperliche Auseinandersetzung mit Partner
	• Nachahmungs- und Symbolspiele, Regelspiele

4. Kognitive / geistige Funktionen

Konzepte:	• Lernspiele, verschiedene Lernprogramme, die aber individuell angepasst werden, Frostig-Konzept
Zu beachten:	• Vorsicht mit theoretischer Wissensvermittlung, wenn das Kind sie nur übernehmen kann
	• Inhalte, Zusammenhänge usw. so weit wie möglich vom Kind erarbeiten lassen
	• Fehler machen lassen, abwarten, ob es sie bemerkt und korrigiert
	• Tätigkeiten anbieten, die eine Selbstkontrolle ermöglichen
	• Zeit lassen, die Lösung selbst zu finden
	• Handlungskonsequenzen erfahren lassen
	• Komplexe Handlungen in übersichtliche Teilschritte unterteilen
	• Dem Kind an unübersichtlichen „Kreuzungen", „Wegweiser" sein, Aufgaben stellen, die das Kind in der gegebenen Zeit bewältigen kann
	• Lieber zu einfach beginnen und dann langsam steigern (wenn man das Kind nicht kennt)

	• Eigene Ideen des Kindes aufgreifen und sein Ziel erreichen helfen (Ausweichen verhindern)
	• Schulische Inhalte auf sensomotorische Tätigkeiten übertragen (Erfahrungen zum Verstehen)
Materialien:	• Steckspiele, Puzzles, Behälter mit verschiedenen Öffnungen, Deckel, Verschlüsse, alle möglichen Objekte, Materialien
	• SI-Geräte, Psychomotorik-Geräte, Turngeräte
	• Konstruktive Materialien, Werkmaterialien
	• Haushaltsgeräte und Haushaltstätigkeiten
	• Kartenspiele: Lotto, Memory, Domino
	• Bei älteren Kindern auch die altersentsprechenden Spiele oder Schulaufgaben einbeziehen

5.6.6   VI. Stadium:
Typische Verhaltensweisen und Behandlungsschwerpunkte

Verhaltensweisen / Fähigkeiten	Behandlungsschwerpunkte
• Das Kind verfügt über die verschiedenen motorischen Funktionen und übt deren Einsatz und Fertigkeit (feine Anpassung)	• Möglichkeiten anbieten, um die motorischen Fertigkeiten zu üben, Geräte anbieten • Soll seine Grenzen und Möglichkeiten erfahren
• Feinmotorische Tätigkeiten finden mehr Interesse	• Materialien und Tätigkeiten anbieten, die die Fingergeschicklichkeit fördern: Reißen, kleben, schneiden, malen, kneten, ziehen, drücken, drehen, schrauben, hämmern, falten, fädeln usw.
• Braucht noch die sofortige Rückmeldung, aber ist nicht mehr völlig auf die körperliche, spürbare Rückmeldung angewiesen	• Dort, wo das Kind die spürbare Rückmeldung noch braucht, diese anbieten • Zeit lassen zur Rückmeldung • Vorwarnen: Ereignisse voraussagen, damit es sich darauf einstellen kann

• Erarbeitet sich die Lösungen selbst, probiert verschiedene Möglichkeiten aus, überlegt	• Zeit lassen um eigenen Lösungsweg zu finden, nicht alles fertig vorgeben, verschiedene Tipps geben, die es ausprobieren kann • Wegweiser spielen, wenn es nicht weiter kommt • Am „Weglaufen" hindern
• Verinnerlicht Erfahrungen, handelt mit Voraussicht	• Handlungsweisen und deren Konsequenzen erfahren lassen, damit es sie verinnerlichen kann • Nicht für das Kind handeln, sondern mit ihm zusammen
• Motorisches Planen, Handlungsplanen mit Vorstellung, mit Voraussicht	• Komplexe Tätigkeiten und Aufgaben in übersichtliche Schritte unterteilen • Gemeinsam mit dem Kind die Therapiestunde planen, gestalten, Materialien holen, aufbauen, aufräumen
• Freude an Übungsspielen, Steckspielen, Puzzles, Zusammenfügen, Aufeinanderstellen usw.	• Material, Raum, Zeit und Möglichkeit zu motorischen Aktivitäten geben • Dinge und Materialien anbieten, die es auseinander nehmen und zusammenfügen kann
• Nachahmungs- und Symbolspiele	• Materialien anbieten, mit denen es diese Spiele durchführen kann, einfache Dinge • Zum Symbolspiel anregen
• Sprachentwicklung setzt ein	• Bilder betrachten, benennen, Bilderbücher anbieten, Dinge bezeichnen, Spiele mit Lauten begleiten • Bei fehlender Sprachentwicklung Logopädin hinzuziehen, Beratung

6   Begriffsdefinitionen

Akkomodation
Anpassung, Ausrichten der Bewegung oder des Schemata an die aktuellen Gegebenheiten, um sie zu beherrschen. Führt zur Differenzierung der vorhandenen Funktion.

Anschauliches Denken
Von der gegenwärtigen Wahrnehmung abhängig, kann die aktuelle Wahrnehmung nicht gedanklich umkehren. Von der eigenen Anschauung abhängig. Entwicklungsphase zwischen 4-7 Jahren.

Anzeichen
Teil eines Gesamtgeschehens, eines Gesamtgegenstandes, der als Signal gedeutet wird. Beispiel: Trinkstellung = Anzeichen für die kommende Mahlzeit.

Äquilibrium
Gleichgewicht zwischen Assimilation und Akkomodation. Beide Pole streben nach dem Gleichgewicht. Innere und äußere Reize bringen dieses Gleichgewicht immer wieder ins Schwanken und aktivieren so den Entwicklungsprozess.

Assimilation
Aufnahme, Verschmelzung, Einordnung, Integration äußerer Gegebenheiten oder Reize, Lerninhalte usw. an bereits vorhandene Schemata. Funktionelle, wiederholende und generalisierende Assimilation.

Bedeutungsträger
Eigenschaften der Dinge, die dem Gegenstand seine Bedeutung geben.

Das Bezeichnete
Der Gegenstand mit allen Eigenschaften, ob man sie nun gerade wahrnimmt oder nicht.

Egozentrik
Noch keine Trennung von der Umwelt. Ich und Du kann nicht getrennt werden, symbiotische Beziehung. Ich = Mittelpunkt des Universums. Das Individuum geht davon aus, dass alle die Dinge und Ereignisse genauso erleben wie es selbst.

Formal operatives Denken	Abstraktes Denken, Hypothesen aufstellen, rein geistige Denkoperationen, ab 11 Jahre.
Instinkthandlungen	Genetisch bedingte, angeborene Reaktionen, im Uterus erlernte Schemata.
Konkrete Operationen	Geistige Operationen, die sich aber noch an konkreten Inhalten orientieren. Kann sichtbare Situationen, Gegebenheiten, Ansichten, Erfahrungen gedanklich durchspielen und neu kombinieren oder rekonstruieren, 7-11 Jahre.
Logisches Denken	Kann in Gedanken Handlungen und Situationen, Abläufe ordnen oder rekonstruieren.
Präoperativ	Phase vor den eigentlichen geistigen Operationen, Übergangsphase zwischen Sensomotorik und geistiger Phase. Gedanken möglich, aber teilweise noch an Objekte = Gedankenstützen gebunden, „lautes", sichtbares Denken. Darstellung der Erfahrungen oder Gedanken. Symbolisches Denken, 2-4 Jahre und anschauliches Denken, 4-7 Jahre.
Sensomotorik	Sensomotorische Auseinandersetzung mit der Umwelt, direktes konkretes Handlungslernen, Sinne und Bewegung stehen im Vordergrund des Lernens, körperliche ganzheitliche Auseinandersetzung mit der Umwelt.
Signal	Teil des Vertrauten (Handlung, Bewegung, Objekt, Person), unmittelbarer Reiz eines ganzheitlichen Geschehens, löst eine Reaktion aus (primitive Voraussicht).
Symbol	Die realen Objekte werden durch stellvertretende „Symbole" ersetzt (Bilder, Wort, Zeichen, Gegenstand), Beispiel: Baustein = Auto, Zug, Bett, Haus usw.
Symbolisches Denken	Entwicklungsstufe, auf der die Symbolik eine bedeutende Rolle spielt, 2-4 Jahre.

Wechselwirkung	Interaktionsprozesse zwischen Individuum und seiner Umwelt, die zur Differenzierung der angeborenen Schemata führen.
Zeichen	Kollektives Symbol, von der Gesellschaft, der jeweiligen Kultur festgelegt: Schriftzeichen. Haben nichts mehr mit dem ursprünglichen Objekt zu tun.
Zirkulärreaktion	Kreisreaktion, Regelkreis, Handlungszyklus, erweitert sich mit der Entwicklung und ermöglicht die Koordination verschiedener Schemata: Primäre, sekundäre, tertiäre Zirkulärreaktionen.

Literaturnachweis

Jean Piaget: Gesammelte Werke – Studienausgabe 1975, Klett Cotta Stuttgart

Band 1: Jean Piaget: Das Erwachen der Intelligenz beim Kinde

Band 2: Jean Piaget: Der Aufbau der Wirklichkeit beim Kinde

Band 3: Jean Piaget, Alina Szeminska: Die Entwicklung des Zahlenbegriffs beim Kinde

Band 4: Jean Piaget, Bärbel Inhelder: Die Entwicklung der physikalischen Mengenbegriffe beim Kinde

Band 5: Jean Piaget: Nachahmung, Spiel und Traum

Band 6: Jean Piaget, Bärbel Inhelder u.a.: Die Entwicklung des räumlichen Denkens beim Kinde

Band 7: Jean Piaget, Bärbel Inhelder, Alina Szeminska: Die natürliche Geometrie des Kindes

Band 8: Jean Piaget: Die Entwicklung des Erkennens I: Das mathematische Denken

Band 9: Jean Piaget: Die Entwicklung des Erkennens II: Das physikalische Denken

Band 10: Jean Piaget: Die Entwicklung des Erkennens III: Das biologische Denken. Das psychologische Denken. Das soziologische Denken